Old and New Testament
Illustrated Edition

物語と挿絵で楽しむ聖書

古川順弘 著
宇野亞喜良 画

ナツメ社

はじめに

江戸幕末、ペリー率いる黒船の来航によって日本の長い鎖国時代が解かれ、嘉永《かえい》7年(1854)には日英和親条約が締結されました。このとき、イギリス東インド艦隊は長崎湾に入港しましたが、ある日、ひとりの武士が、波間に小さな包みが漂っているのを見つけました。包みを拾い上げたところ、中に入っていたのは、見知らぬ外国語が印刷された、一冊の書物でした。

その本は彼の主君、佐賀藩家老・村田若狭守政矩《むらたわかさのかみまさのり》に渡されます。若狭守は当時、長崎に赴任し、外国船監視の役にあたっていました。

「この書物には、いったい何が書かれているのだろうか――」

興味をもった若狭守がオランダ語の通訳に確認させたところ、それは、英語で書かれた「聖書」であるとわかりました。

では、聖書とは何なのか。――当時はまだキリスト教禁制の時代でしたが、強い好奇心に駆られた若狭守《わかさのかみ》は、文久2年（1862）、長崎でオランダ人宣教師フルベッキが英語を教えていることを知ると、弟をはじめ3人の佐賀藩の青年をそこに送り込みました。本人が直接教わりたかったのですが、家老という立場では自由に身動きができなかったのです。こうして若狭守は間接的に聖書を学びます。

後年、聖書を読んだ感想として、彼はこう語っています。

「私が初めて、イエス・キリストの品性と事業を読んだ時の感激は言葉に表せない。かくの如き人物を見たことも聞いたことも想像したこともなかった。彼の品性と生きざまに私の心は虜になった」（守部喜雅『聖書を読んだサムライたち』〔いのちのことば社〕による）

慶応2年（1866）5月20日、55歳の若狭守はフルベッキのもとを訪ね、弟とともに洗礼を受けます。彼は日本で2番目のプロテスタント受洗者となりました。

キリスト教禁制が解かれるのは、さらにこの7年後、明治6年（1873）のことです。

＊

波間に漂う聖書が拾い上げられてから、160年の歳月が流れました。今では、優れた日本語訳聖書を容易に入手できます。とはいえ、全体を読み通すことは、現代においても、決してたやすいことではありません。

本書は、聖書の主要文書のあらすじを、時代背景やパレスチナの風土・文化への解説も織り交ぜつつ、紹介したものです。また、リリカルなイラストを宇野亞喜良さんにたっぷり描き下ろしてもらいました。

聖書を読むコツは、「答え」を急がずに、「問い」を「問い」のまま抱き続けることだ――そう人に教わったことがあります。本書をきっかけに、聖書そのものをひもとくようになっていただければ幸いです。

古川順弘

Contents
目次

第4章 王国の興亡と英雄たちの群像

Contents

Contents

写真提供　PIXTA(p49、p91右、p149、p221、p277)、小林かおり(p91左)、AKG-Images / PPS通信社(p97)、EPA＝時事(p153上)、ミシガン大学図書館(p291)、その他

宇野亜喜良
イラストレーションリスト

＊本書における挿絵はイメージであり、神学や歴史学等による考証に基づくものではありません。

カインとアベル
P.35

アダムとエバ
P.32-33

天地創造
P.29

ソドムの滅亡
P.53

バベルの塔
P.41

ノアの箱舟
P.39

ヨセフの夢
P.67

ヤコブと
神の闘い
P.63

イサク奉献
P.57

ヨセフと
ヤコブの再会
P.71

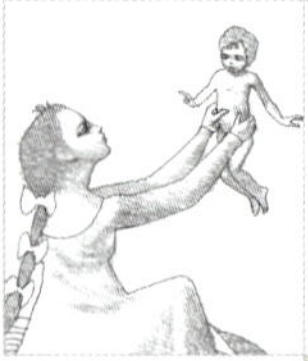

モーセの
誕生と召命
P.77

シナイ山の
栄光と十戒
P.95

出エジプトと
葦の海の奇跡
P.87

モーセの
エジプト帰還と
10 の災い
P.82-83

最初の王、
サウル
P.125

最後の士師、
サムエル
P.121

サムソンとデリラ
P.115

ソロモンと
シェバの女王
P.139

ソロモンの神殿
P.136-137

ダビデと巨人
ゴリアトの戦い
P.129

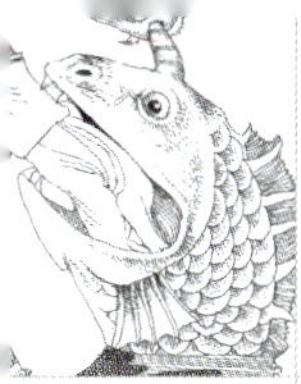

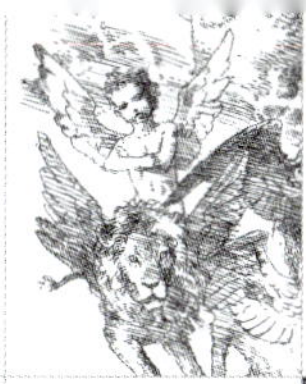

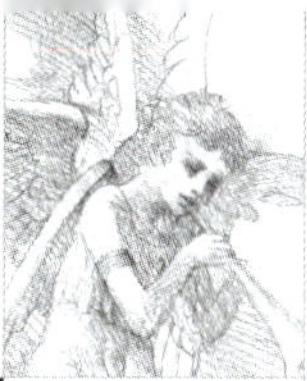

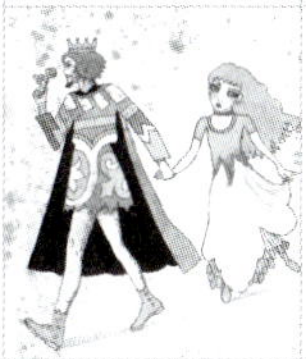

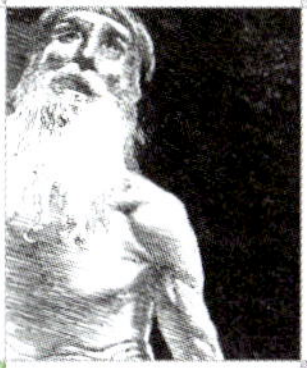

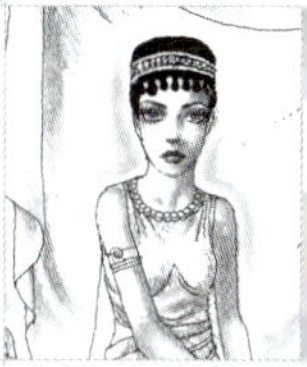

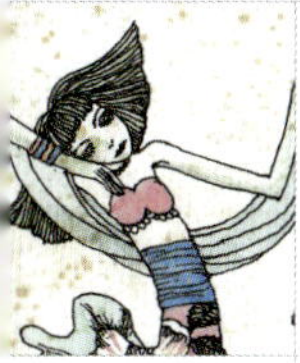

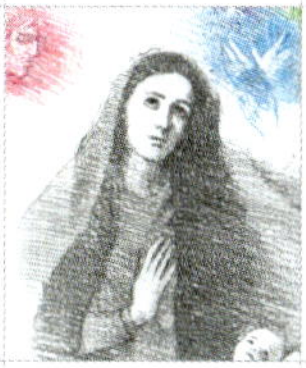

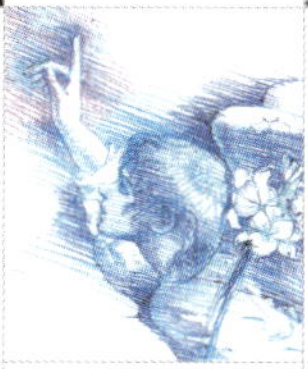

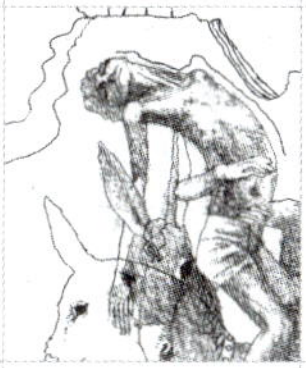

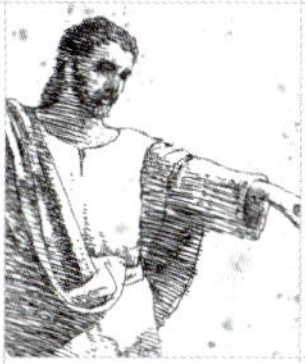

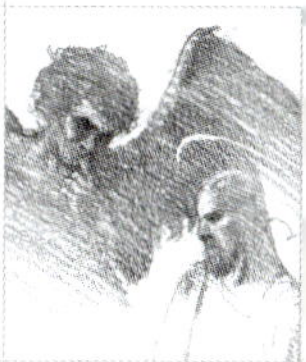

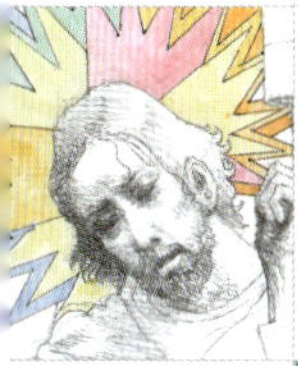

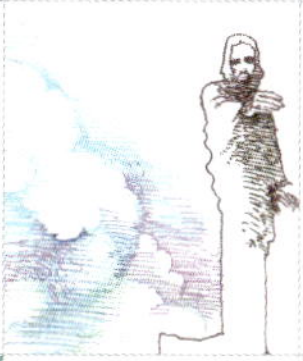

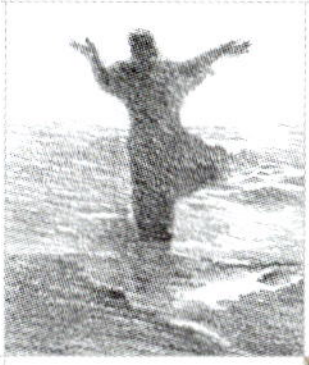

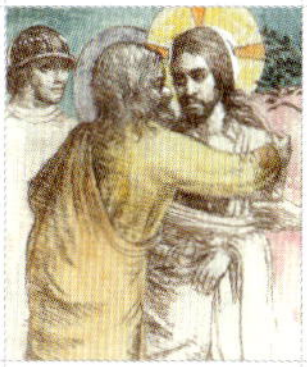

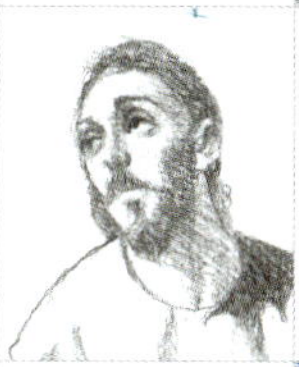

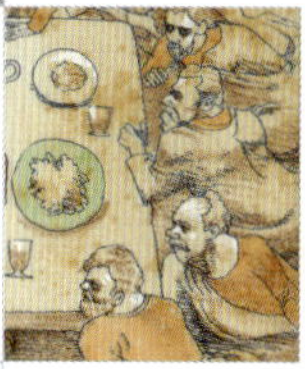

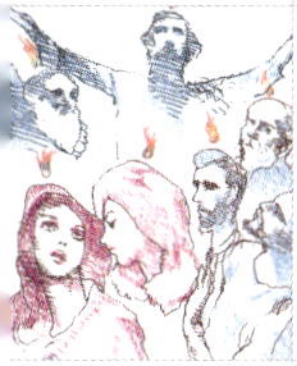

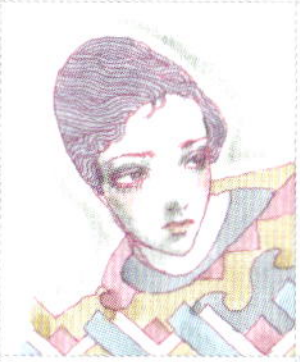

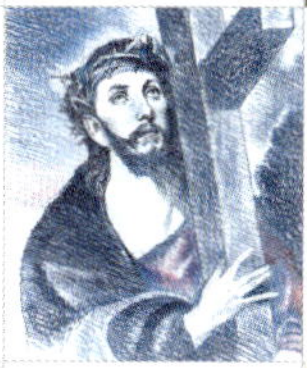

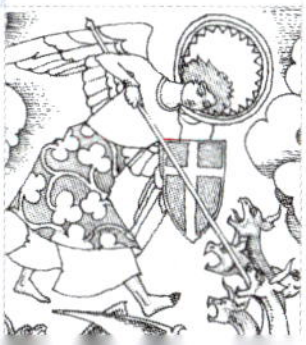

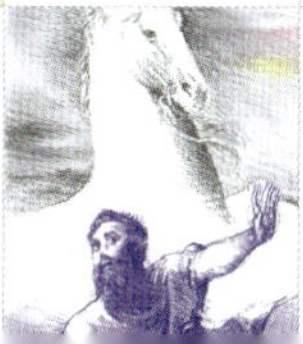

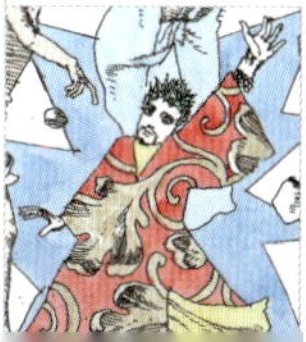

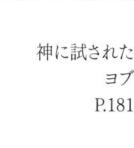

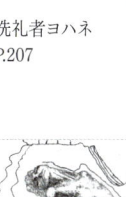

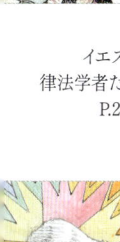

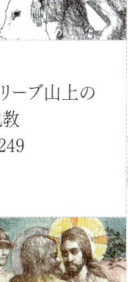

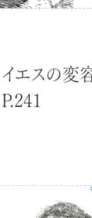

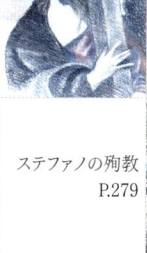

聖書とは

聖書は新約聖書と旧約聖書の2つから成るが、よく読まれているのは、おそらく新約聖書の方だろう。

新約聖書は、イエス・キリストの生涯を綴《つづ》った4巻の福音《ふくいん》書、彼の弟子や信徒たちの活動記録、彼らが書き残した信仰をめぐる書簡などから構成されている。これらの文書は1世紀後半~2世紀に書かれたもので、4世紀になって、キリスト教会により、キリスト教の聖典として最終的にまとめられた。

この新約聖書よりも以前に成立していた、もうひとつの聖書が、旧約聖書である。旧約聖書は、中東のパレスチナを本拠地とする古代ユダヤ人に伝わった口承《こうしょう》文学や歴史を成文化したもので、キリスト教の聖典である以前に、まずユダヤ教の聖典として誕生した。したがって、ユダヤ教で「聖書」といえば、旧約聖書のみをさす。紀元前4世紀頃には「律法《りっぽう》(トーラー)」と呼ばれる中核的な文書群が聖典として確立され、紀元後1世紀までには、現行の旧約聖書とほぼ同じ内容にまとめられている。

キリスト教が、他宗の聖典を自宗の聖典として受容したことは、奇異に思えるかもしれない。しかし、そもそもキリスト教は、ユダヤ教を土台として誕生した宗教なのである。

ユダヤ教とは、ひと口に言えば、ヤハウェと呼ばれる神のみを信仰する、ユダヤ人の宗教である。古代のユダヤ人は、ピラミッドのような巨大建造物を残せず、古代ギリシア人のような華やかな文明や、ローマ人のような強大な権力ももち得ず、それどころか、たえず他国・他民族の侵略や支配にさらされて、何度となく亡国の危機を味わってきた。そうした状況のなか、彼らは、他民族が崇《あが》める神々を排除して、ヤハウェのみを神として崇め、自分たちはこの唯一神に選ばれた民族であるとする選民思想を強く抱き、聖書とユダヤ教を強固な精神的基盤とすることで、長い苦難の歴史を生き抜いてきた。

こうしたユダヤ教を改革する形で誕生したのが、キリスト教である。キリスト教もユダヤ教同様、ヤハウェのみを神として信仰するが、複数の神々の中からヤハウェという名の特定の神を選択して信仰するのではなく、「神はヤハウェの他にありえない」という絶対的な唯一神観《ゆいいっしんかん》をもち、それがキリスト教の神観《かみかん》念の特徴となっている。そしてその神の恵みを、ユダヤ人だけではなく、すべての人間が享受できると説いたのが、他ならぬイエス・キリストであった。ここに、キリスト教が世界宗教としてパレスチナから飛躍し、目下全世界で20億人以上の信者を獲得し、かつ聖書が広く読み続けられている理由がある。

そして、キリスト教側では、救世主イエス・キリストの到来こそが、神の人間に対する救いの「新しい約束(契約)」の実現であるととらえ、自分たちが編んだ聖典を「新約聖書」と呼び、それに対して、ユダヤ教の聖典は神との「古い約束(契約)」を記したものであると考えて、それを「旧約聖書」と呼んだのである。

そしてまた、初期のキリスト教徒たちは、ユダヤの教え、すなわち旧約聖書は、彼らの主《しゅ》イエス・キリストの出現について預言しているという確信ももっていた。これが、キリスト教が新約聖書だけでなく旧約聖書も聖典として等しく重んじた、もうひとつの理由でもある。

旧約聖書の物語は天地創造から紀元前4世紀までの長大な歴史、一方の新約聖書はわずか50年ほどの期間の叙述と、両書の組み合わせはある意味では非常にアンバランスだが、旧約と新約を読み通すことで、神が人間と結んだ「約束」の全容が明瞭《めいりょう》に見えてくる。これが聖書のしかけなのである。

第一部 旧約聖書

旧約聖書の構成と基礎知識

旧約聖書はキリスト教の聖典だが、元来は、キリスト教の母胎《ぼたい》となったユダヤ教の教典として成立した。それは時代や場所を異にして書かれた39の巻（文書）を1冊にまとめたもので、古代イスラエルの日常語であったヘブライ語で書かれた（一部はアラム語）。

それぞれの内容は神話、歴史、預言、詩歌など多岐にわたるが、ユダヤ人はこれらを次のように大きく3つに分類した。

❶律法《りっぽう》（トーラー）…冒頭の5つの書。『創世記』『出《しゅつ》エジプト記』『レビ記』『民数記《みんすう》』『申命記《しんめい》』。イスラエル人（ユダヤ人）の歴史と律法を記す。「モーセ五書」とも総称される。

❷預言者（ネビーム）…エゼキエル、エレミヤ、イザヤなどの預言者の書と、『列王記』などのいくつかの歴史書。

❸諸書（ケトゥビーム）…『詩編』『箴言《しんげん》』のような知恵文学と、一部の歴史書。

中核となる「律法」が最終的に編集されユダヤ教の「正典」として確立したのは紀元前400年頃とされており、旧約聖書全体（ヘブライ語正典）の内容が確定したのは紀元後1世紀である。

ユダヤ教には「旧約聖書」という呼び方はなく、この聖典を、3つの分類の頭文字をとって「タナハ」と呼ぶ。また「ミクラー」とも呼ばれるが、これはヘブライ語で「朗誦《ろうしょう》するもの」という意味である。聖書は本来、黙読するもので

旧約聖書の構成

ユダヤ教の分類

- **律法**（トーラー）
  - 創世記
  - 出エジプト記
  - レビ記
  - 民数記
  - 申命記
- **預言者**（ネビーム）
  - 前の預言者
    - ヨシュア記
    - 士師記
    - サムエル記【上・下】
    - 列王記【上・下】
  - 後の預言者
    - イザヤ書
    - エレミヤ書
    - エゼキエル書
  - 小預言者
    - ホセア書
    - ヨエル書
    - アモス書
    - オバデヤ書
    - ヨナ書
    - ミカ書
    - ナホム書
    - ハバクク書
    - ゼファニヤ書
    - ハガイ書
    - ゼカリヤ書
    - マラキ書
- **諸書**（ケトゥビーム）
  - 詩編
  - 箴言
  - ヨブ記
  - 雅歌
  - ルツ記
  - 哀歌
  - コヘレトの言葉
  - エステル記
  - ダニエル書
  - エズラ記とネヘミヤ記
  - 歴代誌【上・下】

七十人訳聖書（キリスト教）の分類

- **モーセ五書**
  - 創世記
  - 出エジプト記
  - レビ記
  - 民数記
  - 申命記
- **歴史書**
  - ヨシュア記
  - 士師記
  - ルツ記
  - サムエル記【上】
  - サムエル記【下】
  - 列王記【上】
  - 列王記【下】
  - 歴代誌【上】
  - 歴代誌【下】
  - エズラ記
  - ネヘミヤ記
  - エステル記
- **文学・詩**
  - ヨブ記
  - 詩編
  - 箴言
  - コヘレトの言葉
  - 雅歌
- **預言書**
  - イザヤ書
  - エレミヤ書
  - 哀歌
  - エゼキエル書
  - ダニエル書
  - ホセア書
  - ヨエル書
  - アモス書
  - オバデヤ書
  - ヨナ書
  - ミカ書
  - ナホム書
  - ハバクク書
  - ゼファニヤ書
  - ハガイ書
  - ゼカリヤ書
  - マラキ書

はなく、声をあげて読みあげるものだったのである。

旧約聖書の各書は、紀元前3~後1世紀頃、ヘブライ語からギリシア語へ順次訳された。ユダヤ人がギリシア語圏で多く暮らすようになったためで、このギリシア語訳旧約聖書を、72人の訳者により72日間で訳されたという伝説にもとづき、「七十人訳聖書」(セプトゥアギンタ)と呼ぶ。

「七十人訳聖書」の旧約聖書の各書の分類と配列はユダヤ教の場合とは若干異なり、おおむね次のようになっている。そして、キリスト教はその形成期に「七十人訳聖書」を用いたため、旧約聖書の分類と配列も伝統的にこれに準じている。

❶**モーセ五書**…『創世記』から『申命《しんめい》記』まで。
❷**歴史書**…『ヨシュア記』から『エステル記』まで。
❸**文学・詩**…『ヨブ記』から『雅歌《がか》』まで。
❹**預言書**…『イザヤ書』から『マラキ書』まで。

また、「七十人訳聖書」には、ユダヤ教の旧約聖書(ヘブライ語正典)には含まれていない文書がいくつかあるが、それらはキリスト教のカトリックや東方正教会では正典視されたため、現在では「旧約聖書外典」(アポクリファ)または「旧約聖書続編」として分類されている(**188ページを参照**)。

新約聖書『ルカによる福音《ふくいん》書』には、「(イエスは)モーセとすべての預言者からはじめて、聖書全体にわたり、御自分について書かれていることを説明された」(**24章27節**)とあるが、ここでいう「聖書」とは、むろん旧約聖書をさす。イエス・キリストも、旧約聖書を大切に読んでいたのである。

旧約聖書の舞台

第1章 天地創造とエデンの園

❶アララト山……大洪水のあと、ノアの箱舟が止まったとされる。（▶37ページ）
❷バビロン……バベルの塔の発想の源とも考えられる階段状の巨塔（ジックラト）があった。（▶40ページ）

第2章 イスラエル民族の起こり

❸ヘブロン……アブラハムがカナンで最初に居を定めた地。（▶46ページ）
❹ソドムとゴモラ……悪徳ゆえに神によって滅ぼされた。（▶52ページ）
❺ベエル・シェバ……アブラハムが神の名を呼んだ地。（▶55ページ）
❻ペヌエル……ヤコブが神と闘った場所。（▶62ページ）

第3章 約束の地をめざして

❼シナイ山……モーセが十戒を授かる。（▶92ページ）

第4章 王国の興亡と英雄たちの群像

❽バビロン……南王国ユダのユダヤ人が捕囚として連行された。（▶148ページ）

第5章 預言者と義者たちの物語

❾ニネベ……魚に呑まれたヨナが預言を伝えた町。（▶172ページ）

Vetuſ Teſtamentum

旧約聖書関連年表

年代(B.C.)	イスラエル、パレスチナ	その他の周辺地域
3500年頃		●メソポタミア文明の出現
3000年頃		●エジプトに統一国家が形成される
1900年頃	●アブラハムの時代	
1800年頃	●イサク、ヤコブの時代	
1700年頃	●ヤコブ一族、エジプトへ移住	
		●1680年頃、ヒッタイト王国の建国
1300年頃	●モーセ率いるイスラエル人がエジプト脱出	
1200年頃	●ヨシュア率いるイスラエル人によるカナン征服 ●デボラ、サムソンなど士師の時代	●1190年頃、ヒッタイト王国滅亡
1000年頃	●サウル王即位 ●ダビデ王即位 ●ダビデ王、エルサレムを首都に定める	
971年頃	●ソロモン王即位	
950年頃	●ソロモンの神殿建築	
930年頃	●ヤロブアムの支配する北王国イスラエルとレハブアムの支配する南王国ユダに分裂	
850年頃	●預言者エリヤの活動	
740年頃	●預言者イザヤ、神の召命を受ける	
722年	●北王国イスラエル、アッシリア帝国に破れ滅亡	●715年頃、メディア王国の建国 ●671年、アッシリア帝国、エジプトを征服
627年	●預言者エレミヤ、神の召命を受ける	
		●625年、新バビロニア帝国の建国 ●612年、アッシリア帝国滅亡
597年	●第1次バビロン捕囚	
593年	●預言者エゼキエル、神の召命を受ける	
587/586年	●第2次バビロン捕囚、南王国ユダ滅亡	
		●550年頃、メディア王国滅亡ペルシア帝国の建国
539年	●捕囚民の帰還	●539年、新バビロニア帝国、ペルシア帝国に破れ滅亡
515年	●エルサレム神殿の再建（第二神殿）	

第1章

天地創造とエデンの園

宇宙と人類の起源を記す壮大な叙述

旧約聖書の冒頭の書は、宇宙と人類、そしてイスラエル人（ユダヤ人）の起源を記した『創世記』である。この表題は、七十人訳ギリシア語聖書の本書の表題「ゲネシス・コスムウ」（世界の生成）に由来する。

『創世記』を含む旧約聖書の最初の5巻は「モーセ五書」と呼ばれ、伝承によれば、すべてモーセが書いたとされる。しかし、これらの書が実際に成立したのは紀元前6～前5世紀頃のことであり、それ以前には、長く口頭で物語が伝承され、また断片的に書き留められていた時代があったとみるのが、定説である。

『創世記』の内容は大きくは2つに分かれる。前半は1～11章で、天地創造、アダムとエバ、ノアの箱舟、バベルの塔など、民族を超越した普遍的な原初史が語られる。後半は12～50章で、アブラハム、その孫ヤコブなど、イスラエル民族黎明《れいめい》期の族長たちの物語である。本章では、まず『創世記』の前半を紹介してみよう。

なお、「神」ということばについて触れておくと、一般に、旧約聖書の日本語訳で「神」と表記されるのは、原文ではヘブライ語「エローヒーム」にあたる語である。これに対し、日本で伝統的に「主《しゅ》」（英語ではthe Lord）と訳されるのは「ヤハウェ」（YHWH）で、一般的には、ヤハウェは神名（イスラエルの神の固有名）と解されている。ただし本書では、読みやすさを考慮して、原文で「ヤハウェ」にあたる語を「神」と表記した箇所もある。

Liber I Genesis

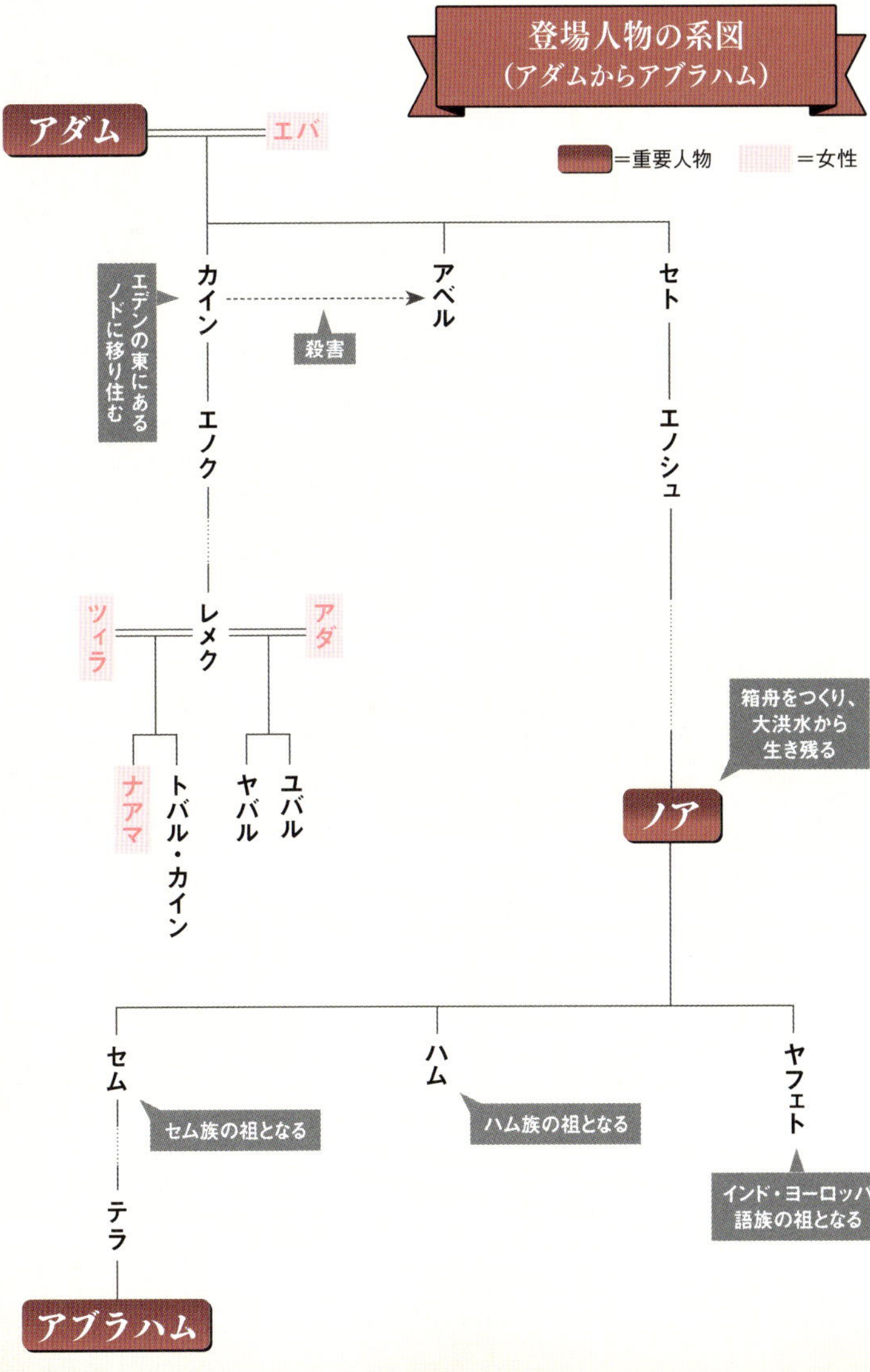
登場人物の系図
（アダムからアブラハム）
＝重要人物
＝女性
アダム
エバ
カイン
アベル
セト
エデンの東にあるノドに移り住む
殺害
エノク
エノシュ
ツィラ
レメク
アダ
箱舟をつくり、大洪水から生き残る
ナアマ
トバル・カイン
ヤバル
ユバル
ノア
セム
ハム
ヤフェト
セム族の祖となる
ハム族の祖となる
インド・ヨーロッパ語族の祖となる
テラ
アブラハム

創世記

天地創造

神ヤハウェが森羅万象をつくった

◆神が宇宙全体を創造した

「初めに《ベレーシート》、神は天地を創造された」

これが、『創世記』の、旧約聖書の、そして聖書の冒頭第1行目である。

「天地」とは、天から地に至るまでに存在するすべてのものをさしている。「神が宇宙全体を創造した」――この1行は、以下に記される天地創造の物語のまとめではあるが、同時に、この句を深く吟味することが、聖書全体の理解にもつながるといえる。『創世記』は、つづいて創造のプロセスを叙述してゆく。

「地は混沌《こんとん》であって、闇が深淵の面《おもて》にあり、神の霊が水の面を動いていた。神は言われた。

『光あれ』

こうして、光があった。神は光を見て、良しとされた。神は光と闇を分け、光を昼と呼び、闇を夜と呼ばれた。夕べがあり、朝があった。第1の日である」（1章2〜5節）

「夕べがあり、朝があった」というのは、1日のはじまりを「夕べ」とする古代ユダヤ人の感覚が表れている。砂漠地帯では、太陽の熱気が重く漂う日中は「死の世界」で、熱気が去る夕べこそが、生命の目覚めの時となるからだ。

◆人間は神の似姿に造られた

2日目には、神の言葉とわざによって、大空が造られ、その上下に水が分けられた（バビロニアに由来する古代の宇宙観では、天上と地上の双方に海があり、天上の水門が開かれると、雨が降ると考えられた）。3日目には大地と海が分けられ、神は大地に植物を芽生えさせた。4日目には、神は太陽と月、星を造り、太陽に昼を、月に夜をつかさどらせた。5日目には水に群がる生き物や空を飛ぶ鳥を造った。

6日目には家畜、地を這《は》うもの、地の獣《けもの》を造った。そして最後に、すべての生き物を支配するものとして、人間を創造したのである。

「神は言われた。
『我々にかたどり、我々に似せて、人を造ろう。そして海の魚、空の鳥、家畜、地の獣、地を這うものすべてを支配させよう』
神は御自分にかたどって人を創造された」（1章26～27節）

唯一神のはずなのに「我々」という表現が用いられていることについてはいくつか解釈があるが、そのひとつに、「神」という語が、原文では、大切なものを表現するときに使われる複数形「エローヒーム」になっているため、それに合わせたものとする説がある。

人が神に「かたどって」創造されたということは、人間の顔や姿が神に似せて造られたと解釈することもできるが、ユダヤ人たちは、「神には形はない」と考えていた。したがって、この句の真意については、「人間の心が神の霊性に似せて造られた」「人間は神と向き合う存在として造られた」などと解する見方がある。

また、古代文明の人間観との根本的な相違をここに読み解く説もある。メソポタミアやエジプトでは、王のみが神の似姿をもつと考えられていたが、『創世記』は、人間は誰もが神の似姿として造られたと記しているというのだ。

さて、神は人を創造すると、祝福して言った。

「産めよ、増えよ、地に満ちて地を従わせよ」（1

章28節）

◆なぜ二つの創造物語があるのか

天地万物を創造した神は、7日目にそれを完成させると、すべての仕事から離れ安息をとった。そしてこの日を祝福し、聖なる日と定めた。

天地創造は、6日目ではなく、7日目の「安息」をもって完成したのである。この7日目の神の安息が、ユダヤ教の安息日《あんそくび》の起源であり、また現在の七曜制のルーツにもなっている。

『創世記』は、神の安息に触れたあと、「これが天地創造の由来である」（2章4節）と記して、一旦創造物語をしめくくる。

ところが、この句のすぐ後から、「主《しゅ》なる神が地と天を造られたとき……」と、アダムとエバも登場する、これまでとはまったく異なる天地創造の物語が語られはじめる。

このことについては、「『創世記』が、別個の資料を集めてひとつに合成されたことを示している」という説明が従来よくなされてきた。学問的には、『創世記』を主に3つの資料文書から構成されているとみなし、冒頭の創造物語は祭司資料（祭儀、系図などを重視する文書）、2番目の創造物語はヤハウィスト資料（神をヤハウェ〔主〕と呼ぶ文書）にもとづいている、とする説である。しかし、近年では、この説を疑問視する意見も多い。

また、ヘブライ語は、過去・現在・未来の区別が明確でないので、相互に矛盾する内容であっても、気にせずにそのまま記載されうる。このような、矛盾を矛盾としてそのまま呑みこむ記述を、聖書のスタイルとみなす見方もある。

さて、神にかたどって創造され、地の支配を託された人間だったが、旧約聖書では、以下、この人間が、いかに神から離反し、神を裏切り、堕落《だらく》してゆくかが、描かれてゆくのである。

神は言われた。「我々にかたどり、我々に似せて、人を造ろう。そして海の魚、空の鳥、家畜、地の獣、地を這うものすべてを支配させよう」(創世記・第1章26節)

創世記

アダムとエバ

最初の人間が負った「原罪」

◆エデンの園《その》に住んだアダム

地と天を創造した神は、土(アダマ)の塵《ちり》から人(アダム)を形造り、その鼻に生命の息吹《いぶき》を吹き入れた。

「アダム」は、最初の人間に与えられた名前とされるが、ヘブライ語では、この言葉は、「人間」「人類」を意味する普通名詞でもある。

神は東方のエデンに園を設け、あらゆる木を生えさせ、園の中央には「命の木」と「善悪の知識の木」を生えいでさせた。

神はアダムをエデンの園《その》に住まわせたが、「園のすべての木から取って食べなさい。ただし、善悪の知識の木からは、決して食べてはならない。食べると必ず死んでしまう」(2章16~17節)と命じた。さらに神は「人が独りでいるのは良くない。彼に向き合うような助け手を造ろう」と言って、アダムを深く眠らせ、彼のあばら骨の一部を抜き取って女を造りあげた。このとき、アダムとその妻である女は裸だったが、恥ずかしがることはなかった。

◆蛇の誘惑と楽園追放

神が造った野の生き物のうちで最も賢い蛇が、あるとき女に、「神はエデンの園の木の実を食べることを禁じたのか」と問いかけた。すると、女はこう答えた。

「私たちは園の木の果実を食べてもよいのです。

でも、園の中央に生えている木の果実だけは、食べてはいけない、触れてもいけない、死んではいけないから、と神様は仰いました」(3章2〜3節)

しかし蛇は、「決して死ぬことはない。じつは、それを食べると、あなたがたの目が開け、神のように善悪を知るものとなると、神は知っておいでなのだ」などと言って、女を禁断の果実を食べるようそそのかし、女は実を取って食べ、男にも渡して食べさせた。すると、「2人の目は開け、自分たちが裸であることを知り、2人はいちじくの葉をつづり合わせ、腰を覆《おお》うものとした」(3章7節)。

その日、風の吹く頃になると、神が園の中を歩く音が聞えてきた。すると、アダムと女は、神の顔を避け、園の木の間に隠れた。

ことを察した神が、食べることを禁じた木の実を食べたのかと尋ねると、アダムは、女が木から取って与えたので食べたのだと答えた。

2人の裏切りを知った神は、蛇を地を這《は》いまわる呪われたものとし、女には出産の苦しみを、男には生活の糧《かて》を得る苦しみを負わせた。

アダムは、命あるものの母となった妻を、エバ(命)と名付けた。

神は、2人が命の木の実をも食べ、永遠に生きる者となることをおそれて、2人をエデンの園から追放する。そして、エデンの園の東にケルビム(半人半獣の神話的存在)ときらめく剣の炎を置いて、命の木に至る道を守らせた。

キリスト教では、このアダムとエバの堕落譚《だらくたん》を「原罪」のドラマとみなしてきた。原罪とは、「自分の意志にかかわらず、人間はみな生まれながらにして罪を負っている」という考え方で、その罪とは、具体的には「神への不従順」をさしている。言い換えれば、神と断絶していることが原罪の状態である。そしてこの原罪は、アダムとエバ以来、その子孫であるすべての人間に及んでいるというのである。

蛇は女に言った。
「決して死ぬことはない。
それを食べると、目が開け、
神のように
善悪を知るものとなることを
神はご存じなのだ」
（創世記・第3章4～5節）

創世記

カインとアベル

人類最初の殺人事件

アダムとエバは楽園を追われたのち、新たに子をつくった。それがカインとアベルである。弟アベルは羊を飼う者(牧羊者)となり、兄カインは大地に仕える者(農耕者)となった。

あるとき、カインは大地の実りを、アベルは羊の初子《ういご》を神への献《ささ》げ物としたが、神が目を留めたのはアベルと彼の献げ物のほうだった。

これを嫉《ねた》んだカインは、アベルを畑に誘い、襲って殺してしまう。人類最初の殺人である。

神に「お前の弟はどこだ」と問われると、カインは「知りません。私は弟の番人でしょうか」(4章9節)と答えた。すると神は「何ということをしたのか。お前の弟の血が土の中から私に向かって叫んでいる。今、お前は呪われる者となった。……土を耕しても、土はもはやお前のために作物を産み出すことはない。お前は地上をさまよい、さすらう者となる」(4章10〜12節)と叱責した。

犯した罪とそれに対する罰の大きさに気づいたカインは、神に「私の罪は重すぎて負いきれません」と哀訴した。

神はカインの嘆願を聞き入れ、「カインを殺す者は、誰でも7倍の復讐を受けることにしよう」と言い、カインを見つけた者が彼を撃つことのないように彼にしるしを付けた。カインは神の前を去り、エデンの東にあるノド(さすらい)の地に移り住んだ。

『創世記』は、神がカインにつけた「しるし」が具体的に何であるかは、明かしていない。

創世記

ノアの箱舟

神に従う敬虔な人間だけが生き残った

◆大洪水のなか、神の恵みを得たノア

神の保護を受けてノドに住んだカインは、妻をめとり、息子エノクをもうけ、さらに町を建設した。そして、エノクからはさらに子孫が続いていった。

一方、息子アベルを失ったアダムは再び妻と交わり、息子セトが生まれた。アベルに代わるこのセトにも1人の息子が生まれ、エノシュと名付けられた。

カインとアベルの物語に続く『創世記』第5章は、アダム（930歳まで生きたという）、セトからノアに至る系譜が長々と綴《つづ》られている。

そして、セトから数えて9人目の子孫、すなわちアダムとエバから10代目にあたるのがノアである。

ノアの時代にはすでに地上には多くの人が暮らしていたが、悪がはびこり、人々の心は悪に染められていた。これを見た神は人間を創造したことを後悔し、人間を地上から拭《ぬぐ》い去り、さらに獣《けもの》や地を這《は》う生き物、鳥までも亡くそうと決意するに至った。

だが、そんな時代にあって、ノアは神に従う無垢《むく》な人であり、彼は神とともに暮らしていた。彼には、セム、ハム、ヤフェトという3人の息子がいた。

堕落《だらく》し、破滅に瀕《ひん》した地を目にした神は、地上に洪水をもたらし、命あるものを地もろとも破滅させることをついに決意する、だが、ノアにはこ

のことをあらかじめ知らせ、しかも、木製の箱舟をつくり、そこに家族とあらゆる番《つがい》の獣や鳥とともに入って生き延びるよう命じた。

神がノアにつくるよう命じた箱舟とは、長さ300アンマ（約135メートル）、幅50アンマ（約23メートル）、高さ30アンマ（約14メートル）という寸法で、内部は3層構造で、側面に出入り口があり、上部には屋根がつくという、大型のものであった。

ノアは無言のまま、神が命じた通りに箱舟をつくった。

◆虹は神と人間の契約のしるし

ノアが600歳のとき、ついに大洪水が地を襲った。彼は家族とともに箱舟に入り、獣や鳥たちもすべて雄と雌が1対ずつノアのもとにやって来て、箱舟に入った。第2の月の17日、天の水門が開け放たれ、神は箱舟の戸口を閉ざした。大雨は40日40夜続いた。

やがて箱舟は地上から浮いて、水の面を進みはじめた。それでも水はすさまじい勢いで増え、山々をも覆《おお》った。人間も鳥も獣も、地上の生き物はすべて息絶え、命を失い、ただノアと彼とともに箱舟にいたものだけが残った。

洪水が起こりはじめてから150日後、ようやく水が減りはじめ、箱舟はアララト山の上で止まった。

だが、水は地の面から容易にはひかない。大地がすっかり乾いたのは、ノアが601歳の年の第2の月の27日、すなわち洪水から1年10日後のことであった。

「さあ、箱舟から出なさい」という神の言葉にしたがって、ノアとその家族、鳥や獣たちは、ともに外に出た。ノアは祭壇《さいだん》を築き、家畜と鳥を神への献《ささ》げ物とした。

するとと神は、人間のゆえに大地を呪うようなことはもうしないと決意し、ノアと彼の息子たちを祝福して言った、「産めよ、増えよ、地に満ちよ」（9章1節）。

さらに神は、洪水によって肉なるものを滅ぼすことはしないという契約を、人間とあらゆる生き物との間に立てることを約束し、契約のしるしとして雲の中に虹を置いた。

「雲の中に虹が現れると、私はそれを見て、神と地上のすべての生き物、すべて肉なるものとの間に立てた永遠の契約に心を留める」（9章16節）

箱舟から出たノアの3人の息子、セム、ハム、ヤフェトはそれぞれ子孫をつくった。そして彼らは各地に散らばり、諸国民が分かれ出ることになった。

◆メソポタミアの洪水伝承が原型か

ノアの箱舟の物語には、大洪水という天変地異に遭っても、敬虔《けいけん》な人間だけが神の好意を受け、その命令に従って生きながらえ、再び人間が増えてゆく――という様が描かれている。

この物語については、古代文明揺籃《ようらん》の地、メソポタミアで伝承された、紀元前2000年頃にまで成立が遡りえるシュメル人の洪水物語（『ギルガメシュ叙事詩』中の洪水譚《たん》）との類似性が指摘されている。おそらく、西アジアで太古から語り継がれてきた洪水伝承を、古代イスラエル人が一神教的なバージョンに改編したのが、ノアの箱舟の物語なのだろう。

箱舟が止まったとされるアララト山は、トルコ東部とアルメニアのあいだにそびえる巨大な山で、これまで幾度となく調査団が入り、「発掘された残骸は箱舟の一部か？」などといったニュースが今でも時折報じられることがあるが、考古学的に確証に至ったものは、いまだない。標高は5000メートルを越え、富士山よりもはるかに高い山である。

創世記

バベルの塔

人間のおごりが人類を離散させた

『創世記』は、ノアの箱舟の物語を終えると、ノアからアブラハムに至る系譜を示すが、ここに「バベルの塔」の物語が挿入されている。

かつて、人類の言語が同じ1つのものであったときのこと、東の方から移動してきた人々は、シンアルの地（南メソポタミア）に平野を見つけ、そこに住み着いた。そして、石と漆喰《しっくい》の代わりに煉瓦《れんが》とアスファルトを得た彼らは、「天まで届く塔のある町を建てて、自分たちの名を残そう」と言って建設にとりくんだ。

すると神が降《お》りて来て、町と塔を見て言った。「彼らは1つの民《たみ》で、皆1つの言葉を話しているから、このようなことをしはじめたのだ。これでは、彼らが何を企《くわだ》てても、妨げることはできない。我々は降《くだ》って行って、直ちに彼らの言葉を混乱させ、互いの言葉が聞き分けられぬようにしてしまおう」（11章6〜7節）

こうした神の決断により、人類の言語は1つではなくなり、人々は全地に散らばり、町の建設は途絶《とぜつ》した。町はバベルと呼ばれた。

『創世記』はバベルの語源を「神が言語を混乱（バラル）させた」ことに求めているが、バベルは、じつはバビロニアの首都バビロンのヘブライ語形で、しかもバビロンには階段状の巨塔（ジックラト）がそびえていた。ジックラトを実際に見聞した古代イスラエル人は、神に比肩《ひけん》しようとしたバビロニアの文明に人間のおごりを想い、このような物語を紡いだのだろう。

Column

イスラエル、ヘブライ、ユダヤの違い

聖書を読んでいると、いわゆる「ユダヤ人」という民族をさす言葉として3つの言葉に出くわすことになるが、それぞれにはニュアンスに微妙な違いがある。

イスラエルは、元来は『創世記』に登場する民族の祖アブラハムの孫、ヤコブの別名で、ヘブライ語で「神と闘う者」の意をもつ（62ページ参照）。彼の息子たちがイスラエル十二部族の祖となったので、「イスラエル」がヤコブの子孫、つまり民族の総称ともなった。「神の民《たみ》」というニュアンスを強調するときに用いられる。イスラエル人による古代王朝の分裂時には北王国の国名にもなった。

ヘブライはイブリ（川向こうの者、よそ者）が原語で、メソポタミアからカナンに移住したアブラハムが移住先の住民からそう呼ばれたことに由来する。基本的には、「イスラエル人」に対する、外国人が用いた呼称である。

ユダヤは、ヤコブの四男ユダに由来し、彼の子孫がユダ族となった。原語イェフダは賛美、感謝を意味する。日本語ではユダ、ユダヤと書き分けられることがあるが、原語は同じ。古代イスラエル王朝分裂後の南王国はユダ族が中心だったのでユダと呼ばれ、北王国イスラエルが衰亡する一方、南王国ユダの子孫がバビロン捕囚後も生き残って民族の宗教や文化を伝えたため、新約聖書時代には「ユダヤ人」が、古代イスラエル人も含めた、民族の一般的呼称となっていた。

なお、現在のイスラエル共和国では、「ユダヤ人の母親から生まれた人、またはユダヤ教に改宗した人」がユダヤ人であると規定している。

第2章

イスラエル民族の起こり

ユダヤ人前史としての族長物語

天地創造からバベルの塔にいたる『創世記』第1章～11章は、神話的色彩が濃く、「イスラエル人」という民族の枠を越えた、人類全体の原初史が叙述されている。

しかし、アブラム（後にアブラハム）とサライ（後にサラ）の冒険にはじまる第12章以降は神話色が薄れてゆき、カナン（現代のパレスチナ）に定住することになるイスラエル人の起源とその歴史、すなわちユダヤ人の前史が語られはじめる。

第12章～50章の内容は、大きくは次の2つに分けられる。

1つ目は、イスラエル人の祖となったアブラハム、イサク、ヤコブの3代の物語である。神に召されて特別な使命を受けた、すなわち神から召命を受けたアブラハムは、故郷の北メソポタミアを離れ、神に約束された地であるカナンに移り住み、族長（初期イスラエル人のリーダー。父祖）としての役割は、子のイサク、孫のヤコブへと引き継がれてゆく。

2つ目は、ヤコブの息子ヨセフの物語である。エジプトに奴隷《どれい》として売り飛ばされたヨセフは数奇《すうき》な運命をたどるが、最後はエジプトに下ったヤコブとその一族に再会する。この物語は、モーセが登場する次の『出《しゅつ》エジプト記』に向けた、重要な伏線にもなっている。

そして、全体としては、神に選ばれたアブラハムとその子孫すなわちイスラエル人が、世界のすべての国に神の祝福をもたらす偉大な民《たみ》となることが説かれているのである。

Liber II Genesis

登場人物の系図
（アブラハムからヤコブ、ヨセフ）

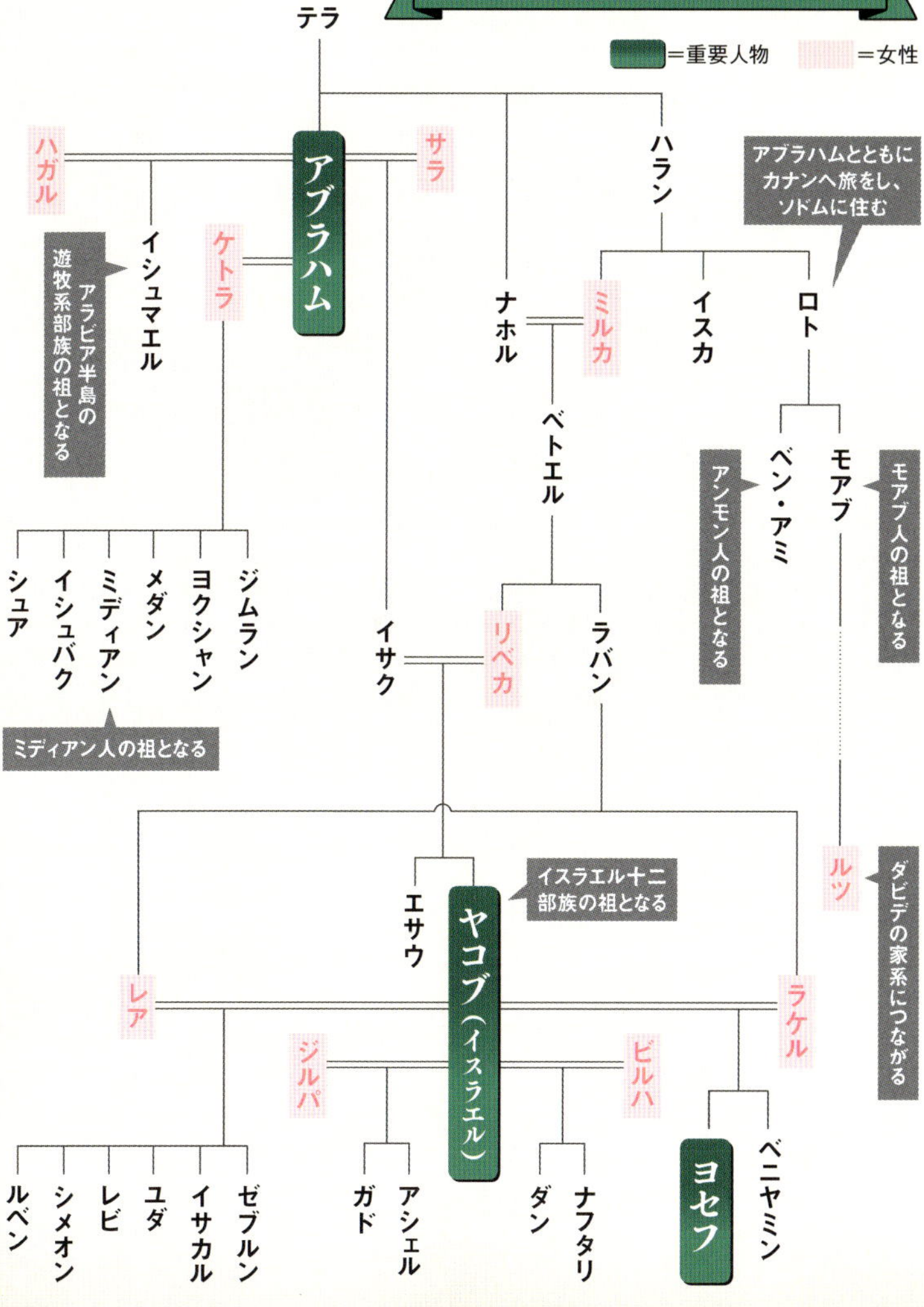

アブラハムの旅

神と人間が結んだ永遠の契約

紀元前
1900年頃

◆アブラムのカナン移住

ノアの息子セムから10代目にあたる子孫が、アブラム、すなわち後のアブラハムで、ユダヤ人が「信仰の祖」と崇《あが》める人物である。

アブラムの父テラははじめカルデア（南バビロニア）のウルに住んでいたが、息子アブラムとその妻サライ、もうひとりの息子で早世したハランの子ロトを連れてカナンへ向かった。

カナンとは、カナン人が住んでいたヨルダン川西岸のことで、現在のパレスチナにあたる。だが、テラはその途中のハラン（北シリア）で家族を残して亡くなった。

すると神はアブラムに言った。

「あなたは生まれ故郷、父の家を離れて、私が示す地に行きなさい」（12章1節）

神はアブラムを召命し、神の祝福を携《たずさ》えて生きる使命をアブラムに与え、決断を強く迫ったのである。アブラムは神の言葉に従い、妻サライ、甥ロトらを従えてハランを発《た》った。アブラムは75歳で、彼とサライの間に子はなかった。

やがてカナンに入ると、神は「あなたの子孫にこの土地を与える」（12章7節）と告げた。だが、アブラムはさらに旅を続け、途中で飢饉《ききん》のためにエジプトに寄留《きりゅう》したり、ロトと別れたりすることもあったが、カナンの山地であるヘブロンに居を定め、「見えるかぎりの土地をすべて、永久にあなたとあなたの子孫に与える」という神の言葉を受けると、主《しゅ》のための祭壇《さいだん》を築いた。一方、ロトは低地のソドムに住んだが、ソドムの人々は邪《よこし》まであった。

この頃、アブラムたちはつねに天幕を張って、遊牧民的な生活を送っていた。

◆神と永遠の契約を結ぶアブラハム

このように神の祝福を受けながら、アブラムには子がなく、彼の跡は彼の僕《しもべ》が継ぐことになっていた。このことに悩んでいると、神が幻の中に現れて「あなたから生まれる者が跡を継ぐ」（15章4節）と告げ、彼の子孫が星のような数にまで増えることを約束した。

アブラムは神を信じた。そしてアブラムが神の言葉通りにいけにえの動物をささげると、神は「あなたの子孫は異郷の地で苦しむが、やがて解放されて再びここに戻って来る」（後のモーセによる出《しゅつ》エジプトの予示）と告げてアブラムと契約を結び、さらに彼とその子孫に、シナイ半島の北からユーフラテス川までとパレスチナの地を与えることを約束した。

その後、アブラムはエジプト人の女奴隷《どれい》ハガルとの間に息子イシュマエルをもうけるが、99歳のときに、神はまた彼の前に現れて、こう言った。

「あなたは私に従って歩み、全《まった》き者となりなさい。私は、あなたとの間に私の契約を立て、あなたをますます増やすであろう」（17章1〜2節）

神の約束を信頼し、穢《けが》れのない人生を送れば、子孫を限りなく増やすというのである。

そして神は、アブラム（「高い父」の意）に対して、多くの国民の父祖になるのでアブラハム（多くの民の父）と名乗りなさいと命じる。さらに神はこう述べる。

「私は、あなたとの間に、また後に続く子孫の間に契約を立て、それを永遠の契約とする。そして、あなたとあなたの子孫の神となる。私は、あなたが対座しているこのカナンのすべての土地を、あなたとその子孫に、永久の所有地として与える。私は彼らの神となる」（17章7～8節）
そして神は、契約の受領のしるしとして、アブラハムとその子孫が割礼《かつれい》を受けるよう命じた。
割礼とは、陰茎の包皮を切開、もしくはその一部を切り取る習俗で、歴史的にはイスラエル人に限られるものではなく、アフリカ、南アメリカなど、きわめて広い地域の諸民族の間で非常に古い時代から行われ、考古学的には、紀元前3000～前2000年頃のシリア人がすでに割礼を行っていたことが明らかになっている。割礼の目的や意味については種々に解釈されているが、古代イスラエル人は、これを神との契約のしるしとして受容したのである。

◆アブラハムは実在したのか

また神は、アブラハムの妻サライをサラと改名させ、祝福して彼女が男児を生むことを約束し、生まれた子をイサクと名付けるよう命じた。

神が天に上ると、アブラハムは、イシュマエルをはじめ、奴隷《どれい》も含めて家中の男を集めてただちに割礼を施し、自らもそれを受けた。

こうして神と人間との間に契約がかたく結ばれたのである。

20世紀なかば、考古学の進展とともに、アブラハムは紀元前20世紀頃に実在した人物であり、『創世記』のアブラハムの物語は史実をもとにしたものだとする見方が広まった。メソポタミア地方の遺跡から出土した楔形文書《くさびがた》（紀元前2000年頃）に「アブラム」という人名が散見されたことが、この説の有力な論拠であった。

しかし、その後の研究でアブラムという名は多くの時代にみられることがわかったこともあり、現在ではアブラハムの実在を実証することは難しいとみられている。

アブラハムの旅のルート

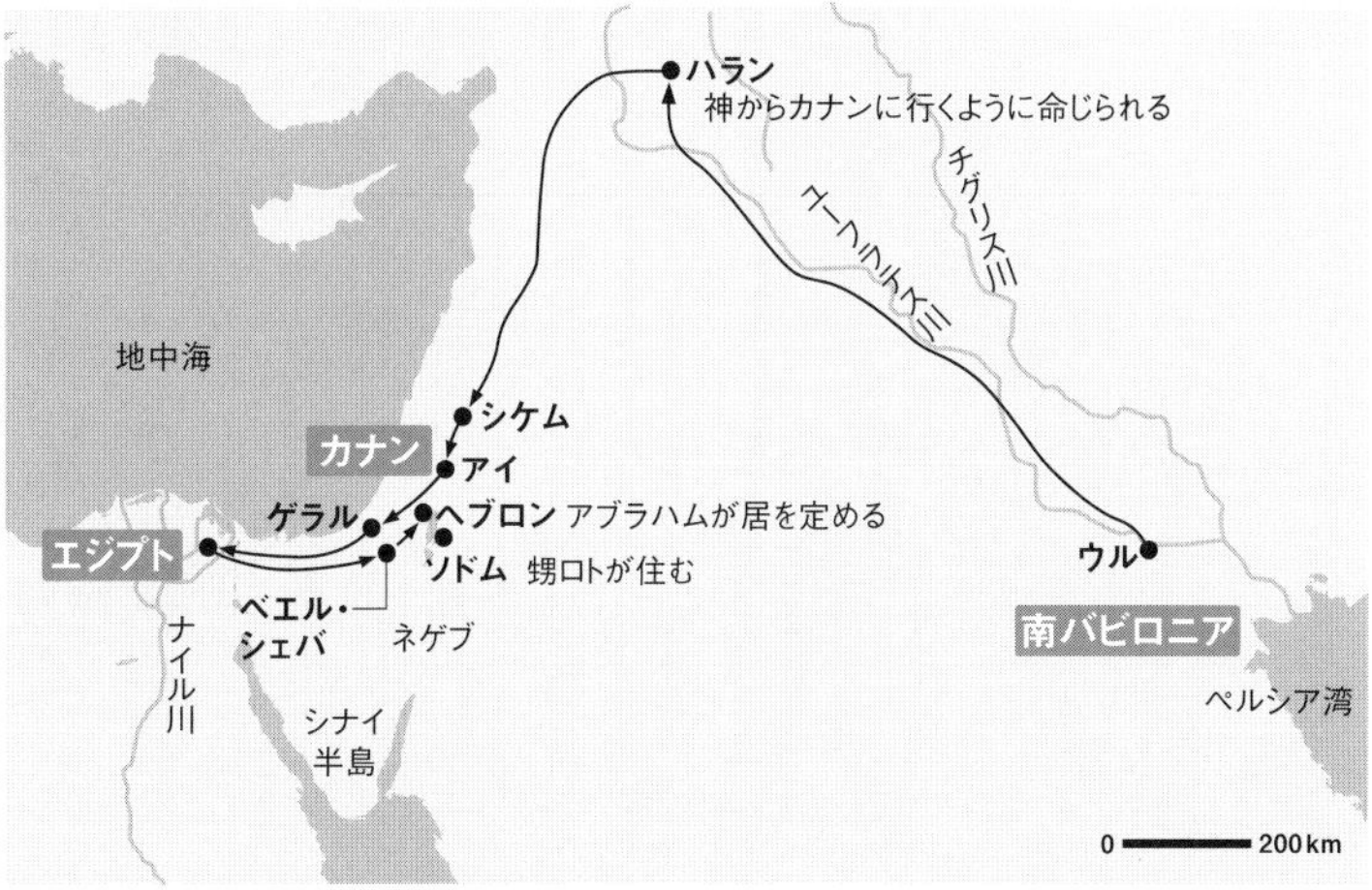

ヘブロンの宗教史跡「マクペラの洞穴」。ヘブロンはアブラハムが初めて所有した土地であり、また、この「マクペラの洞穴」にアブラハムの墓所がある

創世記

ソドムの滅亡

「後ろを振り向いた」者の悲劇

紀元前
1900年頃

◆アブラハムの執り成し

アブラハムの甥ロトが移り住んだカナンの低地、死海のほとりにあるソドムは、近隣のゴモラとともに、栄えてはいたが、住民の間に悪徳がはびこり、その悪評は神の耳にも届いていた。

神はソドムとゴモラを滅ぼすことを決意し、アブラハムにはその企《くわだ》てを事前に示した。だがアブラハムは、町の住民がすべて悪人とは限らず、中には正しい者もいると思い、「神は正しい者を悪い者とともに滅ぼすのでしょうか。いや、神が正しい者を悪い者とともに滅ぼすはずはありません」と神に語りかけた。

すると神はこう答えた。

「もしソドムの町に正しい者が50人いるならば、その者たちのために、町全部を赦《ゆる》そう」（18章26節）

すると今度はアブラハムが「もしかしたら正しい者は45人しかいないかもしれませんが、それでもあなたは町をすべて滅ぼすのでしょうか」と問うと、神は「45人の正しい者を見出せれば、滅ぼさない」と答えた。

次にアブラハムが「正しい者は40人しかいないかもしれません」と問うと、神は「40人のゆえに滅ぼさない」と答え、アブラハムが30人、20人のときはと問い掛けると神は30人、20人のために滅ぼさないと答え、最後にアブラハムが「10人しかいないかもしれません」と言うと、神は「10人のために私は滅ぼさない」と語り、彼の前から去った。

アブラハムは、謙虚ながらも、熱弁をふるって正しい者への執り成しを神に願ったのである。

◆神はソドムに硫黄の火を降らせた

夕方、2人の神の御使《みつか》いがソドムにやって来た。門のところに座っていたロトは彼らを見ると立ち上がって迎え、ひれ伏して自分の家に泊まってくれるよう懇願した。

2人の御使いがロトの家に泊まると、ソドムの町の男たちがこぞってやって来て、彼の家を取り囲み、叫んだ。

「今夜、お前のところへ来た連中はどこにいる。ここへ連れて来い。なぶりものにしてやるから」（19章5節）

「なぶりものにしてやる」は、原文を字義通りに訳せば「彼らを知る」となり、ここでの「知る」は性的行為を意味する。つまり、この記述は男色を示唆《しさ》している。よく知られているように、英語のソドミー（男色）はこのソドムという地名に由来している。

ロトは御使いを守ろうとして、代わりに自分の2人の娘を差し出そうとする。しかし町の男たちは承知せず、「よそ者のくせに、指図などするな」などと言ってロトに詰め寄り、戸口を破ろうとした。

だが、ここで2人の御使いがロトを家の中に引き入れ、男たちに目つぶしを食わせ、窮地を救う。そして、ロトには、自分たちがこの町を滅ぼすために神から遣わされたものであることを明かし、一族を連れて町を脱出するよう命じた。

しかし、ロトの婿《むこ》たちは町が滅びるということを信じずに冗談だと思い、またロト自身も脱出をためらったが、夜明け頃には御使いに導かれて妻と2人の娘とともに町の外に出た。このとき、神はこうかたく命じた。

「命がけで逃れよ。後ろを振り返ってはいけな

い。低地のどこにもとどまるな。山へ逃げなさい。さもないと、滅びることになる」（19章17節）
日が昇る頃、ロトたちはツォアルという町に着いた。すると神は、天からソドムとゴモラに硫黄の火を降らせ、これらの町と低地一帯を、住民と地の草木もろとも滅ぼした。
アブラハムの執り成しにもかかわらず、ソドムとゴモラの元々の住人には正しい者がひとりもいなかったので、滅亡したのである。

◆ロトの娘たち

だが、このとき、ロトの側にも悲劇が起こった。ロトの妻は、神の命令に背き、あたかも他人の不幸をのぞき見るかのように、後ろを振り向いてしまったので、塩の柱に変えられてしまったのである。死海の南西岸のハル・セドムには、現在も柱状の岩塩があり、ロトの妻が化したものと伝えられている。


その日の朝、アブラハムはソドムとゴモラを見下ろし、地から上がる煙を目にした。かろうじてロトが滅亡から救い出されたのは、神がアブラハムのことを覚えていたからであった。

その後、ロトは2人の娘と一緒に山地の洞穴《ほらあな》に住んで暮らした。しかし、よそ者である自分たちのもとに婿《むこ》が来ることはないと悲観した娘たちは、父によって子孫を残そうと考えた。

彼女たちは夜になると父親にぶどう酒を飲ませて酔わせ、それぞれ父親と寝て子種を得た。姉は男の子モアブを生み、彼はモアブ人の祖となった。

妹は男の子ベン・アミを生み、彼はアンモン人の祖となった。

モアブ人とアンモン人はヨルダン川東岸の民《たみ》で、彼らが近親相姦によって生まれたという説話は、イスラエル人が彼らを蔑視《べっし》していたことの反映とみられている。

娘たちはその夜、父親にぶどう酒を飲ませ、姉がまず、父親のところへ入って寝た。父親は、娘が寝に来たのも立ち去ったのも気がつかなかった。（創世記・第19章33節）

創世記

イサク奉献《ほうけん》

神に命じられて愛児をささげたアブラハム

紀元前
1900年頃

◆イサクの誕生

アブラハムはネゲブ(パレスチナ南部)に移り住んだが、100歳になったとき(つまり、割礼《かつれい》を受けた翌年)、神が予告していた通り、妻サラが男の子を生んだ。待望の男児誕生である。神の言葉通り、アブラハムは息子をイサクと名付け、生まれて8日目に割礼を施した。

サラは「神は私に笑いをお与えになった。聞く者は皆、私と笑いを共にしてくれるでしょう」(21章6節)と喜ぶが、「笑い」のヘブライ語はイサクである。この一節には、老齢出産への嘲笑と出産の悦びが、イサクという名の由来と掛けあわせて表現されている。

だが、イサクが成長すると、サラは、アブラハムがエジプト人ハガルとの間にすでにもうけていた息子イシュマエルを疎《うと》ましく思うようになり、アブラハムにハガルとイシュマエルを追放するよう求めた。

アブラハムは息子を不憫《ふびん》がるが、「サラの要求を聞き入れるように。ハガルの息子も私は一つの民《たみ》の父祖とするから」という神の言葉に従って、2人を追い出してしまう。

ハガルとイシュマエルは一時荒野をさまよって苦しむが、神は2人を救い、やがてイシュマエルはたくましく成長して、シナイ半島の荒野に住んだ。そして彼はエジプトから妻を迎えて、子孫を残していった。『創世記』は、彼らがアラビア半島の遊牧系部族(ベドウィン)の祖になったと記している。

◆ベエル・シェバで神の御名《みな》を呼ぶ

ハガルたちを追い出すと、アブラハムは再び困難に見舞われる。アブラハムの井戸が、領主アビメレクの家来たちによって奪われてしまったのである。

アブラハムはアビメレクと掛け合い、7頭の子羊を渡し、誓いを交わして井戸をなんとか取り戻した。このことにちなんで、その土地はベエル・シェバと呼ばれるようになった。

ベエルは「井戸」、シェバは「誓い」を意味し、「7頭」の7もシェバである。つまり、この物語は、現在ネゲブ地方の中心都市となっているベエル・シェバの地名由来譚《たん》になっている。

アブラハムはベエル・シェバにぎょりゅうの木(タマリスク)を植えた。この木は地中に深く根を下ろし、砂漠にも生えるので、珍重される。

そしてアブラハムはそこで「主《しゅ》(神)の御名《みな》」を呼んだ。ユダヤ人にとって「神の名」は絶対的な崇敬の対象であり、その神の名を呼ぶことは、特別な意味をもつ、神聖な行為であった。

◆神に試されたアブラハム

その後、あるとき、神はアブラハムに呼びかけ、「あなたの息子、あなたの愛する独《ひと》り子《ご》イサク」を連れて山に登り、焼き尽くす献《ささ》げ物として神にささげるよう命じた。神は、アブラハムの信仰を試そうとしたのである。

翌朝、アブラハムはろばを用意し、従者とイサクを連れ、供犠《くぎ》に用いる薪を荷として、神が示した場所に向かって出発した。

3日目、目的地が見えるところまで来ると、アブラハムは従者をその場に留まらせ、息子と2人で進んでいった。イサクには薪を負わせ、自分は種火と刃物を携《たずさ》えていた。

イサクが父アブラハムに「火と薪はここにありますが、献《ささ》げ物になる羊がいません」と問うと、アブラハムは「羊は神が備えてくださる」と答えた。子はもはや問い返さなかった。

神が命じた場所に着くと、アブラハムはそこに祭壇《さいだん》を築き、薪を並べた。そして、なんと息子イサクを縛り、薪の上に載せ、刃物を取り、振り下ろそうとしたのである。

するとそのとき、神の御使《みつか》いが現れて言った。

「その子に手を下すな。何もしてはならない。あなたが神を畏《おそ》れる者であることが、今、分かったからだ。あなたは、自分の独り子である息子すら、私にささげることを惜しまなかった」(22章12節)

アブラハムが目を上げると、1頭の雄羊を藪の中に見つけたので、捕えてイサクの代わりに献げ物としてささげた。アブラハムはその場所をヤハウェ・イルエ(「主《しゅ》は備える」または「主は見出そう」の意)と名付けた。

御使いは愛児の犠牲を惜しもうとしなかったアブラハムを祝福し、彼の子孫を、星のように、海辺の真砂《まさご》のように、増やすことを誓った。

ヤハウェ・イルエは「モリヤの地」とも呼ばれるが、聖書の伝承によれば(歴代誌下3章1節)、のちにソロモンがエルサレム神殿を建立したのが、この場所であるという。

その後、アブラハムはベエル・シェバに住み、安らかな老年を送って175歳で亡くなり、妻の眠るヘブロンの墓に葬られた。そこは、彼が生前に現実に所有しえた唯一の土地でもあった。

どんな試練に遭おうとも、唯一の神ヤハウェを信じ続けて生涯を終えたアブラハムは、イスラエル人の祖先として敬われるだけでなく、唯一神を信奉するユダヤ、キリスト、イスラムの3つの宗教から、「信仰の父」として絶大な尊敬が払われている。

創世記

エサウとヤコブ

神の祝福を継承したヤコブの旅立ち

紀元前
1800年頃

◆ヤコブに長子権を売ったエサウ

イサクは同族であるアラム人ベトエルの娘、リベカを妻に迎えた。リベカが身ごもったとき、神は「2つの国民があなたの胎内に宿っている。1つの民《たみ》が他の民より強くなり、兄が弟に仕えるようになる」と彼女に告げた。

生まれたのは双子で、兄が全身が毛衣のようなエサウで、弟は兄のかかと(アケブ)をつかんで出てきたので、ヤコブと名付けられた。

成長すると、エサウは狩人となっていつも野にあったが、ヤコブは天幕の周りで働く、家畜の飼育者となった。父イサクはエサウを愛し、母リベカはヤコブを愛した。

あるとき、ヤコブが煮物をしていると、エサウが野から疲れ切って帰ってきた。

そこでエサウがヤコブに煮物を食べさせてくれるように頼むと、ヤコブは「兄さんが長子権を私に譲ってくれるなら」と言う。するとエサウは「腹が減って死にそうだ。長子権などどうでもいい」と、長子権をヤコブに売り渡してしまった。狩人のエサウには、父親の財産の継承は、さほど興味がなかったのである。

長子権を得たヤコブは、エサウにパンとレンズ豆の煮物を与え、エサウはそれを食べるとまた出かけて行った。

このやり取りは、のちに繰り広げられる兄弟間の争いを暗示するものとなった。

◆祝福をエサウから奪ったヤコブ

イサクが年老いて目がよく見えなくなったときのこと、エサウを呼んで、こう言った。

「私はいつ死ぬか分からない。今すぐに狩りに出かけて獲物を取り、ご馳走《ちそう》を作って私に食べさせてほしい。祝福をお前に与えたいのだ」

エサウは早速狩りに出かけて行った。

ところが、この話をこっそり聞いていたリベカは、偏愛するヤコブにこの会話を教えたうえで、家畜の群れから、肥えた2頭の子山羊《やぎ》を取ってくるように言った。イサクには、エサウではなく、ヤコブを祝福してもらいたかったからである。

ヤコブは言われたとおりに子山羊を連れて来、リベカは料理を作った。そしてリベカはヤコブにエサウの衣を着せ、子山羊の毛皮を彼の腕や首に巻きつけて、料理をイサクのもとに運ばせた。目の悪いイサクは、ヤコブの腕がエサウのそれのように毛深かったので彼をエサウと思い、料理を堪《たん》能《のう》すると、ヤコブに口づけをさせてから、彼を祝福した。

「私の子の香りは主《しゅ》が祝福された野の香りのようだ。……多くの民がお前に仕え、多くの国民がお前にひれ伏す。お前は兄弟たちの主人となり、母の子らもお前にひれ伏す」（27章27～29節）

神から授かったアブラハムの祝福は、兄エサウではなく、弟ヤコブに継承されたのだ。だが、ちょうどそのとき、エサウが狩りから戻って来た。イサクはヤコブに騙《だま》されたことに気づくと、はげしく身を震わせた。「父さん、私も祝福して下さい」とエサウは懇願するが、イサクはもう変更することはできないと拒んだ。エサウはヤコブをはげしく憎んだ。これを知ったリベカの計らいで、ヤコブは彼女の兄ラバンのもとへ逃げることになり、イサクはヤコブを旅立たせた。物語はここから大きく展開しはじめる。

創世記

ヤコブと神の闘い

イスラエル十二部族の誕生

紀元前
1800年頃

◆梯子《はしご》の夢

逃亡者となったヤコブは、ベエル・シェバを発《た》って母方の伯父ラバンのいるハランに向かったが、とある場所まで来ると日が沈んだので、そこで夜を過ごすことにして、石を枕にして横になった。そしてこんな夢を見た。

先が天まで届く梯子《はしご》が地に向かって伸びている。それを神の御使《みつか》いたちが上ったり下りたりしている。そして、彼のかたわらには神が立っていて、こう言った。

「私は、あなたの父祖アブラハムの神、イサクの神、主である。あなたが今横たわっているこの土地を、あなたとあなたの子孫に与える。あなたの子孫は大地の砂粒のように多くなり、西へ、東へ、北へ、南へと広がっていくであろう……あなたがどこへ行っても、私はあなたを守り、必ずこの土地に連れ帰る。私は、あなたに約束したことを果たすまで決して見捨てない」**（28章13〜15節）**

眠りから覚めたヤコブは神の顕現《けんげん》に畏怖《いふ》し、枕としていた石を石柱として立て、先端に油を注いで浄めて聖別し、その場所をベテル（神の家）と名付けた。そして神に対して誓願を立て、「神が共にいてくれるなら、この石を神の家とし、与えられるものの10分の1をささげます」と言った。

ベテルの地は、かつて神の召命を受けたアブラハムが最初に神のための祭壇《さいだん》を築いた場所でもあった。

◆ラバンとの契約

ヤコブはその後ハランに入り、伯父ラバンの家に迎えられた。7年仕えたのち、ラバンの2人の娘、レアとラケルを妻として与えられた。

ヤコブは、レアとの間にルベン、シメオン、レビ、ユダ、イサカル、ゼブルンの6人の息子をもうけ、ラケルとの間に、ヨセフとベニヤミンの2人の息子をもうけた。また、レアの仕え女ジルパとの間にガド、アシェルを、ラケルの仕え女ビルハとの間にダン、ナフタリを得た。彼らヤコブの息子12人が、後のイスラエル十二部族の父祖となったのである。

ヤコブの働きでラバンの家は豊かになったので、ヤコブはラバンに報酬と帰郷の許可を求めたが、ラバンはそれを快く思わず、それを阻止しようとした。だが、ヤコブが知恵を使ってさらに家畜を増やしたので、やがて、ラバンの一族は「ヤコブはラバンの財産を奪った」と陰口をたたきはじめた。すると神がヤコブに告げた。

「あなたの故郷である先祖の土地に帰りなさい。私はあなたと共にいる」（31章3節）

ヤコブは妻子をらくだに乗せ、全財産をもってラバンのもとを逃げ出し、カナンに向かった。

脱走を知ったラバンはヤコブたちを追跡し、7日目にギレアドの山地でついに彼らに追いついた。だが、その夜、ラバンの夢に神が臨み、「ヤコブを非難するな」と告げる。さらに、ヤコブから「私はこの20年間、あなたの娘と家畜のために働きました。神が私に味方してくださらなかったなら、あなたは私を無一物で放り出したでしょう」と抗弁されると、ラバンはついにヤコブの独立を認めた。

境界代わりに石塚が立てられ、ヤコブとラバンは、互いに敵意をもって越境しないよう契約を結んだ。

翌朝、ラバンは娘たちを祝福してから自分の土地へ帰り、ヤコブは旅を進めた。

◆神との格闘

故郷をめざすヤコブには、ひとつ気がかりなことがあった。それは彼を憎む兄エサウのことである。ヤコブはエサウとの和解を願い、再会の前に贈り物の準備をした。贈り物を人に頼んで先に送り出した日の夜、ヤコブは家族を連れ出して川を渡らせたあと、ひとり対岸に残った。

すると、何者かが現れてヤコブと格闘をはじめた。はげしく組み合っているうちに、その者がヤコブの腿《もも》のつがい(股関節)を打ったので、そのつがいがはずれた。ヤコブが「祝福してくださるまで離しません」と言うと、その者はヤコブの名を聞き出してからこう言った。

「お前の名はもうヤコブではなく、これからはイスラエルと呼ばれる。お前は神と人と闘って勝ったからだ」(32章29節)

ヤコブが闘っていた相手は、神であった。ヤコブは神から祝福を受けると、「私は顔と顔とを合わせて神を見たのに、なお生きている」(32章31節)と言い、その場所をペヌエル(神の顔)と名付けたが、腿を痛めたので足を引きずっていた。

イスラエルには元来「神は争う」の意があるが、それがここでは「神と闘う」の意に解されている。以後、ヤコブはイスラエルという名でも呼ばれるようになり、それはまたヤコブの12人の息子の子孫たちの総称ともなったのである。

その後、ヤコブはエサウと再会し、エサウはヤコブの贈り物を受け取り、2人は和解した。ヤコブはカナンの地に家族とともに住んだ。一方、エサウはエドム人の祖となった。

ベテルで見た梯子《はしご》の夢やヤコブと神の格闘は謎めいた話だが、この2つの神の決定的な顕現が、ヤコブを深い信仰に導いたのである。

創世記

ヨセフの夢

エジプトに下って宰相となったヨセフ

紀元前1700年頃

◆夢解きの名人、ヨセフ

ヤコブとラケルとの間に生まれたヨセフは12人兄弟の下から2番目で、兄弟のなかで誰よりも父に愛されたが、そのために兄たちから憎まれてもいた。

ヨセフには幼いころから不思議な能力があった。彼は夢見と夢解きの名人であった。カナンの地で羊飼いとなっていたヨセフは、17歳のある日、夢を見てそれを兄たちの前で話した。

「畑で私たちが麦の束を結えていると、いきなり私の束が起き上がり、まっすぐ立ったのです。すると、兄さんたちの束が周りに集まって来て、私の束にひれ伏したのです」

これを聞いた兄たちは、夢は弟が自分たちを支配することを暗示していると思い、ますます彼を憎んだ。

また別のあるとき、ヨセフは、太陽と月と11の星が私にひれ伏している夢を見たと、兄たちだけではなく父ヤコブにも話した。

ヤコブも「私とお前の母と兄たちがお前にひれ伏すとでもいうのかね」と言ってヨセフをたしなめ、兄たちは彼を妬んだ。

そして、ヨセフが父親に命じられて、羊の群れを飼っている兄たちのもとにひとり送り出されたとき、野原をさまよっているヨセフを見つけた兄たちは、夢が現実化することをはばもうと、ついに彼を殺すことを企《たくら》んだ。

だが長兄ルベンが「命まで取るのはよそう」と諫《いさ》めたため、結局ヨセフは服を剝《は》ぎ取られて水溜めの穴の中に投げ込まれた。すると、そこへちょうどイシュマエル人の隊商が通りかかったので、別の兄ユダの発案で、ヨセフは銀20枚でイシュマエル人に売り渡されてしまった。

兄たちはヨセフの服を拾い上げ、雄山羊《やぎ》の血に浸してから父親へ送り届けた。ヤコブは、「わが子の服だ。野獣に食われてしまったのだ」と言って、嘆き悲しんだ。彼はヨセフが死んでしまったと思ったのである。

◆ポティファルの妻の誘惑

イシュマエル人に売られたヨセフは、エジプトへ連れて行かれ、そこでファラオ（エジプトの王の称号）の侍従長であったポティファルに売り渡された。

ヨセフははじめ奴隷《どれい》であったが、神がヨセフと共にいたので、何をしてもうまくいき、主人ポティファルに気に入られ、ついには家と全財産の管理を任せられるまでになった。

だが、ヨセフは美しい青年であったので、ポティファルの妻がやがて彼に目をつけ、「私と寝ておくれ」と毎日言い寄るようになってしまう。

ヨセフは誘惑をかたく拒み続けたが、あるとき、誰もいないときを見計らって、ポティファルの妻がヨセフの上着をつかみ、「私と寝ておくれ」と迫った。ヨセフは上着を彼女の手に残したまま、外に逃げた。すると妻は、「あのヘブライ人（イスラエル人）が私と寝ようとしたので、大声で叫んだら、上着を残したまま逃げて行きました」と、帰って来た夫に訴えた。

ポティファルは怒り、ヨセフを捕え、監獄につないだ。

ところが、ヨセフは監守長に気に入られ、監獄の囚人たちを託されるようになった。神が彼と共にいて、慈愛を施したからであった。

◆ファラオの夢を解く

ヨセフが監獄に入れられて数年たった頃、ファラオが不思議な夢を見た。

それは、ナイル川のほとりに立っていると、よく肥えた7頭の雌牛が川から上がって草を食べはじめ、その後から醜い痩せた7頭の雌牛が川から上がって、肥えた7頭の雌牛を食べてしまう――というものであった。

ファラオは国中の魔術師と賢者を集め、自分が見た不思議な夢を話したが、誰にも夢解きができなかった。そのとき、給仕長がヨセフのことを思い出してファラオに申し出た。彼はかつて監獄にいて、ヨセフに見事な夢解きをしてもらったことがあったのだ。

ヨセフが監獄から出され、ファラオの前へ召し出された。ヨセフは、ファラオの夢を聞くと、こうあざやかに解き明かした。

「7頭の肥えた雌牛は今から7年間の大豊作を、7頭の痩せた雌牛はその後の7年間の飢饉《ききん》を表しています。神はまもなくこれを実行するでしょう。ですから、ファラオは今すぐ、聡明《そうめい》な知恵のある人物を見つけてその者に国を治めさせ、7年の豊作の間にできるかぎり食糧を集めて蓄え、飢饉にそなえるようにしてください」

ヨセフの言葉に感心したファラオは、「お前ほど聡明で知恵のある者は、ほかにいない」と言って彼を宰相《さいしょう》に任じることにした。ヨセフはこのとき30歳であった。

豊作の7年が終わると、ヨセフが言った通り飢饉がはじまったが、ヨセフが町々に穀物を蓄えさせていたので、エジプト人が飢えに苦しむことはなかった。

だが、飢饉はやがて激しくなり、地上全体を襲って行った。

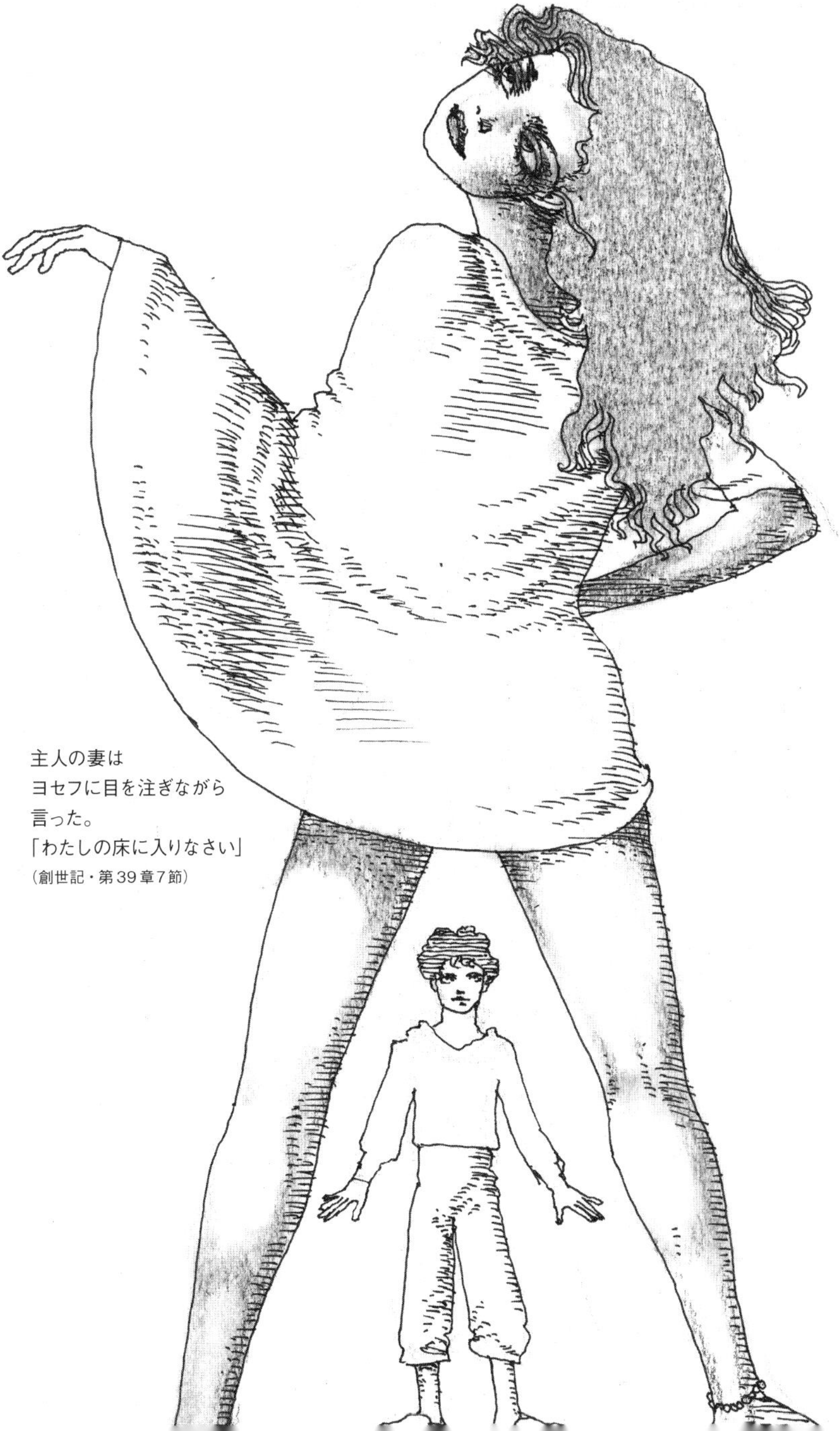

主人の妻は
ヨセフに目を注ぎながら
言った。
「わたしの床に入りなさい」
（創世記・第39章7節）

創世記

ヨセフとヤコブの再会

ヤコブ一族もエジプトへ移住する

紀元前1700年頃

◆兄たちのエジプト下り

飢饉《ききん》はヤコブたちが住むカナン地方にも及んだ。エジプトに穀物があると知ったヤコブは、息子たちに、エジプトへ下って穀物を買ってくるように命じた。そこで、ヤコブの息子、すなわちヨセフの10人の兄たちはエジプトに向かった。ただしヤコブは、末子のベニヤミン(ヨセフの弟)だけは同行させなかった。彼が万が一死ぬようなことがあってはならないと思ったからである。

一方、その頃、エジプトにいたヨセフは宰相《さいしょう》であり、穀物を売る責任者を務めていた。ヨセフの兄たちは、エジプトに来ると地面にひれ伏してヨセフを拝し、「食糧を買うためにカナンの地からやって参りました」と述べた。

ヨセフはすぐに兄たちであると気づいたが、そしらぬふりをし、兄たちは宰相がヨセフであることに気づかなかった。

ヨセフはこのとき、かつて兄たちについて見た夢を思い出し、「お前たちは国の隙をうかがうための回し者だな」などと言って彼らを詰問《きつもん》しはじめた。そして兄たちが「私たちは12人兄弟で、末の弟は今、父のもとにおりますが、もうひとりは失いました」と言うと、「末の弟を連れて来い。そうすれば実直者かどうかがわかる。さもなくば監禁する」と言い、兄たちのひとりシメオンを縛り上げた。兄たちは、これはかつて弟ヨセフを苦しめた罰だと語り合った。

だがヨセフは人に命じて、カナンに戻る残りの兄たちの袋に穀物とそれのために彼らが支払った銀を詰めさせ、また道中の食糧も与えるよう指示した。

兄たちはカナン地方に戻ると、父ヤコブに起こったことを報告した。そして、袋を開けてみると、払ったはずの銀の包みが入っているのをみて驚き、気味が悪くなった。

◆ベニヤミンとヨセフ

ヤコブは当初、ベニヤミンを遣わすことを拒んだが、飢饉が激しくなってエジプトから得た穀物が尽きると、息子たちの説得もあって、ベニヤミンをエジプトに下らせることを承諾した。

再びエジプトに下った兄たちとベニヤミンは、ヨセフの邸へ行った。ヨセフは、弟ベニヤミンを見ると、懐かしさで胸が熱くなった。ヨセフは、ベニヤミンだけを自分のもとに残そうと、奸計《かんけい》をめぐらして兄たちを追いつめるが、兄たちのひとりユダが、こう嘆願する。

「御主君様、末子のベニヤミンがいなくなれば、父は悲嘆して死んでしまいます。代わりに私が奴隷《どれい》になりますので、どうかベニヤミンは他の兄弟たちと一緒に帰らせてください」

するとヨセフは感情をこらえきれなくなり、「父上はまだ生きておられますか」と言ってついに身を明かした。兄弟たちは驚愕《きょうがく》した。

「私はあなたたちがエジプトへ売った弟のヨセフです。しかし、今は、私をここへ売ったことを悔やんだり、責め合ったりする必要はありません。命を救うために、神が私をあなたたちより先にお遣わしになったのです。……神が私をあなたたちより先にお遣わしになったのは、あなたたちのために子孫をこの地に据え、あなたたちを生き永らえさせて、大いなる救いに至らせるためです。私をここへ遣わしたのは、あなたたちではなく、神

です」（45章4〜8節）

ヨセフは、父ヤコブをエジプトに連れて来てほしいと兄弟たちに頼み、彼らを抱いて泣いた。

◆ヤコブ一家もエジプトへ

ヨセフの兄弟たちはカナン地方の父ヤコブのもとに帰ると、ヨセフが生きていて、しかも国の宰《さい》相《しょう》になっていたことを報告し、ヨセフが遣わした馬車を見せた。ヤコブは息子の無事を聞いて歓喜し、「死ぬ前に会いたい」と言って、早速一家を率いて、エジプトへ旅立った。ベエル・シェバに着いた夜、神が現れ、ヤコブに語りかけた。

「エジプトへ下ることを恐れてはならない。私はあなたをそこで大いなる国民にする。私があなたと共にエジプトへ下り、私があなたを必ず連れ戻す」（46章3〜4節）

この言葉は後のモーセによる出《しゅつ》エジプトを予告するものでもあった。

ヤコブは、ゴシェン（ナイル川のデルタ地帯）でついにヨセフと再会を果たした。

ヨセフは、ファラオの好意を受けて、父と兄弟たちにエジプトの土地を与え、そこに住まわせ、また彼らと父の家族を養った。

ヤコブはヨセフの2人の息子エフライムとマナセを祝福し、養子としてから、147歳で亡くなり、遺言によりアブラハムとサラが眠るヘブロンの墓に葬られた。エジプトに戻った兄弟たちは、ヨセフが昔の仕返しをすることを恐れてひれ伏したが、ヨセフは「あなたたちの悪を神は善に変えた」と言って彼らを改めて赦《ゆる》した。ヨセフが17歳のときに見た夢は、こうして完全に実現したのである。

『創世記』第37章以降の「ヨセフ物語」は一編の短編小説のような完成度をもっているが、もともと、『創世記』の編纂《へんさん》前に、独立して成立していた物語であろうとみられている。

イスラエル（ヤコブ）の目は老齢のためかすんでよく見えなかったので、ヨセフが二人の息子を父のもとに近寄らせると、父は彼らに口づけをして抱き締めた。（創世記・第48章10節）

Column

旧約聖書アラビア起源説

旧約聖書の主たる舞台は、言うまでもなく、中東のパレスチナである。そこは神がユダヤ人の父祖アブラハムに与えると約束した地である。

ところが、1985年、「旧約聖書に記された物語の舞台は、パレスチナではなく、アラビア半島だ」という、常識を覆す仮説を提示する本がドイツで出版され、一大センセーションを巻き起こした。その本とは、ベイルートのアメリカン大学歴史学教授で中東史の世界的権威、カマール・サリービーが著《あらわ》した『聖書アラビア起源説』で、本書はその後、日本語を含む各国語に翻訳された。

サウジアラビアのメッカの南、アラビア半島西部に、紅海に面したアシールと呼ばれる地方がある。サリービーはこの地域の地名の起源について調べていたとき、あることに気がついた。旧約聖書に記述されている地名に対応するものが、すべてアシール地域内に見出せたというのだ。例えば、エデン→アダナ、サマリア→シムラーン、エルサレム→アルワー・サラーム、といった具合である。

こうした「対応」は、単純に両者の音韻が似ているという理由にもとづくのではない。サリービーは、ヘブライ語のアラビア語化に関する精緻《せいち》な言語学的研究を踏まえて地名を分析し、聖書とアシールの地名を照合しているのである。

大胆な仮説だが、たしかにアラビア半島にも古くからユダヤ人が居住しており、イスラム教ではメッカのカーバ神殿は、アブラハムが建てたとされている。アラビア半島と聖書の間に深いつながりがあるのは事実なのである。

第3章 約束の地をめざして

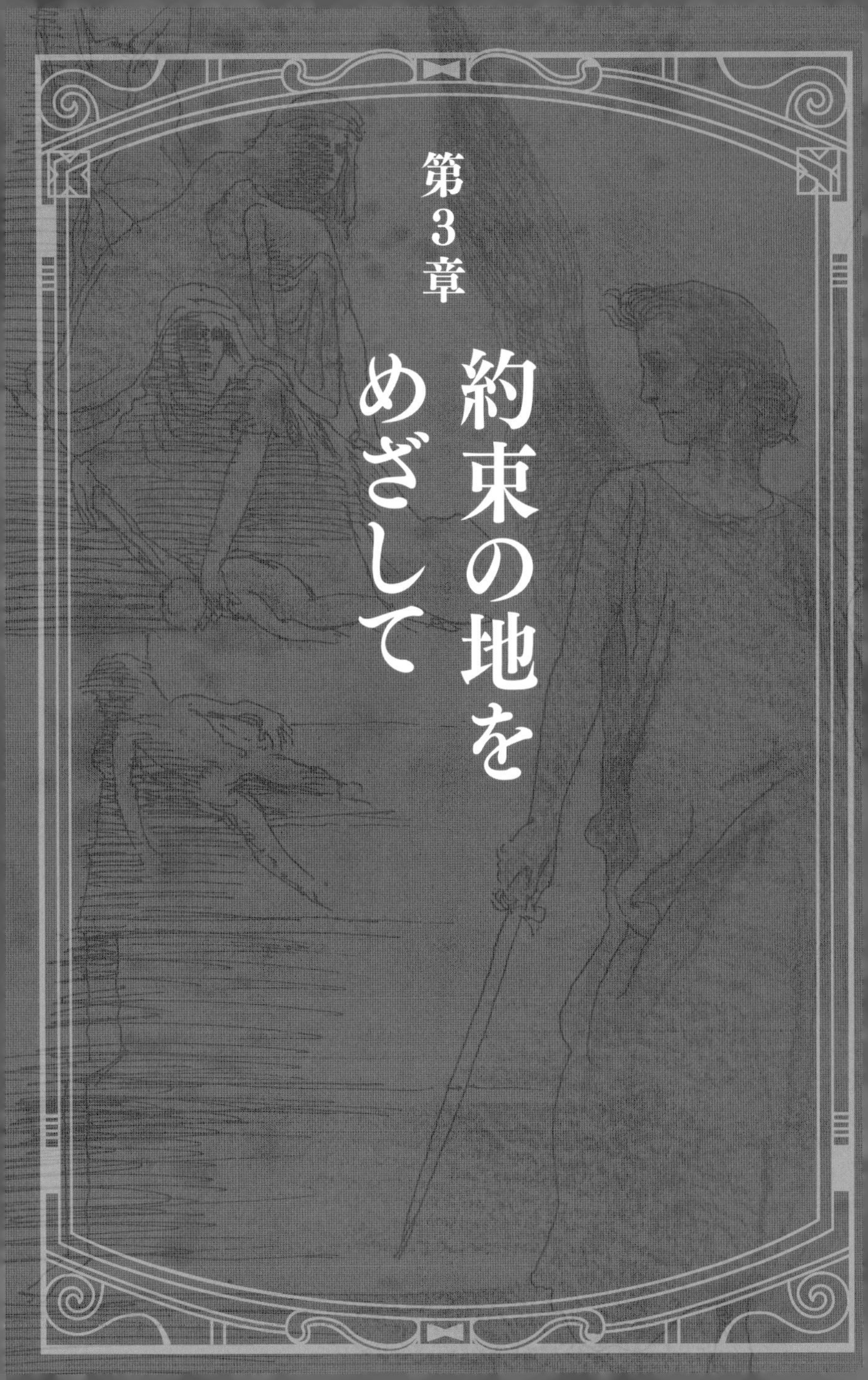

モーセと出《しゅつ》エジプトの物語

『創世記』に続くのが『出《しゅつ》エジプト記』で、ここからはヤコブの子レビの子孫（レビ族）であるモーセを中心とした物語がはじまる。

『出エジプト記』は、大きくは、苦しむイスラエルの民《たみ》をエジプトから導き出す物語と、エジプトを出たイスラエルの民が約束の地カナン（パレスチナ）に入るまで荒野をさまよう物語の2つに分けられ、後半には神がモーセを通してイスラエルに与えた律法《りっぽう》の内容も細かく記述されている。そして、『出エジプト記』のあとには次の4書が続く。

❶**レビ記**…神がモーセに与えた祭儀の細則を記したもので、物語部分はほとんどない。ユダヤ教では「祭司の手引書」と呼ばれている。

❷**民数記《みんすう》**…モーセに導かれたイスラエルの民が荒野を旅する姿が描かれる。

❸**申命記《しんめい》**…律法の解説を主とし、死を前にモーセが遺言として民に語る、という形式をとる。

❹**ヨシュア記**…モーセの後継者ヨシュア率いるイスラエル人によるカナン征服を記す。

モーセの物語は、神と、エジプトから導き出されたイスラエル人との間の契約を明示するもので、旧約聖書の中では中核的な位置をしめる。

ところで、モーセの出エジプトの年代は、聖書の記述をもとに計算すると、紀元前15〜前13世紀頃となる。しかし、聖書以外には、歴史学的・考古学的に、モーセの実在を示す資料が見つかっていないのが現状である。

Liber Exodus, Liber Deuteronomii, Liber Iosue

登場人物の系図
（ヤコブからモーセ、ヨシュア）

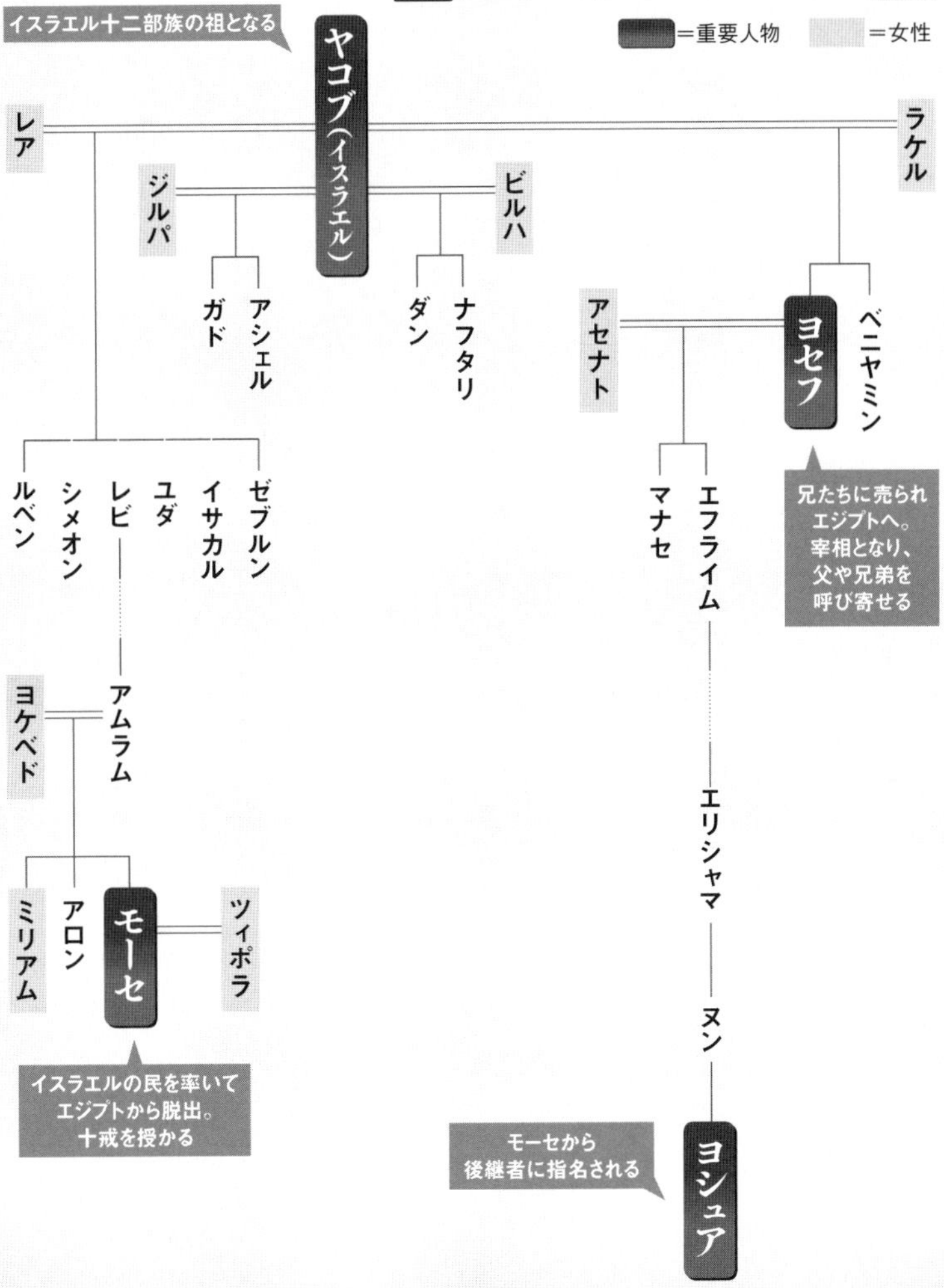

出エジプト記

モーセの誕生と召命

神の名「私はある」が明かされる

紀元前1300年頃

◆ナイルに捨てられたモーセ

イスラエル人（ヘブライ人）はヨセフ以来、エジプトに住み着き、子孫を増やしていった。

しかし、宰相《さいしょう》にまで上りつめたヨセフの業績を知らない王が現れてファラオとしてエジプトを支配するようになると、イスラエル人は国を奪いかねない民族としてエジプト人に警戒される存在となり、いつのまにか奴隷《どれい》の民《たみ》となってしまった。

それでもイスラエル人は増え広がっていったので、ますます彼らはエジプト人に忌《い》み嫌われるようになってしまった。

ファラオは、ついに命じた。

「ヘブライ人の男の赤ん坊は、すべてナイル川に放り込め」

そんなときに生まれたのが、ヤコブの子レビの曾孫にあたる、モーセである。母ヨケベドは生まれた我が子をすぐに隠したが、隠しきれなくなると、パピルスの籠に入れ、ナイル河岸の葦《あし》の茂みの中に置いた。

そこへファラオの王女が水浴びにやって来て、葦の茂みに籠を見つけると、侍女に取って来させた。中に男の子がいるのを見ると不憫《ふびん》に思い、離れた場所から一連の様子をしのび見ていたモーセの姉ミリアムの忠言を受けて、ヨケベドを乳母に雇って育てることにした。男の子は成長すると、王女に完全に引き取られて養子となった。

モーセの名付け親は王女で、その名は「川から

王女は、葦の茂みの間に籠を見つけたので、
仕え女をやって取って来させた。
開けてみると赤ん坊がおり、
しかも男の子で、泣いていた。
（出エジプト記・第２章５～６節）

引き上げた《マーシャー》」ことにちなんでいた。

殺されかけ、捨てられた赤子が助けられ、成長して優れたリーダーとなる――という筋の物語は古代の伝説によくある類型で、古いものでは、紀元前2400年頃にメソポタミアの覇者となったアッカドのサルゴン1世の例がある。

◆神の名は「私はある」

大人になったモーセは、あるとき宮廷の外に出ると、ひとりのヘブライ人がエジプト人にこき使われたうえに打たれるのを目撃した。同胞の虐待に憤慨《ふんがい》したモーセは、周りに誰もいないことを確かめてから、そのエジプト人を殺害し、砂の中に埋めた(つまり、モーセは自分がヘブライ人であることを知っていたことになる)。

だが、ほどなく事件は露見してしまい、モーセのエジプト人殺害が、ファラオの耳にも入ってしまった。ファラオはモーセの殺害を企《くわだ》てたが、モーセは逃げ、ミディアンの地にたどりついた。ミディアンの地とは、アブラハムと第2の妻ケトラとの間に生まれたミディアンの子孫(ミディアン人)が住み着いた地方で、アラビア半島北西部である。モーセはミディアン人に迎えられ、祭司エトロの娘ツィポラと結婚した。

あるとき、モーセが家畜の群れを荒野の奥へ追ってホレブ山にいたると、茨の灌木《かんぼく》の中から炎が発した。不思議なことに、炎で燃えているのに、茨の灌木は燃え尽きることがない。怪訝《けげん》に思っていると、灌木の中から「モーセ、モーセ」と呼びかける声があり、そしてこう告げた。

「私はあなたの父の神である。アブラハムの神、イサクの神、ヤコブの神である」(3章6節)

モーセはとっさに顔を隠した。神を見ることを畏《おそ》れたからである。

すると神は「私はエジプトにいる私の民《たみ》が苦しんでいるのをたしかに見た。それゆえ、私は降《お》りて来た、彼らをこの国から乳と蜜の流れる地へ導くために。あなたをファラオのもとに遣わすので、イスラエルの人々をエジプトから連れ出しなさい」と命じた。

「乳と蜜の流れる地」とは、荒野の民が憧れる、家畜の乳と蜜（蜂蜜やナツメヤシの実・ぶどうの甘味など）が豊かに得られる肥沃《ひよく》な大地を意味し、すなわちカナン地方のことをさしている。つまり、神は、イスラエル人をエジプトからカナンへ導くよう、モーセを召命したのだった。

◆使命のしるしを与える

あまりに重大な使命を与えられたことに狼狽《ろうばい》したモーセが、「イスラエルの民に『我らの先祖の神の名は何か』と問われたら、何と答えればよいでしょう」と尋ねると、神はこう言った。

「私はある。私はあるという者だ」（3章14節）

この言葉は原文に即して直訳すると「私はあるであろう、私があるであろうように」となる（「ある」の箇所は「いる」「なる」とも訳せる）。難解な構文で、古来さまざまに解釈されているが、「神が何であり、何になるかは、神自身が決める」という唯一神の絶対的な自由と尊厳が宣言されているとする、示唆《しさ》に富む見方もある。そして、神が一個人に対するときの名は「私はある」で、「ヤハウェ」は神が民に語りかけるときに用いられる名とも解されている。

モーセが、「自分が召命されたことなど民は信じないのでは」と言って抗うと、神はモーセの杖を蛇に変えてすぐに元に戻し、次に、彼の手を重い皮膚病にしてすぐに元に戻し、最後にナイル川からモーセがくんできた水を血に変えてみせ、これらの奇跡を使命のしるしとした。

なおもモーセが「私は口下手です」と逆らうと、神は雄弁な兄アロンと協力するよう命じた。モーセは杖を携《たずさ》えてエジプトに向かった。

出エジプト記

モーセのエジプト帰還と10の災い

奇跡を起こしてファラオと対決する

紀元前
1300年頃

◆モーセとアロンの出会い

モーセはエジプトに帰還する途中、生き別れとなっていた3歳年上の兄アロンと出会い、彼に自分が神から受けた使命を告げた。さらにモーセとアロンはイスラエルの人々の長老を集め、アロンが神がモーセに語った言葉を伝え、彼らの前で奇跡を行って、人々を信じさせた。

その後、モーセとアロンはファラオのもとに行き、「イスラエルの神、ヤハウェが、『私の民《たみ》を去らせ、荒野で私のために祭りを行わせなさい』と言われました」と言って、イスラエル人を解放するよう嘆願した。しかしファラオは、「ヤハウェなど知らない」と、彼らをエジプトから去らせることを拒絶し、それどころかさらに重労働を課して、苦しめたのだった。

たまりかねたイスラエル人がモーセとアロンに抗議すると、モーセは神に「なぜ民に災いをくだされるのですか」と訴えた。すると神は、「私の強い手によって、ファラオはついに彼らを去らせる」（6章1節）と宣《せん》し、アブラハム、イサク、ヤコブたちとの間に立てた「カナンの地を与える」という契約を思い起こして、イスラエル人をエジプトから必ず導き出すことを約束した。このとき、モーセは80歳であった。

◆10の災いとファラオとの対決

再びモーセとアロンはファラオのもとへ行って

民の解放を訴え、アロンは神の助けを得て、杖を蛇に変えて見せた。しかし、ファラオは魔術師を呼んで同じような奇跡を起こさせた。さらに神がファラオの心をかたくなにしたため、彼が民の解放を許すことはなかった。

そこでモーセとアロンは、神の言葉に従って、杖でナイル川の水を打った。すると川の水はすべて血潮と変じ、魚は死に、水は飲めなくなり、国中が血に浸された。しかし、ファラオの心はかたくななままで、2人の求めに応じなかった。

7日後、モーセとアロンは、神の指示に従って、杖を使って今度は水から無数の蛙を這《は》い上がらせ、蛙の災いがエジプトの国中を襲った。ファラオは2人に神に祈願して蛙を退かせるようにしてほしいと頼み、翌日、神はその願いをいれて蛙を死滅させた。しかし、それでもファラオの心はかたくななままだった。

さらにモーセとアロンは、神の言葉に従って、ぶよの災い、あぶの災い、疫病《えきびょう》の災い、はれ物の災い、雹《ひょう》の災い、いなごの災い、暗闇の災いを次々に引き起こしてファラオと対決したが、そのたびにファラオは心をかたくなにし、民を去らせようとしなかった。

するとモーセは、最後の災いの通告として、「神は、『真夜中に私はエジプトの中を進み、そのとき国中の初子《ういご》は皆、死ぬ』と仰った」と言った。神の長子であるイスラエルの民を虐《しいた》げることは、エジプト人の長子が殺されることによって報復されるという予告である。しかし、それでもファラオの心はかたくななままであった。

ところで、『創世記』や『出《しゅつ》エジプト記』にはしばしばエジプトの王が登場するが、称号であるはずの「ファラオ」があたかも人名のように常に扱われ、肝心のファラオの名前そのものは言及されない。このことも、族長伝説や出エジプトの史実性の証明を難しくしている。

アロンが自分の杖を
ファラオとその家臣たちの前に投げると、
杖は蛇になった。
（出エジプト記・第7章10節）

出エジプト記

出《しゅつ》エジプトと葦《あし》の海の奇跡

ユダヤ教最大の祭儀、過越祭のルーツ

紀元前
1300年頃

◆エジプトのすべての初子《ういご》が神に撃たれる

モーセとアロンが幾多の災いを起こしても、ファラオは心をかたくなにしてイスラエル人をエジプトから去らせようとしなかった。そこで神は最後の災いを行うこととし、その準備として、モーセとアロンに対して、次のようなことを全イスラエル人へ知らせるように言った。

〈今月の10日までに家族ごとに子羊（あるいは子山羊《やぎ》）を1匹用意する〉

〈14日の夕暮れにその家畜を屠《ほふ》り、その血を家の入り口の2本の柱と鴨居《かもい》に塗る〉

〈肉は丸ごと焼き、苦菜《にがな》を添えた、酵母《こうぼ》を入れないパンとともに急いで食べる。決して翌朝まで残しておいてはならない〉

さらに神は2人にこう言った。

「その夜、私はエジプトの国を巡り、人であれ、家畜であれ、エジプトの国のすべての初子《ういご》を撃つ。……あなたたちのいる家に塗った血は、あなたたちのしるしとなる。血を見たならば、私はあなたたちを過ぎ越す。私がエジプトの国を撃つとき、滅ぼす者の災いはあなたたちには及ばない。この日は、あなたたちによって記念すべき日となる」（12章12～14節）

つまり、神はエジプトのすべての初子を撃つが、家の入り口に子羊の血が塗ってあれば、それを目印として神はその家を過ぎ越し、イスラエルの民《たみ》には災いは及ぼさないというのである。

真夜中になると、モーセへの言葉通り、神は、ファラオの家族や家畜も含めて、エジプトのすべての初子を撃った。だが、イスラエル人はみなモーセに教えられたとおり、家の入り口に羊の血を塗っていたので、神はその家々の前を過ぎ越したのだった。

悲劇を目の当たりにしたファラオは、「出て行け」と言って、ついにイスラエル人を国から去らせた。

カナンをめざしてエジプトを発《た》ったイスラエル人は、男子だけで60万人にのぼったという。

◆ユダヤ最大の祭り、過越祭《すぎこしさい》

このくだりは、ユダヤ教の三大祭りのひとつである過越祭《すごこしさい》（ペサハ）の由来を伝えるものとして知られている。

過越祭は、ニサンの月（バビロニア暦の第1月。太陽暦の3～4月に相当）の14日、すなわち春分後の満月の日から1週間にわたって祝われるもので、春の到来とともに家畜を屠る遊牧民の祭りにルーツがあると言われている。

この祭りに、農耕祭儀である「除酵祭《じょこうさい》」が加わった。除酵祭はパンをふくらませる酵母（パン種）のうち、古いものを取り除いて新しくするもので、農民の春の祭りである。

さらに、これらの祭儀に出《しゅつ》エジプト（エクソダス）の故事が関連付けられて形成されたのが過越祭で、現在でも民族の歴史と信仰を伝えるものとしてユダヤ人の間で大切に伝統が守られている。

ちなみに、イエス・キリストの「最後の晩餐《ばんさん》」は過越祭を祝う食事でもあった。

また、過越祭であえて「酵母を入れないパン」を食べるのは、古い酵母を取り除くという除酵祭の本来の目的に、出エジプトがパンの発酵を待てないほどに緊急だったことや、発酵過程が腐敗とみなされて神への献《ささ》げ物から除外されたことなどが、結び付けられたものだろう。

◆葦《あし》の海の奇跡

モーセに率いられてエジプトを出たイスラエル人は、荒野の道を通って、まず「葦《あし》の海」をめざした。このとき、神は常に一行を先導し、昼は雲の柱によって、夜は火の柱によって彼らを守った。

ところが、イスラエル人がエジプトからいなくなると、ファラオは逃亡を許したことを後悔し、自ら軍勢を率いてモーセたちのあとを追いはじめた。やがてファラオたちは葦の海の海辺で宿営中のモーセたちに追いついた。

エジプトの軍勢を目にして恐れたイスラエルの民《たみ》は、モーセに「なんで俺たちを連れ出したのだ。荒野で死ぬよりエジプト人に仕える方がましだった」などと言って、彼を罵《ののし》った。だがモーセは「主《しゅ》があなたたちのために戦われる」と言って民をなだめた。

そして、夜になると、神の言葉に従って、モーセが海の上に手をさし伸ばす。すると、一晩中強い東風が吹いて海が割れ、水の壁ができ、陸地が現れた。イスラエル人は海の真ん中に現れた乾いた陸地を通って海を渡って行った。

エジプトの軍勢もそのあとを追ったが、朝になってモーセが再び手を海の上に伸ばすと、海の水が元の場所に流れ込んで来た。兵士たちは残らず海に呑まれ、海辺には死体が散乱した。

『出《しゅつ》エジプト記』によれば、災禍に懲《こ》りて逃亡を許したはずのファラオがモーセたちを追跡したのは、神が再びファラオの心をかたくなにさせたからで、それは、神が自身の栄光をイスラエル人に示すためであったという。つまり、葦の海の奇跡を民にみせるためだったのだ。

奇跡の舞台である「葦の海」がどこかは、古来論議の的となっているが、シナイ半島のアカバ湾やスエズ湾などが有力な候補にのぼっている。

真夜中になって、主はエジプトの国ですべての初子を撃たれた。（出エジプト記・第12章29節）

出エジプト記

苦難の旅とマナの奇跡

荒野をさまようモーセとイスラエルの民

紀元前
1300年頃

◆水の奇跡

神が示した葦《あし》の海の奇跡を見届けたあと、モーセとイスラエル人の一行は、カナンの地をめざして再び荒野を歩みはじめた。

だが、それは苦難の連続だった。まず何よりも彼らを苦しめたのは、渇きと飢えである。

荒野の真っ只中《ただなか》を3日間ひたすら歩き続けたが、飲み水をまったく得ることができない。ようやく泉を見つけたが、その水は苦くて飲むことはできなかった。そこでその地はマラ（苦い）と名付けられた。

人々がモーセに不平を言い立てるので、モーセが神に向かって叫ぶと、神は1本の木を彼に指し示した。その木をモーセが泉に投げ込むと、水は甘くなり、人々はようやく渇きを癒すことができたのだった。

そして一行はエリムという地にたどり着いたが、そこには12の泉と70本のナツメヤシの木があり、彼らはそこに野営することができた。

また、レフィディムというところに宿営したときも、飲み水がないので困り、人々はモーセに「お前は俺たちを渇きで死なせるのか」と迫った。ところが、モーセが神に指示されて、かつてナイル川の水を打った杖で、神が立っている岩を打つと、岩から水が湧き出てきた。人々はこれで渇きを癒した。

◆マナの奇跡

また、モーセたちがエリムを出発し、エリムとシナイの間にあるシンの荒野に入ったとき、今度は人々は飢えに苦しみ、「これなら俺たちはエジプトで神の手にかかって死んでいればよかった」とモーセとアロンに悪態をついた。

すると神はモーセにこう言った。

「見よ、私はあなたたちのために、天からパンを降らせる。民《たみ》は出て行って、毎日必要な分だけ集める」（16章4節）

モーセはイスラエル人たちに「あなたたちが不平を言うのを神が聞かれたので、神はあなたたちに食べ物を与えて下さる。お前たちはじつは私にではなく神に向かって不平を述べているのだ」と諭《さと》し、「主《しゅ》の前に集まれ」と人々に命じた。すると、主の栄光が雲の中に現れ、神はモーセにこう語り出した。

「私は、イスラエルの人々の不平を聞いた。彼らに伝えるがよい。『あなたたちは夕暮れには肉を食べ、朝にはパンを食べて満腹する。あなたたちはこうして、私があなたたちの神、主であることを知るようになる』と」（16章12節）

翌朝のことである。宿営の周りに露が降《お》りていたが、蒸発すると、荒野の上に、かさかさした、霜のような薄いものがあった。

人々がこれは何だろうと訝《いぶか》っていると、モーセは「これこそが、神があなたたちに食物として与えられたパンである」と言った。これが「マナ」と名付けられたもので、それは白いコエンドロ（セリ科の草）の種に似ていて、蜂蜜を塗ったウェファースのような味がしたという。

人々はそのマナをそれぞれ必要な分（約2・3リットル）を集めて食べ、腹を満たした。マナは日が高くなると溶け、また夜を越すと腐ってしまったが、朝になるとまた荒野に生じ、人々は必要な分を集めることができた。6日目にはふだんより2倍の量を集めることができたが、これは、7日目が安息日《あんそくび》なので、神が2日分のマナを降らせてくれたからだった。

神が天から与えたというマナとは、一体何をさしているのだろうか。シナイの谷川に生育するぎょりゅうの木（タマリスク）にはかいがら虫が寄生し、多量の樹液を吸う。この虫が余分なものを排出すると、それはやがて甘味のある黄ばんだ玉になる。聖書研究者によれば、これがマナの正体であるという。珍奇な自然現象が、約束の地カナンをめざす民《たみ》に対する神の祝福と奇跡に考えられたのだろう。現在、シナイ半島では、6月の盛夏になると、1人でこれを1キログラムほど集めることができるそうだ。

◆荒野での戦い

モーセたちは、旅の中で先住民たちと戦いを交えることもしばしばだった。

たとえば、水に困ったレフィディムでは遊牧民のアマレク人と対戦したが、丘の頂《いただき》に立ったモーセが手を挙げると、イスラエル人が優勢になり、モーセの従者で勇敢な戦士であったヨシュアが、アマレク人たちを見事打ち破った。

それからだいぶのちのことだが、モーセたちがシナイ半島を出てヨルダン川東岸地方に入ったときには、そこを領地とするエドム人（エサウの子孫）が通過を阻《はば》んだ。そこで、迂回《うかい》してパレスチナ南部のネゲブ地方を通ったが、このとき、この地に住むカナン人のアラドの王と戦い、勝利を収める（民数記20～21章）。また、ヨルダン川東岸のモアブの谷ではアモリ人と交戦し、勝って都を占領した。

こうした試練を経ながら、モーセたちはヨルダン川の西側、すなわち神に約束された地であるカナン（パレスチナ）をめざしたのだった。

＊上の図で示したルート以外にも複数の説がある

シンの荒野があったとされるシナイ半島南西部の砂漠

モーセが十戒を授かったシナイ山

出エジプト記

シナイ山の栄光と十戒《じっかい》

山上で結ばれた神との契約

紀元前
1300年頃

◆神がシナイ山に降臨

モーセたちはエジプトを出てから3ヶ月後、シナイの荒野に着き、シナイ山の麓《ふもと》に野営した。

シナイ半島は広く、そのほとんどが荒野のようなところで、「シナイの荒野」を特定することは難しい。シナイ山が何をさすのかも古来、諸説あるが、伝統的には、半島南部の標高約2300メートルの山がそれとされている。シナイ山はホレブ山とも呼ばれ、そこはかつてモーセが「燃え尽きない茨の灌木《かんぼく》」を見て神の顕現《けんげん》に接した場所でもある(78ページ参照)。

さて、モーセが神に命じられてシナイ山に登って行くと、神はこう言った。

「イスラエルの民《たみ》が私に従い、私の契約を守るならば、彼らを聖なる特別の民としよう」

モーセが麓に戻り、イスラエル人たちに神の言葉を伝えると、彼らは神に従うことを誓い、モーセはその民の言葉を神に取り次いだ。

すると、それから3日目の朝、雷鳴が轟《とどろ》き出し、稲妻がはげしく走り、厚い雲が山に迫って来た。さらに角笛の音が鋭く鳴り響き、シナイ山はすべて煙に包まれた。神が山の頂《いただき》に降臨したのである。民はこれを大いに見て恐れおののいたが、モーセは神に命じられて、密雲《みつうん》に覆《おお》われた山へとひとり登って行った。

そして、このとき山上で神がモーセに告げたのが、有名な「十戒《じっかい》」である。

◆宗派で異なる十戒《じっかい》の数え方

『出《しゅつ》エジプト記』20章3~17節には、十戒として、次のようなことが記されている。

①あなたには、私をおいてほかに神があってはならない。あなたはいかなる像も造ってはならない。

②あなたの神、主《しゅ》の名をみだりに唱えてはならない。

③安息日《あんそくび》を心に留め、これを聖別せよ。6日間働いたら、7日目は、神の安息日であるから、いかなる仕事もしてはならない。

④あなたの父母を敬え。

⑤殺してはならない。

⑥姦淫《かんいん》してはならない。

⑦盗んではならない。

⑧隣人に関して偽証してはならない。

⑨隣人の家を欲してはならない。隣人の妻、男女の奴隷《どれい》、牛、ろばなど隣人のものを一切欲してはならない。

このように、十戒といっても、ここまでで9箇条しかない。じつは、宗派によって十戒の数え方は異なっているのである。

本家たるユダヤ教では、これらの前文にある「私は主、あなたの神、あなたをエジプトの国、奴隷の家から導き出した神」(20章2節)を第1戒に数える。

だが、キリスト教はこれを序文とみて十戒からカットした。史実としての出エジプトは、ユダヤ人の民族宗教であることを越えようとするキリスト教の信徒にとっては、直接は関係ないととらえたからだろう。

そしてカトリックでは、⑨のうち「妻」を独立させて「隣人の妻をむさぼるな」を第9戒とし、「他人のものをむさぼるな」を第10戒とした。じつは十戒は、『申命記《しんめいき》』5章にも、モーセの民への遺言のひとつとして語られていて、ここには「隣人の妻を欲してはならない。隣人のものを一切欲しがってはならない」とあるからである。

東方正教会では、①の後半「像を造るな」を第2戒として独立させ、以下をそのままとした。後に生まれたプロテスタントも多くはこの数え方を採っている。

◆十戒《じっかい》を記した石板を与えられる

十戒《じっかい》を告げたのち、さらに神はモーセに対して、祭儀に関する指示や社会的な法を提示した。モーセは山を下りると、神の言葉と法を民《たみ》に語り聞かせ、またそれをすべて書き記し、「契約の書」としてまとめた。

十戒を含めた、神がモーセにシナイ山で与えた戒めと教えの総称を律法《りっぽう》(トーラー)という。のちにユダヤ教では、モーセ五書全体を「律法」と総称するようにもなった。

民が神の言葉に従うことを誓うと、モーセはいけにえにささげた牛の血を民に振りかけ、「見よ、契約の血である」と宣《せん》した。

モーセが神に命じられて再び山に登って行くと、雲が山を覆《おお》った。雲の中に入ると、神が再び律法を語り、最後に2枚の石板をモーセに与えた。神が自ら十戒を書き記したものであった。モーセはこのとき40日間山にいたが、その間に神が顕《あら》わした栄光は、麓《ふもと》の民の目には、山頂で火が燃えているように見えたという。

十戒は、①〜③で神と人間との関係を説き、④〜では普遍性の高い道徳が説かれ、全人類的な倫理則ととられている。だが、文言から察せられるように、本来は、土地や家畜を所有する、家族持ちの男性ユダヤ人農民を対象としたものであり、また、神と、奴隷《どれい》から解放されたイスラエル人との間に交わされた「契約の言葉」であった。

つまり、十戒が「旧約=古い契約」の土台なのである。

出エジプト記／申命記

幕屋の奇跡とモーセの死

十戒の石板が納められた至聖所

紀元前
1300年頃

◆律法《りっぽう》に示された幕屋の構造

神はシナイ山でモーセに数多の律法《りっぽう》を示したが、そのうちの大半は、じつは「幕屋」に関するもので占められている。

幕屋とは、ひと言で言えば、天幕でつくられる可動式聖所《せいじょ》である。

神の指示によって、幕屋の内側は2つの部屋に分けられた。手前の大きな部屋は「聖所」と呼ばれ、亜麻布の垂れ幕で仕切られた奥の小さい部屋は「至聖所《しせいじょ》」と呼ばれた。至聖所には「契約の箱」が置かれた。それは幅2・5アンマ（1・13メートル）、奥行き1・5アンマ（68センチ）、高さ1・5アンマの箱で、アカシア材で作られ、内側も外側も表面は純金で覆《おお》われた。4つの角には輪がつけられ、そこに通した棒を担ぐことで移動させることができた。

そして箱には、十戒《じっかい》が記された2枚の石板が納められ、移動中は祭司が箱ごと担いで運び、宿営時は至聖所に安置された。

箱の蓋は金製で、その両端には、翼を伸ばした1対のケルビムの像が、箱を守護するシンボルとして置かれた。また、幕屋内の光源として、七枝の燭台「メノラー」が、やはり金で作られた。幕屋を囲む庭には洗盤と祭壇《さいだん》が置かれた。

「私のための聖なるところを彼らに造らせなさい。私は彼らの中に住むであろう」（**出エジプト記25章8節**）という神の言葉が示すように、移動式の幕

幕屋の構造と契約の箱

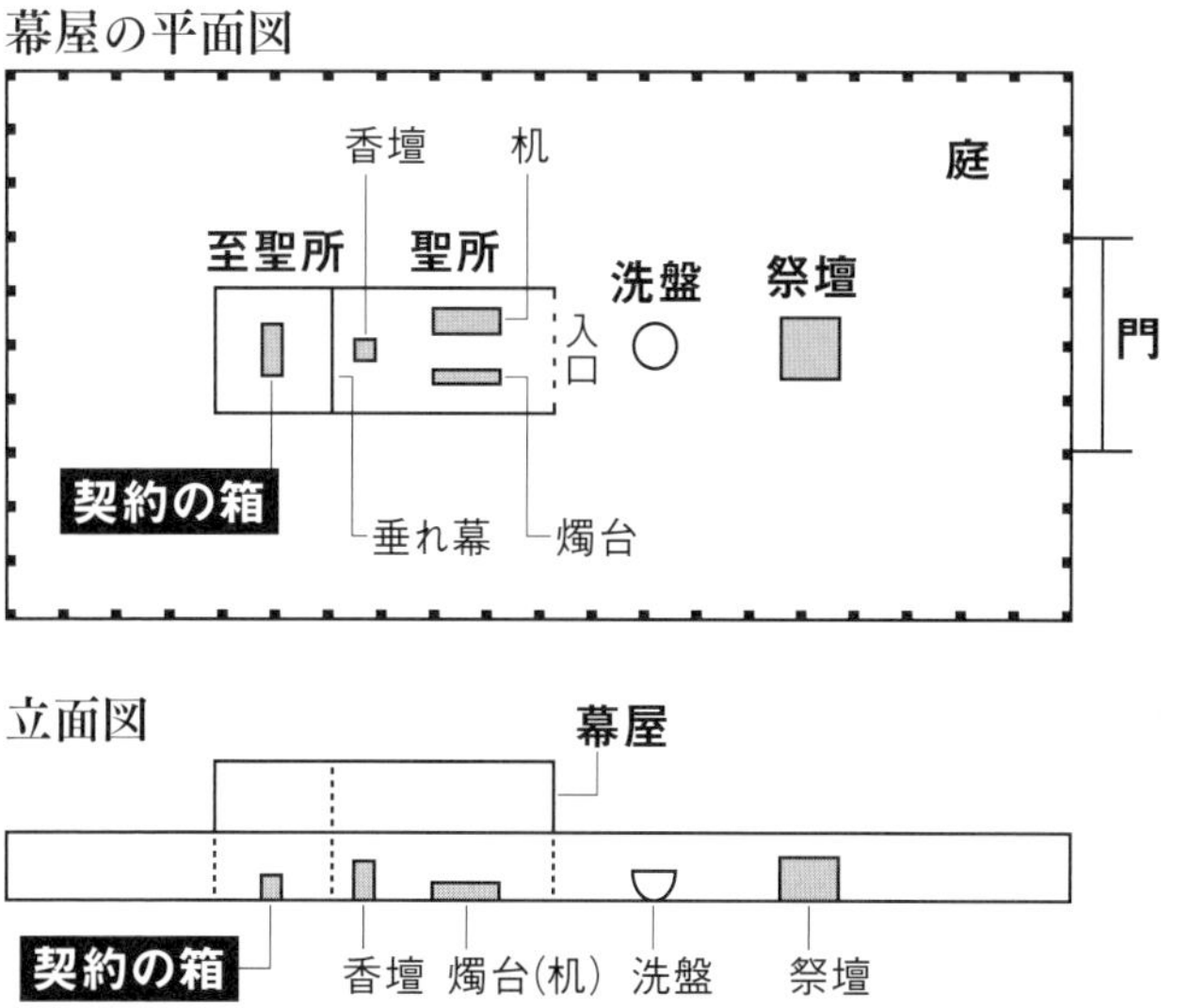

契約の箱。死海近郊のアルモグというキブツ（共同村）にある模型

屋は、シナイ山上に顕《あら》われた神の栄光が、これ以降、荒野を彷徨《ほうこう》するイスラエルの民《たみ》の只中《ただなか》に宿るためのものであった。これが後にソロモンの神殿に継承され、さらにユダヤ教のシナゴーグ、キリスト教の聖堂へと発展していったのである。

◆十戒《じっかい》の再授与

さて、神から授けられた十戒《じっかい》の石板を携《たずさ》えて山を下りたとき、モーセはそこで信じられないような光景を目にした。イスラエルの民たちが、黄金の雄牛の像をあがめ、踊り騒いでいたのだ。

モーセが帰ってこないことにしびれをきらした彼らは、アロンに頼んで金の雄牛像を造ってもらい、「これこそがエジプトから民を導いた神々だ」と叫んでヤハウェに代わる神としてあがめ奉っていたのである。

あからさまに十戒が破られているのを眼前にしたモーセは怒りに震え、なんと手にしていた石板を投げつけて砕いてしまった。さらに雄牛の像を焼いて粉々にし、レビ族たちに命じて、民の男のうち3000人を殺させている。

その後、モーセは宿営の外に幕屋を張り、それを「会見の幕屋」と名付けた。彼が中に入ると、雲の柱が降《お》りて来て、幕屋の入り口に立った。神がモーセの前に顕現《けんげん》したのである。モーセが「あなたの栄光を見させてください」と懇願すると、神は言った。

「あなたは私の顔を見ることはできない。人は私を見て、なお生きることはできないからである」

（出エジプト記33章20節）

さらに神は、「前と同じ石の板を2枚切って、明日の朝、シナイ山にひとりで登りなさい」と命じた。

翌朝、命じられたとおりに石板を持ってシナイ山に登ると、神が顕われた。そして、ひれ伏して赦《ゆる》しを乞うモーセに「偶像を造ってはならない」

と再び戒めを与えたあと、十戒を2枚の石板へ書き記させた。モーセはこのときも40日間神とともに山上で過ごしたという。

モーセは石板を携えて再び山を下ったが、アロンとイスラエル人たちは、彼の顔が光り輝いているのを見て、深く畏《おそ》れた。

◆40年間の彷徨《ほうこう》とモーセの死

その後、モーセたちはシナイ山を発《た》ってカナンをめざした。幕屋の上に昇る雲が常に彼らを導いた。だが、カナンを偵察した斥候《せっこう》が、先住民が強大だという噂を流したため、民は怖気《おじけ》づき、「エジプトに戻ったほうがましだ」と、モーセと神に不平を言いはじめる。すると神は民の態度にはげしく怒り、出《しゅっ》エジプトを経験した現世代が死に絶えるまでの40年間、荒野を放浪する運命を彼らに与えたのだった。

そして40年後、モーセたちはヨルダン川東岸になんとか到達し、ついに約束の地カナンを目前にした。120歳になっていたモーセは、このとき、イスラエルの民を前にして、出エジプト以来の歴史を回顧し、神から与えられた律法《りっぽう》を語った。その言葉を記したのが『申命記《しんめいき》』(「重ねて律法を命じる」の意)である。モーセはこの中でこう熱く説いている。

「聞け、イスラエルよ。我らの神、主《しゅ》は唯一の主である。あなたは心を尽くし、魂を尽くし、力を尽くして、あなたの神、主を愛しなさい」(申命記6章4～5節)

この言葉は、唯一神への絶対的な愛を示すものとして重んじられ、ユダヤ教では毎日唱える祈りの冒頭の一節になっている。

だが、神はモーセをカナンに入らせることを許さず、彼はモアブで無念の死を迎える。神に命じられてネボ山に登ったモーセは、頂《いただき》から約束の地を見渡してから、息を引き取った。

ヨシュアのカナン征服

「約束の地」に到達したイスラエルの民

紀元前
1200年頃

◆ついにヨルダン川を渡る

モーセの死後、イスラエル人の指導者となったのはヨシュアである。聖書はヨシュアの出自について「エフライム族のヌンの子」と記す程度で、系譜や生い立ちを詳しく語らないが、出《しゅつ》エジプト時からモーセに従い、モーセは死の直前、彼を人々の前で後継者に指名している。

「強く、また雄々しくあれ。あなたこそ、主《しゅ》が先祖たちに与えると誓われた土地にこの民《たみ》を導き入れる者である」（申命記31章7節）

モーセが世を去ると、神はヨシュアにヨルダン川を渡ってカナンに入るよう諭《さと》し、律法《りっぽう》を忠実に守るならば、「私はあなたたちの足の裏が踏む所をすべてあなたたちに与える」（ヨシュア記1章3節）と告げた。ヨシュアに率いられたイスラエルの民は、神の言葉に従ってヨルダン川の前まで進み、そこに宿営した。

対岸のエリコは堅固な城壁に囲まれた町だったが、偵察に出た斥候《せっこう》が戻り、住民がイスラエル人を恐れていることを知ると、ヨシュアはいよいよヨルダン川を渡ることとした。

このとき、祭司たちに、十戒《じっかい》を記した石板を納めた「契約の箱」を担ぎ、民の先頭に立って進むよう命じる。すると、神は民に向かって「主の箱を担ぐ祭司たちの足がヨルダン川の水に入ると、川上から流れてくる水がせき止められ、ヨルダン川の水は、壁のように立つであろう」（ヨシュア記

3章13節）と宣言した。

見ると、川の水は堤を越えんばかりに満ちていたが、箱を担いだ祭司が足を踏み入れると、神の言葉通り、水の流れがせき止められ、みるみるうちに川床が干上がっていく。祭司たちが川の真ん中に立ち止っている間に、民は次々に川を歩いて渡っていった。最後に祭司たちが川から上がると、とたんに流れは元通りとなった。

このヨルダン川渡渉《としょう》は、かってモーセが葦《あし》の海を2つに割って民を渡らせた奇跡のミニチュア版ともいうべきもので、この奇跡によってヨシュアがモーセの正統の後継者であることが証しされたのである。

こうして、イスラエルの民はついにカナンの地に入った。だが、出エジプト時代からの生き残りで、約束の地に入ることができたのは、ヨシュアと、神に従い通したユダ族のカレブの、たった2人だった。

◆カナンの都市を次々に制圧

渡渉後、いよいよエリコを侵攻する時が来たが、エリコの住民は城門をかたく閉ざし、城壁の内側に籠《こも》って、イスラエル人の攻撃に備えた。

そのとき、神はヨシュアに奇妙なことを命じた。「契約の箱」を、雄羊の角笛を携《たずさ》えた7人の祭司に担がせ、彼らを先頭に、兵士たちはエリコの城壁の周りを回れというのだ。

神の言葉通り、7人の祭司は箱を担ぎ、角笛を吹きながら、兵士を先導して毎日1回、城壁を1周し、これを6日間続けた。そして7日目、同じようにして町を7度回り、角笛を吹き鳴らすと、ヨシュアの呼びかけに続いて民は鬨《とき》の声を上げた。すると、城壁が崩れ、民はそこから町の中へと突入し、住民も家畜もすべて滅ぼし尽くし、町を占領した。

初陣を飾ったヨシュアとイスラエル人たちは、

怒濤の進撃を開始し、戦闘と略奪を重ねてカナン各地の都市を次々に征服していく。

アイでは、軍勢をおびき出して殲滅《せんめつ》し、町に火を放ち、住民を皆殺しにした。また、ギブオン近郊のアモリ人の5人の王を処刑し、メロムの水場ではガリラヤ北部ハツォルの王とその同盟の軍勢を襲って滅ぼし、町を焼き払った。

こうしてイスラエル人は、ヨルダン川西岸のギルガルから地中海沿岸まで、また南方に広がる荒野の諸都市から北方のハツォルまで、カナンの大部分を制圧したのだった。

獲得された土地は、ヨシュアによってイスラエル諸部族に、それぞれ配当された。

戦いから長い歳月がへたのち、ヨシュアはイスラエルの全部族をカナン中央部の町シケムに集め、彼らに神の言葉を伝えた。民《たみ》は異国の神々には仕えず、ただ神ヤハウェのみに仕えることを誓い、その証しとして大きな石が立てられた。ヨシュアは110歳で世を去った。

◆大イスラエル主義のルーツ

エジプトからやって来たイスラエル人と、カナンの先住諸民族(カナン人)との抗争が繰り広げられた時代は、イスラエル史では「土地取得時代」と呼ばれる。『ヨシュア記』に描かれた度重なる戦闘シーンは、「聖書」のイメージにはそぐわないような残虐性がみられるが、ヨシュア軍団は、「カナンは神からイスラエル民族に与えられたものだ」という絶大な信念のもとに戦いに臨んだのだった。この信仰は、近代の中東紛争における、イスラエル国家側の政治的思想と決して無縁ではない。

だが、ヨシュアのカナン征服が史実であったかどうかは確証されていない。少なくとも、イスラエル人の戦いは、聖書のように一方的なものではなかっただろうと考えられている。

イスラエル諸部族に配当された土地

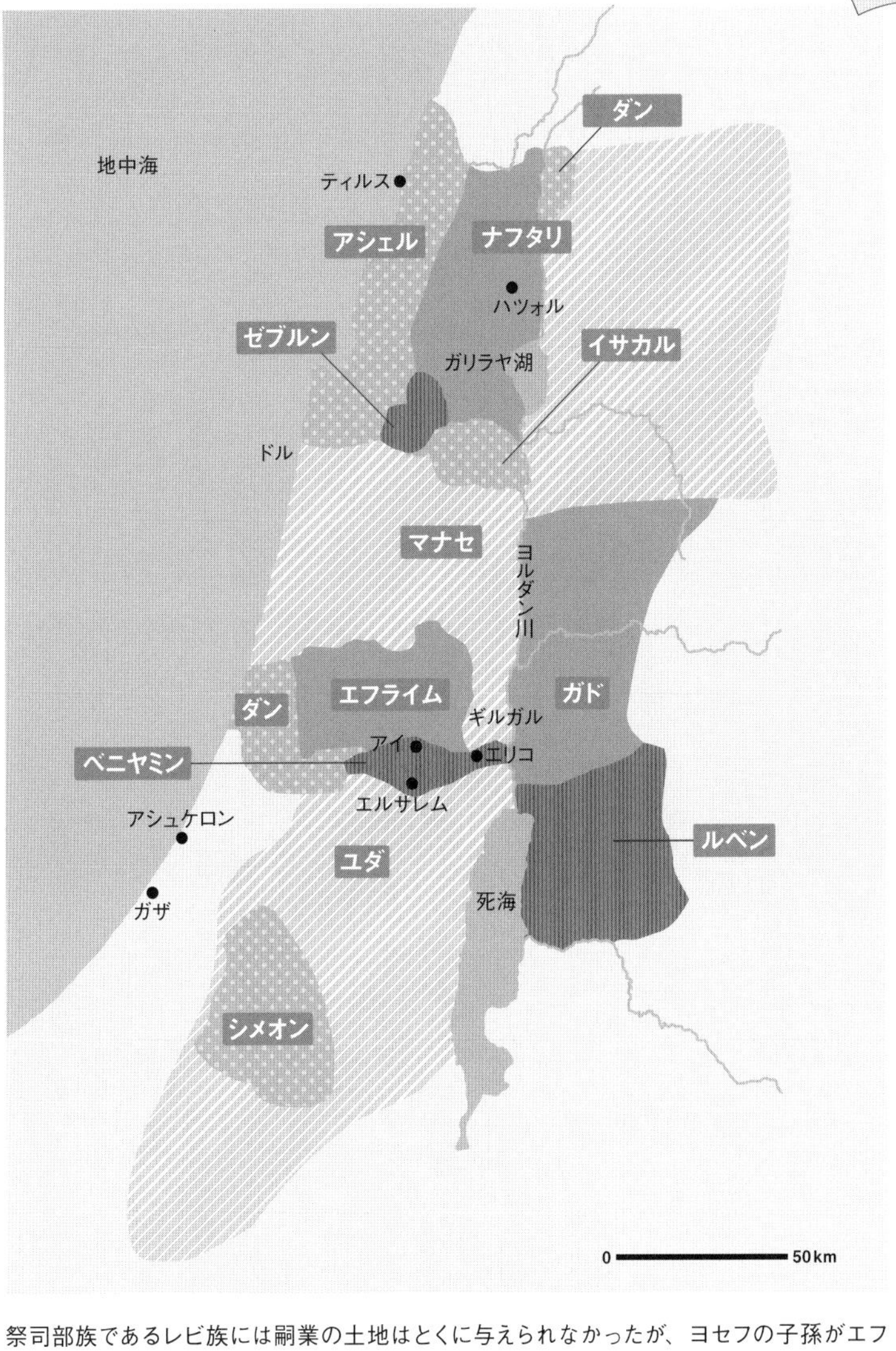

祭司部族であるレビ族には嗣業の土地はとくに与えられなかったが、ヨセフの子孫がエフライムとマナセの２部族に分けられたので、全体としては 12分割になる

Column

旧約聖書の外典・偽典

現行の旧約聖書を構成する大小39の文書がヘブライ語版旧約聖書の「正典」として最終的に確定したのは、紀元後1世紀末のこととされる。これは当初は、ユダヤ教の聖典として編まれたものだ。

一方、これ以前に、紀元前3世紀頃から、ユダヤ教の諸文書が、原典のヘブライ語からギリシア語に逐次翻訳されていた。こうして成立したのが「七十人訳聖書」である。ギリシア語圏に住むユダヤ人に向けて編まれたものだが、初期のキリスト教徒にも読まれた。

ところが、この2種の聖書には収録文書に異同があった。七十人訳聖書には含まれているものの、ヘブライ語聖書には含まれていない文書があるのだ。このような文書、つまりヘブライ語聖書の正典に漏れた文書を外典という。これらはユダヤ教では重視されないが、キリスト教では積極的に読まれることになった（詳細は188ページ参照）。

さらに、ユダヤ教文書でありながら、ヘブライ語聖書にも七十人訳聖書にも収録されなかった文書もあった。これを偽典という。具体的には、前3～後1世紀頃に成立したもので、原語はヘブライ語またはアラム語で、一部がギリシア語だが、多くの写本はエチオピア語、シリア語、スラブ語の翻訳で伝えられている。タイトルだけでも二、三挙げてみると、『モーセの遺訓』『ソロモンの詩編』『エレミヤ余録』といった具合だ。

偽典はユダヤ教でもキリスト教でも広く読まれることはなかったが、初期キリスト教の思想と類似した内容をもつものがある点で、注目されている。

第4章

王国の興亡と英雄たちの群像

士師《しし》たちの時代から神殿再建まで

カナンの地でようやく定住をはじめたイスラエル人だったが、ヨシュア没後は、神に選ばれた「士師《しし》」と呼ばれるカリスマ的指導者が現れて各部族を統率し、先住民との戦いに臨んだ。

やがて強力なリーダーが現れ、諸部族を統一した1人の王を戴《いただ》く王国が、エルサレムを都としてついに誕生する。だが栄光もつかのま、王国はほどなく南北に分裂し、徐々に弱体化して、ついにはバビロニア帝国に侵略され、民《たみ》のほとんどが帝国に連れて行かれた。バビロン捕囚である（紀元前586年）。こうしたイスラエルの興亡を記すのが、旧約聖書の次の書である。

❶**士師記**…カナンに定住したイスラエル諸部族が国家として統一されるまでの時代を描く。

❷**ルツ記**…イスラエル統一王国の王ダビデの先祖となった女性ルツの物語。

❸**サムエル記**…最後の士師、サムエル、古代イスラエルの初期の王、サウル、ダビデらの生涯を描く。

❹**列王記**…サムエル記以降のイスラエル王国（南北に分裂）の興亡を描く。

❺**歴代誌**…アダムの系図にはじまり、捕囚と帰還までを記す。他書と重なる内容も多い。

❻**エズラ記・ネヘミヤ記**…捕囚から解放されてエルサレムに神殿を再建するユダヤ人の歴史。

これらの諸書は、バビロン捕囚という大きな苦難に遭ったイスラエルの民が、「神ヤハウェとの契約」という観点から、イスラエルの歴史を再解釈したものといえるだろう。

Liber Iudicum, Liber Ruth, Libri Samuelis, Libri Regum, etc.

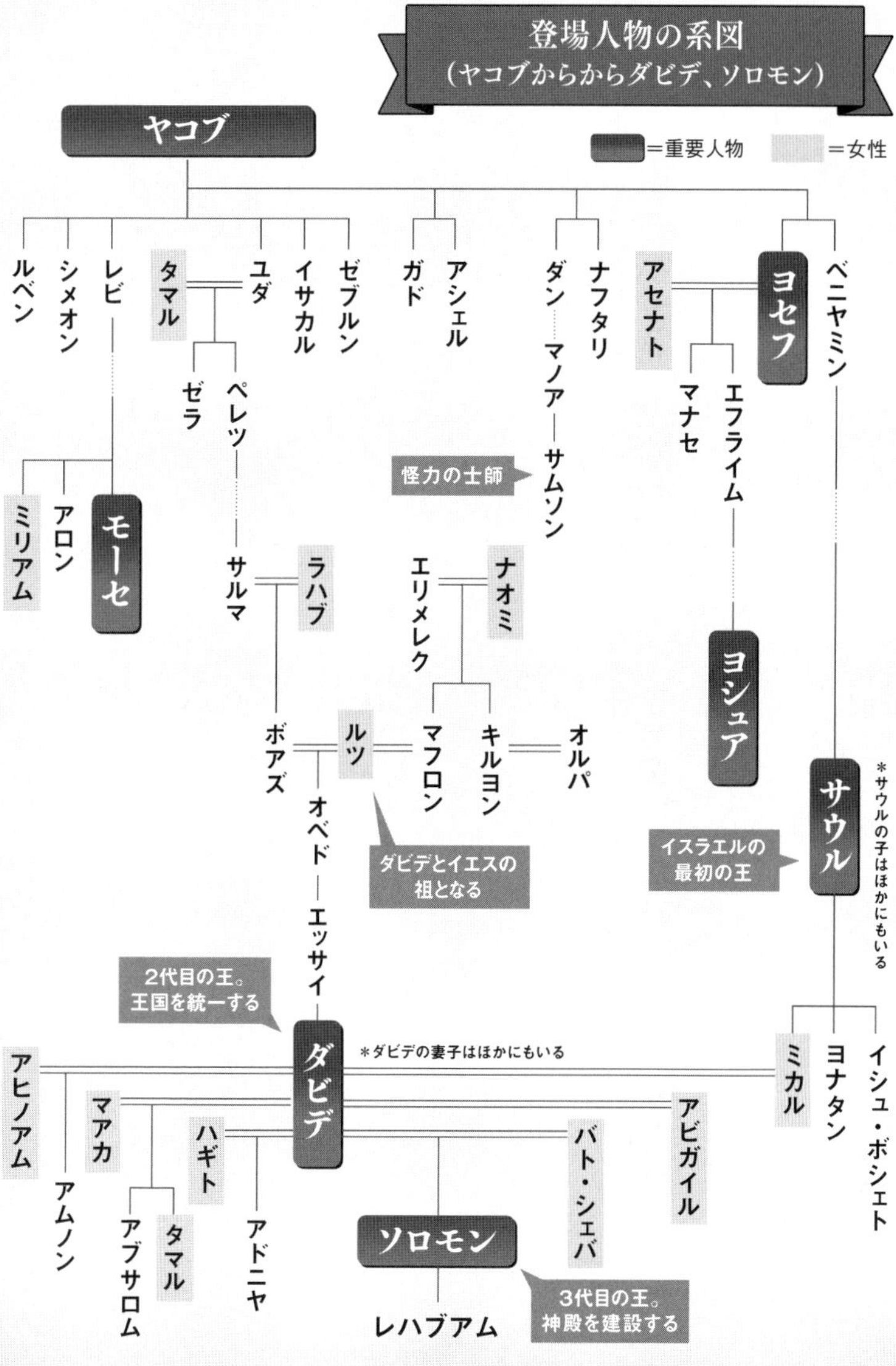

士師《しし》たちの時代

士師記《しし き》

イスラエルの民を守ったリーダーたち

紀元前1200〜前1000年頃

◆イスラエル諸部族を率いた「裁き人」

イスラエル人はモーセとヨシュアに率いられて、ついにカナン征服を果たしたが、ヨシュア亡き後、諸部族を取りまとめることのできる、彼の後継者となるような人物は現れなかった。だが、その代わりとして登場したのが、「士師《しし》」と呼ばれるリーダーたちである。

「士師」の原語である「ショーフェーティム」とは「裁き人たち」の意で、神によって選ばれた裁判官（法の伝達者）をさすが、彼らは軍事的指導者としての役割をも担い、イスラエルの諸部族を助け、外敵の侵略に立ち向かう英雄的な存在だった。

ただし、彼らの支配地域は一部の部族とその周辺に限られ、その地位は基本的には世襲ではなかった。

◆唯一の女士師《しし》、デボラ

『士師記』には合わせて12人の士師の活躍が描かれているが、このなかでの紅一点が、デボラである。

その頃、イスラエルの人々は、「主《しゅ》の目に悪とされること」を行っていた。それは具体的には何かというと、ヤハウェではなく異民族・異教の神々を奉じ崇《あが》め、先祖たちが神と結んだ契約をないがしろにすることであった。そのため、神はイスラエルの民《たみ》をあえてカナン人の王ヤビンに隷属《れいぞく》させたのである。ヤビンは鉄の戦車900両をもち、20年にわたってイスラエルの人々を力ずくで支配した。

そんな不利な状況で士師となっていたのがデボラで、裁きを求めるイスラエルの民は彼女のもとに上っていた。

あるとき、デボラは「タボル山に軍を進めよ。そうすれば、ヤビンの将軍シセラの軍を麓《ふもと》を流れるキション川に集結させ、彼をお前の手に渡す」という神の命令にしたがって、イスラエル人戦士バラクとともに、兵士を招集してガリラヤ湖南西のタボル山に登った。

一方、シセラはバラクがタボル山に登ったと聞くと、戦車と軍隊を集めてキション川に向かわせた。

デボラがバラクに「立ちなさい。主がシセラをあなたの手に渡す日が来ました」と言うと、バラクは兵を従えて山を下った。神はバラクたちの前でシセラ軍を混乱させたため、シセラは戦車を降《お》りて逃走し、カイン人ヘベル族のもとに逃げ込んだ。だが、天幕の中で疲れ切ったシセラが休んでいると、ヘベル族の女ヤエルが忍び寄り、シセラのこめかみに釘を打ち込んで殺害した。

こうしてイスラエル人は、軍事的には圧倒的に不利であったにもかかわらず、神の助けを得てカナン人を圧するようになり、ついには彼らの王ヤビンを滅ぼしたのだった。

◆堕落《だらく》の度に現れる士師たち

デボラの活躍によってイスラエルには40年の平穏が続いたが、その後、イスラエルの人々は再び堕落《だらく》してしまう。そこで、神は彼らをミディアン人の手に渡し、イスラエルはミディアン人の侵略をしばしば受けるようになった。そこで人々が神に助けを求めると、神は士師としてマナセ族のアビエゼル氏族のヨアシュの子、ギデオンを召命した。

まずギデオンは、父親が築いた、カナンで崇拝されていた地方神の祭壇《さいだん》や偶像(バアルの祭壇とアシェラ像)を破壊した。そして、3万2000人の中から選り分けられた兵士300人を率いて、平野に陣取るミディアン人やアマレク人などからなる大軍に対して奇襲攻撃をかけ、これを見事撃退した。

英雄となった士師《しし》ギデオンは、人々から王位につくよう求められたが、彼はそれを拒んだ。だが、その代わりに、人々が戦利品として得た金の飾り物を要求し、それを用いて神像をつくり、自分の町オフラに置いた。そのため、ギデオンが亡くなると、イスラエルの人々は偶像を崇《あが》めて姦淫《かんいん》にふけるようになり、神ヤハウェに心を留めなくなった。

やがてまた次の士師が現れることになるのだが、このように見ていくと、『士師記』に、次のようなパターンがあることがわかる。
①イスラエルの民《たみ》が神ヤハウェに背き、他の神々を崇拝する。
②神は先住民・異民族を用いて民を罰する。
③民は苦しみの中で神に助けを求める。
④神は士師を召命し、士師が敵との戦いを指揮する。
⑤士師が死ぬと、また民は神に背き、①~④が繰り返される。
つまり、カナンの征服にあたっては、イスラエル人にとって2つの戦いがあった。ひとつは、イスラエル人とカナン人との間での、土地の支配権をめぐる抗争である。もうひとつはカナンの宗教がイスラエル人の心を侵蝕するという、信仰における戦いである。

そして、民は何度も神を捨てるが、神は民を見捨てず、常に民に対して信仰に立ち返る機会をも与えているのだ。

イスラエル士師一覧

1	オトニエル	アラム・ナハライムの王クシャン・リシュアタイムに8年間支配されていたイスラエル人を解放。それから40年間、平穏が続いた
2	エフド	イスラエル人を18年間支配していたモアブ人の王エグロンを刺殺。イスラエルの兵士とともに約1万のモアブ人を打ち殺した。それから80年間、平穏が続いた
3	シャムガル	エフドのあと、牛追いの棒でペリシテ人600人を打ち殺し、イスラエルを救った
4	デボラ	女士師。戦士バラクに1万人の兵士を集めさせ、将軍シセラに勝利、イスラエル人を20年間支配していたカナン人の王ヤビンを屈服させた。それから40年間、平穏が続いた
5	ギデオン	兵士300人を率いてミディアン人、アマレク人などからなる大群を撃退。7年間のミディアン人による支配からイスラエル人を解放した。それから40年間、平穏が続いた（息子のアビメレクはシケムの町の王となるが、首長たちに離反され、戦いのなかで横死する）
6	トラ	アビメレクのあと、士師として23年間、イスラエルを導いた
7	ヤイル	トラのあと、士師として22年間、イスラエルを導いた
8	エフタ	遊女の子。アンモン人から18年間圧迫されていたイスラエルを救った。戦争後、一人娘を神にささげた。エフライム族との内戦では、「シイボレト」という方言を正しく発音できない者を逃亡者として摘発、ヨルダン川の渡し場で4万2000人を殺害した。6年間、士師としてイスラエルを導いた
9	イブツァン	エフタのあと、士師として7年間、イスラエルを導いた
10	エロン	イブツァンのあと、士師として10年間、イスラエルを導いた
11	アブドン	エロンのあと、士師として8年間、イスラエルを導いた
12	サムソン	ペリシテ人の支配下にあった20年間、士師としてイスラエルを導いた。怪力のもち主だが、髪の毛をそられると力を失う。デリラに秘密を打ち明け、髪の毛をそられてしまう。両目をえぐられ牢屋につながれるが、髪がのびはじめ、怪力で建物を破壊し、多くのペリシテ人とともに命を落とす

サムソンとデリラ

聖別された怪力の士師、ペリシテ人を倒す

紀元前1100年頃

◆イスラエル士師《しし》の最後、サムソン

『士師記《しし き》』に登場する12人のイスラエル士師の最後が、サムソンである。

ユダ地方のペリシテ人の地との境界近くに、ダン族が暮らすツォルアという町があった。マノアはこの町の出身だったが、彼とその妻の間にはいつまでも子が授からなかった。ある日、神の御使《みつか》いが妻の前に現れて、こう告げた。

「あなたは身ごもって男の子を産む。今後、ぶどう酒や強い酒を飲んではならず、穢《けが》れたものを一切食べてはならない。生まれた子の頭にかみそりを当ててはならない。その子は母の胎内にある時からナジル人《びと》(聖別された者のこと)として神にささげられ、イスラエルをペリシテ人の手から救いはじめるからである」

妻は驚いて、この出来事を夫マノアに話した。マノアは神に祈り、願った。

「主《しゅ》よ、お遣わしになった神の人をもう一度私たちのところに来させ、生まれて来る子どもに何をすればよいのか、教えてください」

すると神の御使いが妻とマノアのところへ現れ、「ぶどう酒や強い酒を飲んではならず、穢れたものを一切食べてはならない」と再び命じた。マノアは御使いを引き留めようとしたが、御使いは「あなたが引き留めても、私はあなたの食べ物は食べない。もし焼き尽くす献《ささ》げ物をささげたいなら、主にささげなさい」と言った。

マノアは、山羊《やぎ》の子と穀物を供物として携《たずさ》え、岩の上でささげた。祭壇《さいだん》から炎が天に立ち上るとき、御使いもともに上って行った。御使いはこれ以後、マノアと妻の前に現れることはなかった。それで、マノアは彼が神ヤハウェの使者であることを悟ったのだった。

やがて妻は男の子を産み、サムソンと名付けられた。

◆美女に怪力の秘密をあばかれたサムソン

成長したサムソンは、ティムナでペリシテ人の娘を見初めた。両親は、割礼《かつれい》の習慣がない異民族の娘との結婚に反対したが、サムソンがそれでも求婚すると、それがもとで、ペリシテ人との間で争いが生じた。当時、イスラエルはペリシテ人に支配されていたためであった。

サムソンは、ペリシテ人を恐れるユダの人々によって縄で縛り上げられ、ペリシテ人に引き渡されることになったが、神の霊がサムソンの上に臨んだので、縄が自然とほどけ、サムソンはろばのあご骨で1000人ものペリシテ人を打ち殺したのだった。

その後、サムソンは、ソレクの谷にいるひとりの女を愛するようになった。その女の名はデリラといった。すると、ペリシテ人の領主たちが彼女のもとにやって来て、こう頼んだ。

「サムソンを言いくるめて、彼の怪力の秘密を探ってくれ。礼ははずむ」

そこでデリラがサムソンに「あなたの怪力の秘密を教えてください。どうすればあなたを縛り上げることができるのでしょうか」と尋ねると、サムソンは「乾いていない新しい弓弦《ゆみづる》7本で縛ればいい」と答えた。早速ペリシテ人の領主たちから乾いていない新しい弓弦7本がデリラのもとに届けられ、彼女はそれでサムソンを縛った。だが、サムソンは弓弦をいとも簡単に断ち切ってしまった。

次にデリラは、またサムソンに教えられた通り、新しい縄で彼を縛ったが、彼は縄を糸のように断ち切り、次にサムソンの髪の毛を機《はた》で縦糸と織り込むことで彼を苦しめようとしたが、サムソンは機織り機と縦糸も引き抜いてしまった。

それでもデリラが「どうしてあなたは『お前を愛している』などと言えるの。もう3度も私を騙《だま》しているのに」としつこく迫ると、サムソンはとうとう打ち明けた。

「私は母の胎内にいたときからナジル人として神にささげられているので、頭にかみそりを当てたことがない。もし髪の毛をそられたら、私の力は私から離れ去り、私は並の人間のように弱くなる」

デリラは膝を枕にサムソンを眠らせ、人を呼んで彼の髪の毛をそらせた。ついに力がサムソンから離れ去った。ペリシテ人は彼を捕えて両目をえぐり出し、ガザまで連れて行き、牢屋につないだ。

ペリシテ人の領主たちは、彼らの神であるダゴンに盛大ないけにえをささげ、サムソンを捕えたことを喜び祝い、牢屋から彼を呼び出して、柱の間に立たせた。

だが、サムソンの頭には、すでに髪の毛がのびはじめていた。サムソンは「主《しゅ》よ、私を思い起してください。神よ、今一度だけ私に力を与えてください」と祈ると、建物の2本の柱を両手にからませ、力まかせに押し曲げた。すると建物は崩れ落ち、サムソンとともに多くのペリシテ人が命を落とした。

『士師記《しし》』の後半は、イスラエル人と「海の民《たみ》」であるペリシテ人との抗争を描いたものだが、今日の「パレスチナ」という地名はこのペリシテに由来している。

サムソンの死後、ダン族はペリシテ人のパレスチナ内陸への進出に屈し、故地を捨てて最北の地に移って行った。

デリラは膝を枕にサムソンを眠らせ、人を呼んで、彼の髪の毛７房をそらせた。

（士師記・第16章19節）

ナオミとルツの物語

ダビデの祖先を語る田園詩的小品

紀元前
1100年頃

◆姑に従った寡婦《かふ》ルツ

士師《しし》がイスラエルを治めていた頃のことである。国が飢饉《ききん》に襲われたので、ある一家がユダのベツレヘムからモアブの野（死海東方の肥沃《ひよく》な平野）に移り住んだ。その一家とは、エリメレクとその妻ナオミ、息子のマフロンとキルヨンである。だが、モアブの野に着くと、エリメレクは亡くなり、ナオミと2人の息子が残された。

息子たちはその後、モアブの女を妻とした。ひとりはオルパ、もうひとりがルツである。

モアブ人は、アブラハムの甥ロトとその娘との間にできた、つまり近親相姦によってできた子の子孫として蔑《さげす》まれていた。そのせいか、律法《りっぽう》には彼らが「神の集会」に加わることを禁じるくだりがある（申命記23章4節）。だが、ナオミはモアブ人の女を2人も嫁として受け入れたのだった。

ナオミたちは10年ほど暮らしたが、息子2人は子をもうけることなく先立ってしまう。

子孫を絶やし、異国の地に残されたナオミは、モアブの野を去って故国に帰ることにした。

そして道すがら、2人の嫁には、自分と息子たちに尽くしてくれたことに感謝したうえで、実家に戻って再婚先を探すよう諭した。2人の嫁は泣いて別れることを拒んだが、やがてオルパが去って行った。だが、ルツは「いいえ、お義母《かあ》さんの国へ私も一緒に行きます」と言ってすがりつき、離れようとしなかった。2人は一緒に旅を続けてベツレヘムに向かった。

◆ダビデとイエスの祖となったルツ

ベツレヘムに着いたのは、ちょうど大麦の刈り入れがはじまる頃だった。ルツは、ナオミの夫エリメレクの親族であるボアズの畑へ行き、落ち穂拾いをはじめた。律法では、麦でも果物でも、所有者が取り尽くすことが禁じられていた。寄留者《きりゅう》や孤児・寡婦《かふ》・貧者のために、いくらかを取り残しておくための措置である。

一心に落ち穂を拾っているルツに気づいたボアズは、農夫の監督から、彼女がナオミと一緒にはるばるやって来たモアブ人の娘であることを知ると、ルツに言った。

「よその畑に行かずに、この畑で落ち穂を拾いなさい。喉が渇いたら、遠慮なくうちの水を飲みなさい。あなたが夫が亡くなったあとも姑によく尽くし、生まれ故郷を捨てて未知のこの国に来たことは伝え聞いています。神があなたに十分に報いてくださるように」

おかげでルツは落ち穂を目一杯拾い集めることができた。

その後、ルツは、ボアズと結婚するにいたる。この結婚を勧め、その実現に尽くしたのはナオミだった。ボアズはエリメレクの土地をナオミの手から買い取り、彼女の亡くなった息子の妻であるルツも引き取って自分の妻としたのである。

やがてルツは身ごもって男の子を生んだ。それが、ダビデの祖父オベドである。

新約聖書『マタイによる福音書《ふくいん》』の冒頭には、ダビデからマリアの夫ヨセフ、イエス・キリストに至る系図が記されている。つまり、ダビデの曾祖母にあたるルツは、キリストの先祖にもあたるのである。

『ルツ記』は田園詩的な小品だが、神の慈しみと異邦人に対する寛容を切々と訴えかけている。

サムエル記上

最後の士師《し し》、サムエル

「王」を求めるイスラエルの民

**紀元前
1000年頃**

◆神から授けられた子、サムエル

旧約聖書は、『サムエル記』から王国時代の歴史に入る。

パレスチナ中央部のエフライムの山地ラマにエルカナという男がいた。彼は妻ハンナを愛していたが、2人の間には子が恵まれなかった。

エルカナ一家は毎年、聖所《せいじょ》のあるシロへ巡礼していけにえをささげることを怠らなかった。シロは、『ヨシュア記』第18章で、イスラエルの民《たみ》が移動式神殿の「臨在《りんざい》の幕屋」を建てた場所として登場するところである。

ある年の巡礼の折、子が授からないことにいらだったハンナは、シロの神殿で神に祈った。

「神よ、はしための苦しみに目をとめてください。もし私に男の子をお授けくださるなら、その子の一生を神にささげます」

いつまでもひたすら祈りを続けているハンナを見ていた祭司のエリが、「安心して帰りなさい。神があなたの願いをかなえてくださるように」と言うと、ハンナは「はしためが御厚意を得ますように」と言って神殿を離れた。彼女の顔ははれやかなものとなり、翌朝早く神を礼拝してからエフライムへ帰って行った。

年が改まると、ハンナは身ごもり、男の子を産んだ。男の子はサムエル（「神の名」の意）と名付けられた。

サムエルが乳離れすると、ハンナは、神にささげるいけにえとともに、サムエルを連れてシロに上った。そして、祭司エリのもとへ行って自分がかつてここで主《しゅ》に子を授かることを祈った女であると告げ、「私はこの子を主にゆだねます」と言って神を礼拝し、再び祈りをささげた。

◆神の啓示が下り、預言者となったサムエル

成長して少年となったサムエルは、年老いた祭司エリのもとで神に仕えるようになっていた。

あるとき、サムエルが神の箱が安置されている神殿で寝ていると、神がサムエルに呼びかけた。はじめサムエルは、エリからの呼びかけと勘違いしていた。神は彼に繰り返し呼びかけたうえで、「エリの家はとこしえに裁かれる。彼は息子たちが神を冒瀆《ぼうとく》したことを知っていながら、とがめなかったからである」と告げた。たしかに、エリの息子はならず者ばかりであった。サムエルは、翌朝、躊躇《ちゅうちょ》しながらも、神が語ったことを隠さずにエリに伝えた。エリは「神が御心《みこころ》のままになさいますように」と言って祝福した。不吉な内容ではあったが、サムエルに神の啓示が下り、彼が預言者としての召命を受けたことが、これで明らかとなったのである。

それからのサムエルは、預言者（156ページ参照）として活躍し、彼の預言は、全イスラエルに及んだ。

その一方、イスラエルは、異教の神々を奉じるペリシテ人に度々攻められていた。そこでサムエルはイスラエルの人々に向けてこう言った。

「あなたたちが心を尽くして主に立ち帰るというなら、あなたたちの中から異教の神々やアシュトレト（カナン先住民が崇拝した女神）を取り除き、心を正しく主に向け、ただ主にのみ仕えなさい。そうすれば、主はあなたたちをペリシテ人の手から救い出してくださる」（7章3節）

イスラエルの人々が異教の神々を棄《す》て、ただヤハウェのみに仕えると、さらにサムエルは、イス

ラエル人全員をミツパ（エルサレムの北方約12キロの地）に集め、そこで士師《しし》としてイスラエルを治めた。

ペリシテ人はミツパに攻め上って来たが、サムエルがいけにえをささげて神に祈ると、神がペリシテ人の上に雷鳴を轟《とどろ》かせて混乱させたので、ペリシテ人は敗走した。平和が訪れ、サムエルはラマを拠点にイスラエルを治めた。

◆王政を求めはじめたイスラエル人

サムエルは年老いると、自分の息子たちを士師とした。しかし彼の息子たちは邪《よこし》まで、賄賂《わいろ》をとったので、不平を抱いたイスラエルの長老たちはサムエルのもとにやって来て、「他の国々のように、我々のために裁きを行う王を立ててください」と申し入れた。士師をリーダーとする部族連合的な社会ではなく、王を戴《いただ》く国家の樹立を願ったのである。

この要求は神が王として君臨することを退けるものであり、サムエルはこれを悪と考えたが、神はサムエルに「今は彼らの声に従いなさい」と答え、ただし、王政の導入前に、「王の権能」を民《たみ》に知らせておくようにと命じる。

そこでサムエルは、「王の権能」として徴兵・徴用、土地の没収、税の徴収があることを民に告げ、「あなたたちは王の奴隷《どれい》となる。その日あなたたちは、自分が選んだ王のゆえに、泣き叫ぶ」（8章17～18節）と言って警告した。

しかし民はそれでも「我々にはどうしても王が必要なのです」と言って王政を求めた。

サムエルが神意を問うと、神はサムエルに、「彼らの声に従い、彼らに王を立てなさい」（8章22節）と告げた。

こうしてサムエルは、王になるべき人物を探し求めることになったのである。

サムエルは起きてエリのもとに行き、
「お呼びになったので参りました」と言った。
エリは、「私は呼んでいない。わが子よ、
戻っておやすみ」と言った。
（サムエル記上・第３章６節）

サムエル記上

最初の王、サウル

王政の誕生とダビデの登場

紀元前
1000年頃

◆油を注がれて王となったサウル

サムエルが王探しをはじめた頃、ベニヤミン族出身の青年サウルは、父に命じられてろばを捜しに出かけたが、どこにも見つけ出すことはできなかった。そこで、神に伺いを立てようと、預言者がいる町ラマへと向かった。ラマに着くと、サウルは預言者を名乗る男（サムエル）と出会い、食事に招かれた。じつはサムエルは前日、神の啓示によって王となるべき若者がベニヤミン族の地からやって来ることを知っていたのだった。

翌日、朝早く起きたサムエルはサウルとともに町外れまで下ると、油の壺をとり、サウルの頭に油を注ぎ、彼に口づけをして、「神があなたに油を注ぎ、イスラエルの民《たみ》の指導者とされたのです」と告げた。

「油を注ぐ」とは、神がその人を王に任命したことを意味する象徴的な行為で、油を注がれた者をヘブライ語でマーシーアハ（メシア）と言い、これが王の尊称となった。この語は後に神が遣わした救世主を意味するようになる。

サウルはいったん故郷に帰ろうとしたが、途中で神の霊が彼に激しく降《くだ》り、恍惚《こうこつ》とした状態になった。

一方、サムエルはミツパに民を集めると、「王を立ててほしい」という民の願いに応じて、くじで王を選びはじめた。そして選び出されたのは、やはりサウルだった。荷物の間に隠れていたサウルが見つけ出され、イスラエルの民は「王様、万歳！」と歓喜した。

サウルに不信を抱く者もいたが、彼がアンモン人を打ち破ると、すべての民がサウルを支持し、彼は神の前で改めて王として選び直された。こうして、サウルはイスラエルの最初の王となったのである。

◆神に背いて王位剝奪《はくだつ》を宣告されるサウル

王となったサウルは、勇敢な長男ヨナタンとともにイスラエルの民を率いてペリシテ人や周辺の民族と戦い、敵を敗走させていった。

あるとき、サムエルはサウルにこう告げた。

「神が、こう言われる。『アマレク人を討ち、彼らに属するすべてのものを滅ぼし尽くせ。男も女も、子供も乳飲み子も、牛も羊も、らくだもろばも、容赦なく打ち殺せ』と」

サウルは20万以上もの兵士を招集し、アマレク人を討って、民をことごく滅ぼした。しかし、サウルと兵士たちは、アマレク人の王アガグやよく肥えた上等な家畜は惜しんで滅ぼさなかった。

すると、「すべてを滅ぼし尽くせ」といった命令が守られなかったので、サウルを王に立てたことを悔いる」という神の言葉がサムエルに臨んだ。

怒りに震えたサムエルはサウルのもとへ行き、「なぜ神の声に聞き従わなかったのだ」と詰問《きつもん》すると、サウルはこう答えた。

「いいえ、私は神の声に聞き従いました。ただ、民は、神への供え物にしようとして、戦利品の中から、上等な羊と牛を取り分けたのです」

するとサムエルはこう告げた。

「主《しゅ》が喜ばれるのは、焼き尽くす献《ささ》げ物やいけにえであろうか。むしろ、主の御声《みこえ》に聞き従うことではないか。……主の御言葉《みことば》を退けたあなたは、王位から退けられる」（15章22～23節）

過ちに気づいたサウルは罪の赦《ゆる》しを願ったが、

サムエルは「今日、主はイスラエルの王国をあなたから取り上げ、あなたよりすぐれた隣人にお与えになる」（15章28節）と王位剝奪《はくだつ》を宣告し、結局、2人は訣別《けつべつ》してしまう。

◆サウルに仕えたベツレヘムのダビデ

サムエルがラマに戻ると、神は彼に、ベツレヘムのエッサイのもとへ行くように命じた。エッサイ（『ルツ記』に登場するルツとボアズの孫）の息子の中に、神は次の王を見出したからである。

神に命じられた通り、油を満たした角《つの》を携《たずさ》えてサムエルはベツレヘムに向かい、ベツレヘムに着くと、エッサイの8人の息子のうち、羊の番をしていた末っ子に目をとめた。その少年は血色が良く、美しい目をしており、姿も立派だった。するとサムエルに「彼に油を注げ」という神の声が臨んだので、サムエルは角を取り、その子に油を注いだ。少年は名をダビデと言った。

務めを終えると、サムエルはラマへと帰って行った。この日以後、神の霊はダビデに激しく降《くだ》るようになった。

そのため、サウルからは神の霊は離れ、彼は神からの悪霊にさいなまれるようになった。

そこでサウルの家来たちが「竪琴の音を聴けば、きっと気分がよくなるでしょう」と進言したが、竪琴の名手として探し出されたのが、なんとダビデだった。ダビデは竪琴の演奏が上手なだけでなく、勇敢で姿も立派だったからである。こうしてダビデはベツレヘムからサウルのいるギブアに上り、王サウルに仕えることになった。

サウルはダビデを気に入り、悪霊にさいなまれても、ダビデが竪琴を奏でると、サウルは元気を取り戻し、悪霊は離れていった。

神はサウルの代わりにダビデを王に選んだのだったが、サウルはそうとは知らず、まだ王位にとどまったのである。

ダビデと巨人ゴリアトの戦い

英雄の誕生と悲劇のはじまり

紀元前1000年頃

◆ダビデと巨人ゴリアト

サウルがダビデを召し抱えはじめた頃のこと、ペリシテ軍はユダの山地に陣を張り、対するサウル率いるイスラエル軍は谷を挟んでもう一方の山に陣取っていた。

このとき、ペリシテの陣地から、身長が6アンマ半（約2・9メートル）もある巨体の兵士が進み出た。ゴリアトという名のその兵士は、青銅製の兜《かぶと》、鎧《よろい》、すね当てで身を固め、肩には青銅製の投げ槍《やり》を背負っていた。

立ちはだかったゴリアトは、イスラエル軍に向かって「誰か1人出て来い。一騎打ちだ」と呼ばわり、もし自分が負けたら、兵士全員がイスラエルの奴隷《どれい》になると誓った。

イスラエルの兵士たちはみなゴリアトの言葉に震え上がって後退《あとずさ》った。ダビデはこのとき、軍に加わっていた兄たちのもとに使いとして駆けつけただけで、兵士ですらなかったが、ゴリアトの挑発を知ると、サウルに「私が戦います」と名乗りをあげた。

「お前はまだ少年ではないか」とサウルがたしなめると、ダビデは「羊飼いである私を獅子《しし》や熊の手から守ってくださった主《しゅ》は、あのペリシテ人の手からも、私を守ってくださるにちがいありません」と答えた。サウルは、ダビデに「行くがよい」と告げ、彼に青銅の兜と鎧を与えた。ところがダビデは重装備をきらってそれを脱ぎ去り、川岸から5つの石をとり、持っていた羊飼いの小物入れの袋に入れ、石投げ紐を手にして、ゴリアトに向かって行った。

　ゴリアトは相手が少年とみると侮蔑《ぶべつ》した態度をとったが、ダビデは「お前は剣や槍や投げ槍で私に向かって来るが、私はお前が挑戦したイスラエルの戦列の神、万軍の主《しゅ》の名によって立ち向かう」（17章45節）と宣《せん》し、ついに巨人と対決する。そして袋から石をひとつ取り出し、それを石投げ紐を使って飛ばした。石はゴリアトの額に深く食い込み、彼はうつぶせに倒れた。ダビデは駆け寄ってゴリアトの上にまたがると、剣を奪い、首を斬《き》り落とした。これを見たペリシテ軍はみな一斉に逃げ出し、イスラエル軍は歓声をあげながら彼らを追撃した。

◆ダビデの家臣の説話が原型か

　ダビデとゴリアトの物語は旧約聖書のなかでも非常に有名な箇所だが、ほぼ丸裸の美少年が、神を信頼して強大な敵に果敢に立ち向かい、一撃で勝利を得るというところが、この話のポイントだろう。

　ところで、サウル、ダビデの時代は、聖書の年代では紀元前11世紀頃とされているが、ダビデとゴリアトの一騎打ちの逸話《いつわ》については、しばしば指摘される聖書上の矛盾点がある。

　ダビデとゴリアトの話は『サムエル記上』に記されているが、『サムエル記下』に「ダビデの家臣であるベツレヘム出身のエルハナンがガト人ゴリアトに勝利した」（21章19節）という記述がある。「ガト人ゴリアト」とは、ダビデが倒したゴリアトと同一人物だろうと考えられている。

　したがって、最初はダビデの家臣がゴリアトを倒したという短い説話があったが、それが後代になって、神の加護を受けたダビデを主人公とする物語に改変されたのではないだろうか――と研究者の間では指摘されているのだ。

◆ダビデに嫉妬した王サウルの死

敵の勇士を倒したことで、ダビデは一躍名を馳《は》せることになったが、人々が「サウルは千を討ち、ダビデは万を討った」とはやしはじめると、サウルは彼に嫉妬と敵意を抱くようになり、やがてそれは殺意に変わった。あるとき、神からの悪霊が激しくサウルに降《くだ》り、傍らで竪琴を奏でるダビデを槍で突き刺そうとしたが、ダビデは身をかわして難を避けることができた。

サウルはダビデを遠ざけようと、彼を千人隊の長に任命した。だが、ダビデはいつも民《たみ》の先頭に立って出陣し、勝利を収めて帰還した。イスラエルの人々は誰もが彼を愛するようになり、サウルの嫉妬と殺意はますます高まっていった。

危険を察知したダビデは、サウルの長男でよき友人でもあるヨナタンの助けを受け、ついにサウルのもとから逃亡する。

ダビデは荒野を放浪し続け、サウルの追跡を逃れようと、最後は敵であったペリシテ人の王アキシュのもとに身を寄せることになった。

一方、同じ頃、サウルは霊媒のもとを訪ね、すでに亡くなっていたサムエルの霊を呼び出し、手強いペリシテ人とどう戦えばよいかと尋ねると、サムエルは「神はあなたを離れて敵となった。主《しゅ》はあなたと一緒にイスラエルをペリシテ人の手に渡す」と告げたのだった。

再びサウル率いるイスラエル軍とペリシテ軍が干戈《かんか》を交えることになると、ダビデはアキシュ王のもとを離れた。

この激しい戦いで、ヨナタンをはじめとするサウルの息子たち3人はギルボア山で討ち取られ、サウルも深傷《ふかで》を負って自刃した。この知らせを受けたダビデは、彼らの死を悼《いた》んで涙を流し、夕暮れまで断食し、喪に服したのだった。

ダビデは走り寄って、そのペリシテ人の上にまたがると、ペリシテ人の剣を取り、さやから引き抜いてとどめを刺し、首を切り落とした。（サムエル記上・第17章51節）

サムエル記下／列王記上／歴代誌上

ダビデの王国統一

永遠の聖都エルサレムの誕生

紀元前1000年頃

◆エルサレムを王国の都とする

サウルの死を悼《いた》んで喪に服したのち、ダビデが神に「ユダの町のどこかに上って行くべきでしょうか」と伺いを立てると、神は「ヘブロンへ上れ」と答えた。ダビデがヘブロンに上ると、ユダの人々がやって来て、彼に油を注いだ。こうしてダビデはまずパレスチナの南部に住むイスラエル人ユダ族の王となったのである。

北部では、サウルの息子イシュ・ボシェトが王に擁立《ようりつ》されていたが、彼が家臣に暗殺されると、北部の長老たちがヘブロンにやって来て、ダビデに油を注いだ。

こうしてダビデは南部ユダだけでなく、北部（後の北王国イスラエルの版図）の諸部族の王にも就き、全イスラエルの王となったのである。

さらにダビデはエブス人の住むエルサレムを攻め落とし、ヘブロンからシオン（エルサレム南東の小丘）に移り住んで、「ダビデの町」と呼び、城壁と王宮を築いた。エルサレムが新しい統一王国の首都となったのである。

ところで、「神の箱」（契約の箱）は、サムエルの時代から、バアレ・ユダ（エルサレムから西へ約11キロの地。キルヤト・エアリムともいう）に安置されていたが、ダビデは大勢の兵士を従えてバアレ・ユダへ行き、神の箱を新しい車に載せ、歌い踊りながら、エルサレムへと運び上げた。そして、神の箱は、ダビデがそのために張ったシオンの天幕の中に安置され、ダビデは神前に献《ささ》げ物をささげ、万軍の主《しゅ》の御名《みな》によって、民《たみ》を祝福したのだった。

◆部下の妻を奪い、ソロモンが生まれる

王国の統一を成し遂げたダビデは、軍を率いてペリシテ人を討って屈服させ、さらにヨルダン川の東側に住むアンモン人や死海の南側に住むエドム人ら周辺の民族を次々に征服し、ダマスコを中心にシリア南部に勢力を張っていたアラム人をも服従させ、版図を広げていく。

だがアンモン人との戦いでは、ダビデは甥のヨアブを軍長としてイスラエル全軍を戦場に送り出し、自身はエルサレムの王宮にとどまった。

ある日、ダビデが昼寝から起きて、王宮の屋上を散歩して下を眺めていると、沐浴《もくよく》をしている美しい女性が目にとまった。人をやって調べさせると、彼女は名をバト・シェバといい、外国人傭兵《ようへい》のヘト(ヒッタイト)人ウリヤの妻であった。ダビデは美しいバト・シェバをすぐに召し入れ、床を共にした。バト・シェバは家に帰ったが、やがて身ごもったことがわかった。

そのことを知ったダビデは、ウリヤを前線から呼び寄せ、ただちに家に帰るよう命じた。彼が妻と寝れば、自分が妊娠させたことをごまかせると思ったからである。しかし、ウリヤは、戦闘中であることを理由に、命令に逆らって帰宅しなかった。ダビデは策をめぐらしてウリヤを最前線に送り出し、ウリヤは戦死してしまう。ダビデはバト・シェバを王宮に引き取って妻とし、やがて彼女は男の子を産んだ。

すると神は、預言者ナタンをダビデのもとに送り、ダビデの姦通《かんつう》と殺人を咎《とが》め、「なぜ主の言葉を侮《あなど》り、私の意に背くことをしたのか」(サムエル記下12章9節)と激しく叱責《しっせき》した。ダビデが「私は主に罪を犯しました」と告白したため、罪は除か

れ、死の罰は免れた。しかし、バト・シェバの子の死がナタンによって預言され、ほどなくその子は病気にかかり、7日目に死んだ。

　ダビデはバト・シェバを慰め、共に寝た。彼女は再び身ごもり、やがて男の子が産まれた。その子はソロモン（平和）と名付けられた。

◆ダビデは実在の人物か

　ダビデはその後、別の息子アブサロムのクーデターに悩まされ、彼を死に追いやるという悲劇も味わうが、70歳で天寿を全うし、王位はソロモンに引き継がれる。ダビデの王位期間はユダ時代も含めてあわせて40年だった。

　ところで、聖書上の年代ではダビデの王政は紀元前10世紀頃となり、サウルにはじまって、ダビデ、ソロモンまで続く時代は「統一王国時代」と呼ばれ、イスラエルの黄金時代とされている。だが、その中心であるダビデがはたして歴史的に実在した人物であったかというと、必ずしも明確ではない。聖書以外に、この時代の文献史料で、ダビデあるいはソロモンについて語ったものは、ひとつも存在しないからだ。

　ただし考古学的な遺物からは、かすかな痕跡を認めることができる。1990年代、イスラエル北部のテル・ダン遺跡から、アラム語の碑文《ひぶん》が発掘された。それは紀元前9世紀末頃、イスラエルに敵対したアラム・ダマスコの王ハザエルが作らせたものと推測されているが、そこに「ダビデの家」と読める文字が刻まれていたのだ。つまり、ダビデが活躍したとされる時代から100年以上後のことにはなるが、ダビデの子孫と称する人々がいて、敵であるハザエルにも知られていたことになるわけである（**長谷川修一『聖書考古学』**）。

　碑文自体はダビデ実在の直接的な証拠とはなりえないが、実在の可能性を高めることにはなったのだ。

サウルとダビデの時代の統一王国

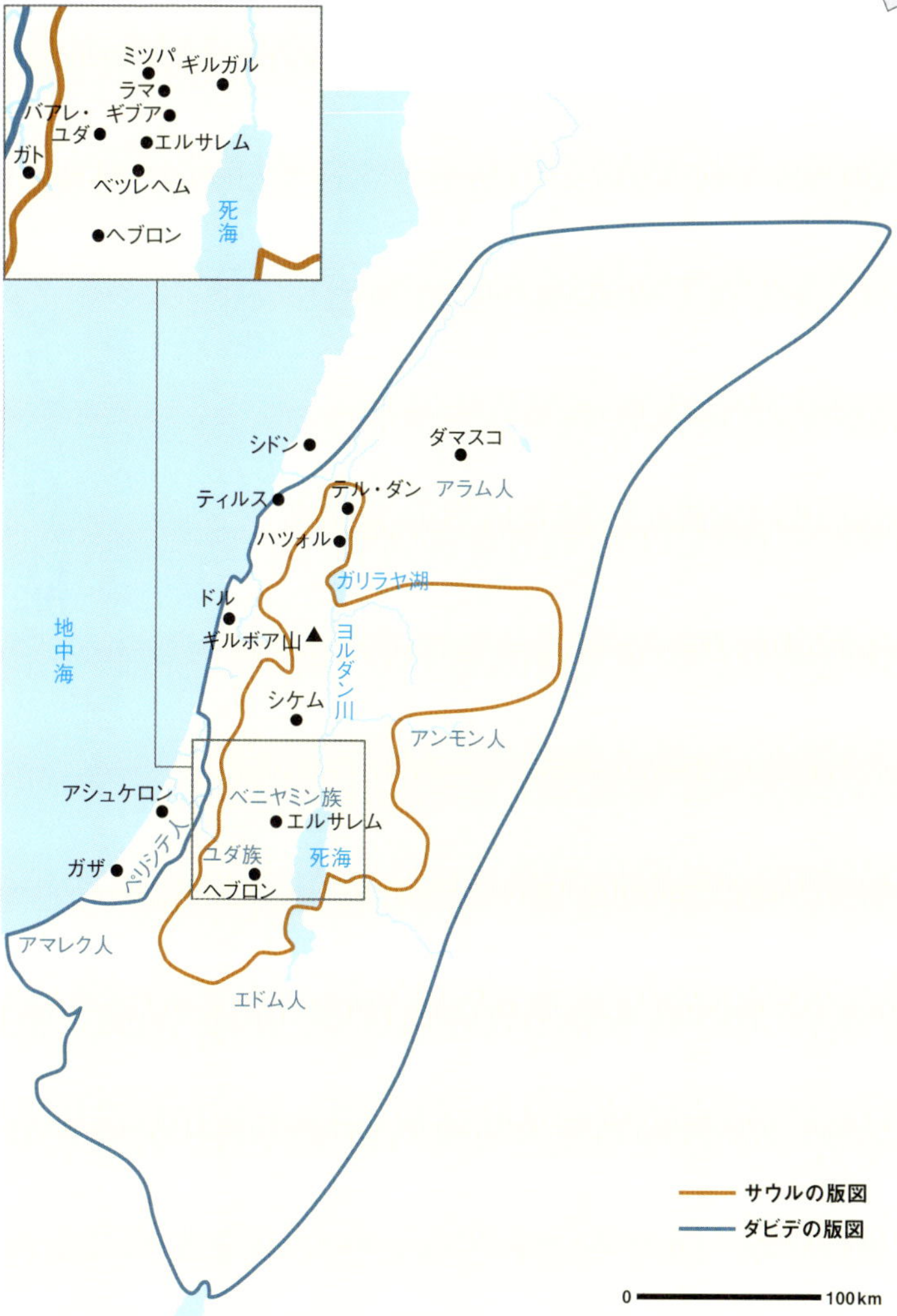

ダビデはイスラエル十二部族をたばねて新しい統一王国を築いた。首都をエルサレムに定め、ペリシテ人、モアブ人、アラム人などの周辺諸民族を打ち破り版図を拡げた

ソロモンの神殿

エルサレムに荘厳な神殿と宮殿が建設される

紀元前
950年頃

◆神が授けたソロモンの知恵

ダビデが年老いたとき、ソロモンの異母兄弟アドニヤが王位を狙ったが、自分が産んだソロモンを擁立《ようりつ》しようとするバト・シェバと預言者ナタンがこれを阻《はば》み、ダビデは後継者として自らソロモンを指名、ソロモンは油を注がれて王となった。

ダビデが没すると、ソロモンはアドニヤを死に追いやり、彼の支持者たちを次々に粛清《しゅくせい》し、王権を強固にしていった。

あるとき、ソロモンは夢を見た。神が現れて「願うものを何でも与えよう」と語りかける。ソロモンが「民《たみ》を正しく裁き、善悪を判断できる、聞き分ける心を授けてください」と答えると、神は、自分のための富や長寿を求めず、正しく聞き分ける知恵を求めたことを誉め、願い通りに、知恵と、さらには求めなかった富と栄光をも与えると約束したのだった。

その頃、2人の遊女がソロモンのもとに来て、1人の赤ん坊に対して、どちらも自分が母親だと言い争って互いに譲らなかった。するとソロモンは剣を持って来させ、こう命じた。「その子を2つに裂き、2人に半分ずつ与えよ」。

すると一方の遊女は「お願いです。その子をあの女に与えて構いませんので、どうか殺さないでください」と懇願し、もう一方の遊女は「裂いて分けてください」と言った。

ソロモンは、前者の懇願した女こそがその子の本当の母親であると断じ、赤ん坊を生かしたまま彼女に与えた。神から与えられた「知恵」によって、ソロモンは正しい裁きを行ったのである。

◆荘厳な神殿と宮殿の建築

ソロモン王の業績で最も知られているのは、エルサレムでの荘厳な神殿の建築である。

「ダビデの町」(シオン)の北側に建てられたその神殿は、奥行き約27メートル、幅9メートル、高さ13・5メートルで、神殿内の奥には内陣(至聖所《しせいじょ》)が設けられ、そこには「神の箱」(契約の箱)が置かれ、左右には1対の翼を広げた巨大な金箔のケルビム像が据えられた。神殿の入り口の両脇には、2本の巨大な青銅の柱が建てられた。

神殿の天井・内壁・床はレバノン杉の板で上張りされたうえに花柄、なつめやし、ケルビムのレリーフが施され、さらに内部は、至聖所も含めてすべて隅々まで純金で覆《おお》われた。

神殿の建築には7年かかったが、ソロモンはこれに引き続いて45本の柱をもつ壮大な宮殿も築き、これは完成までに13年を要した。

神殿が完成し、モーセが納めた2枚の石板が入った契約の箱がシオンから至聖所に運び込まれると、雲が神殿に満ちた。それは、神が臨在《りんざい》した証しだった。ソロモンは神殿の庭に設けられた祭壇《さいだん》の前で神への祈りと願いをささげ、立ち上がると、イスラエルの全会衆を祝福した。

さらにソロモンは神前におびただしい牛と羊をいけにえとしてささげ、民とともに神殿奉献の祭りを行い、それは7日間続いた。

『歴代誌上』によれば、ソロモンの神殿建築は、生前ダビデが命じていたもので、ダビデが作った見取り図がソロモンに手渡されていたという。

ソロモンの神殿は、現在のエルサレムの「神殿の丘」にある、イスラム教の聖地「岩のドーム」が建つ場所が、跡地と考えられている。

王の前に剣が持って来られると、王は命じた。「生きている子を２つに裂き、１人に半分を、もう１人に他の半分を与えよ」（列王記上・第３章 24 ～ 25 節）

ソロモンとシェバの女王

列王記上／歴代誌下

栄華の絶頂とソロモンの背信

紀元前
950年頃

エジプト王の娘を妻としたソロモンは、ユーフラテス河からペリシテ人の地、エジプトの国境に至るまで領土を広げ、各地に町を作った。また紅海を通じた貿易によって莫大な富をあげ、象牙でつくられた王座は金で覆《おお》われ、彼が用いる杯と器はすべて純金でつくられた。

シェバ（アラビア半島の南西部。現在のイエメン）の女王が、大量の宝物をらくだに積み、大勢の家来を引き連れてソロモンを訪ねて来たのは、そんなときだ。ソロモンの名声を聞いた女王は、難問をぶつけて彼の知恵を試そうとしたのだった。女王は次々に難問をソロモンに浴びせたが、ソロモンは見事にそれに答えていった。ソロモンの知恵と富に圧倒された女王は、彼を王位につけた神をたたえ、莫大な金と香料、宝石をソロモンに贈った。

ソロモンはそれ以上の品を返礼として女王に渡し、彼女が望むものは何であれ与えた。こうして女王一行は故国に帰って行った。

だが、ソロモンは数多の外国人の女を妻妾《さいしょう》としたため、やがて異教の神々も拝するようになってしまった。神ヤハウェはソロモンの背信に激しく怒り、「ダビデに免じてお前が生きている間は見逃すが、お前が死んだら、王国を分裂させて取り上げる」と警告した。

やがて各地でソロモンに対する反乱が起こり、不穏な動きが見えるなかで、ソロモンは亡くなってしまう。

列王記上下／歴代誌下

王国の分裂

北王国イスラエルと南王国ユダの対立

紀元前900〜前800年頃

◆北王国イスラエルと南王国ユダ

ソロモンが亡くなると、息子レハブアムが代わって王となった。

ソロモンの生前、ソロモンの家来であったエフライム族のヤロブアムが王に反乱を起こし、エジプト王シシャクのもとに逃れていた。彼が反逆したのは、預言者アヒヤから「私は、異教の神々を崇《あが》めて掟《おきて》と定めを守らなかったソロモンの手から王国を裂いて取り上げ、王権と10の部族はお前に与え、ダビデの子孫を苦しめる」という神の言葉を告げられていたからである。

レハブアムがイスラエルの人々の同意を得て即位するために北部のシケム（エルサレムから北に約50キロ）に行くと、ヤロブアムはエジプトから戻って来て、民《たみ》とともに「あなたの父上が私どもに課した過酷な労役を軽くしてください」と訴えかけた。

だがレハブアムは、長老たちの温情的な助言を無視して、民に「私の父がお前たちの軛《くびき》を重くしたのなら、私はそれをもっと重くしてやろう」と告げて、彼らの願いを聞き入れなかった。王のこの振る舞いは、じつは、預言者アヒヤの言葉が実現するために、神が仕向けたことであった。

この言葉に人々は王に失望し、叫んだ。

「我々に、ダビデ（の子孫）と分かち合うものが何かあろうか！　イスラエルよ、自分の天幕に帰れ」

こうして、ユダ族を除くイスラエルの人々(北部の諸部族)は、自分たちの天幕に帰ってゆき、やがてヤロブアムを彼らの王に選んだ。

レハブアムはエルサレムに帰るとユダ族とともに彼に従ったベニヤミン族からなる精鋭の兵士18万を北部に向かわせたが、「兄弟と戦ってはならない。自分の家へ帰れ」という神の言葉が預言者を通して兵士たちに臨んだので、彼らは引き返していった。

◆伝統を破り、異教の神を奉じた北王国

このように、ダビデがはじめたイスラエル統一王国は、同じ神ヤハウェを崇めるにもかかわらず、2つに分裂してしまった。北部には、ソロモンの家来ヤロブアム(1世)を王とするイスラエル王国が樹立された。分裂からおよそ半世紀後、サマリアに都が定まった。南部はソロモンの息子レハブアムが支配し、エルサレムを都とするユダ王国が成立した。

この南北分裂以降、イスラエルといえば北王国、ユダといえば南王国をさすことになる。分裂時代はおよそ200年続くことになった。

北王国イスラエルの版図は地中海沿岸まで広がり、肥沃《ひよく》な平野部が多かったが、南王国ユダは山地が中心で、海岸がなく、西は宿敵ペリシテ人の地と接していた。

したがって、南よりも北の方が富と繁栄を得やすいはずであったが、北王国のヤロブアム王は民が南王国に流れて行ってしまうことを危惧し、人々がエルサレムの神殿に上らずに済むよう、金の子牛像を2体つくり、民には「これがお前たちをエジプトから導いた神である」と言って、ベテル(北王国の南端)とダン(北王国の北端)の聖所《せいじょ》に1体ずつ置き、像の前にいけにえをささげた。また、伝統的な聖職者部族であったレビ族ではなくても、誰であれなりたい者があればその者を祭

司に任命した。

　これらのことは神を激しく怒らせ、北王国の王は深い罪を犯し、重い罰を負うこととなった。ヤロブアムの没後は、その子ナダブが王位を継いだが、治世の2年目に謀反《むほん》を起こしたバシャに殺され、代わりに王となったバシャはヤロブアム一族を殲滅《せんめつ》した。

◆政情不安定が続く南北両国

　南王国では、レハブアム王の治世にエジプト王シシャクがエルサレムに攻め上がり、神殿と宮殿の宝物をすべて奪われるという悲運に見舞われた。

　北王国も、7代目の王アハブの治世に、隣国アラムの王ベン・ハダドによってサマリアまで攻め上げられたが、預言者の言葉に勇気づけられてアハブは敵を敗走させた。だが、これ以後もアラムはしばしば北王国を攻め、また南王国にも侵攻している。

　これと並行して、北王国と南王国は、絶えず戦い合い、そのうえ、それぞれの国内も反乱が起こるなどして、政情は不安定だった。

　しかも、北王国だけでなく南王国でも異教の神が奉じられることがあり、神は怒りを募らせていったのである。

　なお、北王国6代目の王オムリは、聖書の年代では紀元前9世紀初頭の人物で、新都サマリアを建設した王だが、前9世紀後半にモアブ語で書かれた、モアブ王国（死海の東方にあった国）の王メシャの事績を記録する「メシャ碑文《ひぶん》」にその名が言及されていて、「イスラエルの王オムリは長い年月、モアブを圧迫した」と書かれている。聖書以外の文献にイスラエルの王の名が登場するのは、これが最初である。

　つまり、王国分裂時代になってから、ようやくイスラエル史は暗黒を抜け、明確な歴史時代に入ったのである。

南王国ユダと北王国イスラエル

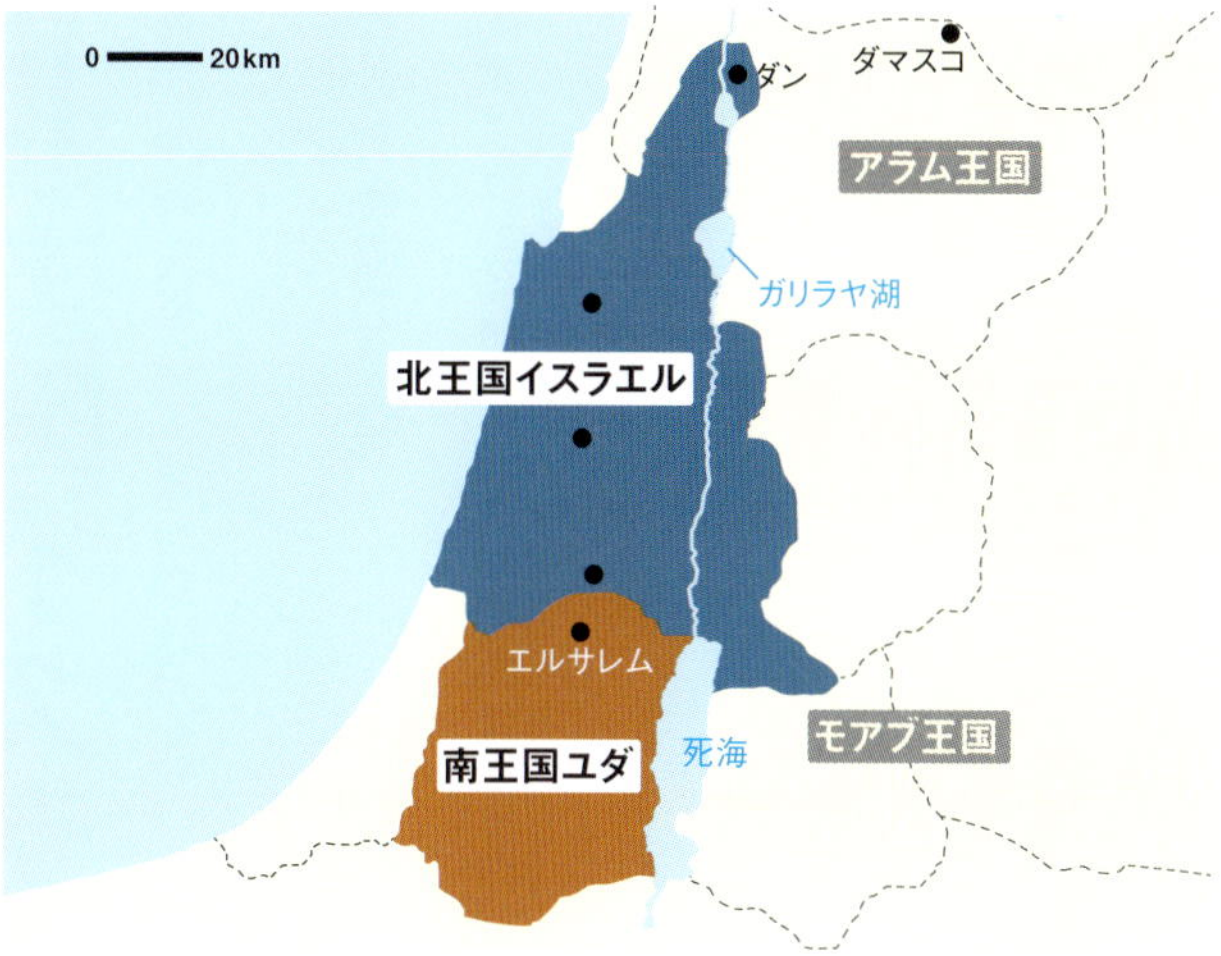

南王国ユダの歴代王	北王国イスラエルの歴代王
約350年	約200年
❶レハブアム（ソロモンの息子）	❶ヤロブアム
❷アビヤム	❷ナダブ
❸アサ	❸バシャ
❹ヨシャファト	❹エラ
❺ヨラム	❺ジムリ
❻アハズヤ	❻オムリ
❼アタルヤ	❼アハブ
❽ヨアシュ	❽アハズヤ
❾アマツヤ	❾ヨラム
❿ウジヤ	❿イエフ
⓫ヨタム	⓫ヨアハズ
⓬アハズ	⓬ヨアシュ
⓭ヒゼキヤ	⓭ヤロブアム2世
⓮マナセ	⓮ゼカルヤ
⓯アモン	⓯シャルム
⓰ヨシヤ	⓰メナヘム
⓱ヨアハズ	⓱ペカフヤ
⓲ヨヤキム	⓲ペカ
⓳ヨヤキン（第1次バビロン捕囚）	⓳ホシェア
⓴ゼデキヤ（第2次バビロン捕囚）	

紀元前800〜前700年頃

北王国イスラエルの終焉

異教の神を奉じて滅んだ北王国

◆アッシリア帝国の登場

北王国イスラエル第16代目の王メナヘムの治世に、アッシリア王プル(ティグラト・ピレセル3世)がイスラエルに攻めて来た。このとき、メナヘムは戦わずに、大量の銀を貢いでアッシリア王を引き上げさせた。

『列王記』におけるアッシリア王への言及はここが初出になる(列王記下15章19節)。アッシリアはチグリス川上・中流域のメソポタミア北部を拠点とした国または民族で、紀元前2000年初めごろに勃興し、はじめはバビロン王朝に従属していたが、前18世紀になって独立し、古王国が樹立された。

その後衰退したこともあったが、前12世紀末にティグラト・ピレセル1世によって新アッシリア帝国が創建され、版図は西は地中海、北はヴァン湖(現在のトルコ共和国の東南部にある)にまで拡がった。帝国は馬と新鋭武器を駆使して周囲の国々を容赦なく征服し、プル王の時代である前8世紀に、最盛期を迎えていた。

北王国イスラエルは、そんな強大なアッシリア帝国に朝貢《ちょうこう》することで、自国の存続をはかろうとしたのである。

しかし、メナヘムの2代後のペカ王のとき、アッシリアのプル王は再びイスラエルに侵攻し、王国の北部を占領。さらに住民を捕え、捕囚としてアッシリアに連れ去った。

◆サマリア陥落《かんらく》と北王国の滅亡

その頃の南王国ユダの王はアハズだったが、北王国のペカ王は、アラム王と組んでエルサレムに攻め上り、南王国のアハズ王を包囲した。これをシリア・エフライム戦争という。

このとき、アハズはアッシリアのプル王に金銀を贈り、アラムと北王国を討って救ってくれるよう頼んだ。プル王はこれを聞き入れ、アラムの都ダマスコを攻略し、アラム王を殺害した。

アハズ王の治世12年目のとき、北王国では、謀《む》反《ほん》を起こしてペカを討ったホシェアが王となった。ホシェアは当初アッシリアに隷属《れいぞく》していたが、やがてエジプト王と通じ、アッシリアへの朝貢を怠るようになった。これを知ったアッシリア王は、ホシェア王を捕え、獄《ごく》につないだ。

さらにアッシリア軍は北王国を攻め、丘の頂《いただき》にある要害堅固《ようがいけんご》な首都サマリアを3年間包囲した後、ついに占領。当時のアッシリア王サルゴン2世は北王国のイスラエル人を捕囚とし、アッシリアの町に移住させた。サルゴン2世が建てさせた碑文《ひぶん》によると、サマリアから連行されたイスラエル人は2万7280人だったという。

これは前722年のことであった。「象牙の家」と呼ばれた壮麗な宮殿が建ち、エルサレムに比するほどの繁栄を誇ったサマリアは完全に陥落《かんらく》し、北王国イスラエルはおよそ200年で歴史を閉じたのである。

『列王記下』は、サマリア陥落の記述に続いて、なぜこのような悲劇がもたらされたのかについて触れ、「こうなったのは、イスラエルの人々が、彼らの先祖たちをエジプトから導き上げた神ヤハウェの掟《おきて》と、神が彼らと結んだ契約と、彼らに与えた定めとを拒み、異国の神々を敬い、偶像に仕えたからだ」と断罪している。

そして、南王国ユダが残されたのだった。

バビロン捕囚

列王記下／歴代誌下

南王国ユダも滅び、神殿が破壊される

紀元前700〜前586年

◆アッシリアのユダ侵攻

南王国ユダのアハズ王の後を継いだのは、その子のヒゼキヤであった。彼は神ヤハウェの目にかなう正しいことを行ったが、アッシリアに反旗を翻したため、この時代になって、ついにアッシリアがユダ王国にも侵略してきた。

ヒゼキヤはアッシリア王センナケリブに引き揚げてくれるよう懇願し、莫大な金銀を納めた。それでもエルサレムはアッシリアの大軍に包囲され、窮地に陥ったが、ヒゼキヤが預言者イザヤに助けを乞うと、神の使いがアッシリアの陣営を襲い、一夜にして18万5000人が死体となって転がった。センナケリブは侵攻を中断して都ニネベに引き返したが、息子によって反乱を起こされ、殺されてしまった。

そして、強大な帝国を誇ったアッシリアの繁栄も、紀元前7世紀なかばを頂点として徐々にかげりが見えはじめ、それに代わって、西ではエジプト、東ではバビロニアが力をつけ、それぞれ勢力を拡大していった。

◆ヨシヤ王の宗教改革

アッシリアが衰退に向かうなか、30年以上、ユダ王国の統治にあたり、宗教改革を断行したことで知られるのが、ヒゼキヤから3代後のヨシヤ王である。

ヨシヤはまずエルサレムの神殿を修復し、アッ

シリアに迎合するためそれまでの王たちが導入していた異教の神々の偶像や祭具を破却《はきゃく》。また神殿の中にあった男娼の家も取り壊すなどして、異教的習俗をエルサレムから一掃した。さらにヨシヤは、当時はアッシリアの支配下にあったかつての北王国の地にまで勢力を伸ばし、ベテルやサマリアにあった祭壇《さいだん》や礼拝所を破却し、祭司たちを殺《あや》めた。そして、過越祭《すぎこしさい》をエルサレムで行って、これをはじめて公的な祭祀《さいし》とした。

このようなヨシヤの大々的な改革の象徴であり、またその原動力となったのは、神殿修復の折に発見されたというモーセの「律法《りっぽう》の書」であった。ヨシヤはこの書を女性預言者フルダのもとに送って解釈を求めたところ、この書に記された災禍が、神に従順な自分の治世下には起こらないという確信を得て、ユダとエルサレムの長老をすべて集めた。そして、「律法の書」を彼らにすべて読み聞かせた後、この書に記された神との契約の言葉を実行することを誓い、民《たみ》もみなこの契約に加わったのである。

発見されたという「律法の書」は、モーセ五書の最後である『申命記《しんめいき》』もしくはその一部のことであると古くから考えられている。

◆エルサレム神殿の破壊とユダ王国の滅亡

だがこのようなヨシヤの業績も一閃《いっせん》の光芒《こうぼう》で、エジプト王ネコがアッシリア王を助けてバビロニア軍と戦うべくユーフラテス川めざして進軍してきたとき、ヨシヤはメギド(旧北王国領にある要衝)で襲われ、非業《ひごう》の死を遂《と》げる。

その後のユダ王国は、しばらくはエジプトに支配されたが、ヨシヤから2代後の、ユダ王国第18代目の王ヨヤキムの時代になると、今度はバビロン(バビロニア)の王ネブカドネツァルが侵攻してきた。

メソポタミア南部の都市バビロンを首都とする

バビロニア王国は、前8世紀頃からアッシリアに支配されていたが、前625年にナボポラッサルが新バビロニア帝国を樹立し、やがてアッシリアを滅ぼす。彼の子がネブカドネツァル王で、前605年、彼はユーフラテス川西岸でエジプト王ネコと戦って勝利を収め、パレスチナにも侵略してきたのである。

ヨヤキムは3年間バビロニアに服従したが、その後反逆を起こした。するとネブカドネツァル王は再び進軍してきてエルサレムを包囲。その最中にヨヤキムは亡くなり、前597年、その子のヨヤキンが18歳で王位に就いたが、わずか3ヶ月で降伏。ネブカドネツァル王はエルサレムの神殿と宮殿の宝物をすべて運び出し、ソロモンがつくった金の器を粉々にした。そしてエルサレムの住民を1万人以上、ヨヤキンとともに捕囚としてバビロンに連れて行った。これが第1次バビロン捕囚である。

ネブカドネツァル王は、ヨヤキンに代えて彼のおじゼデキヤ(ヨシヤの末子)をユダ王国の王に据えた。ゼデキヤは神の目に悪とされることをことごとく行った。怒りを募らせた神はエルサレムとユダをすでに見捨てていた。

ゼデキヤはバビロニアに反逆したが、前587年、ネブカドネツァル王は全軍を率いてエルサレムを包囲。翌年ついにエルサレムは陥落《かんらく》し、ネブカドネツァル王はゼデキヤの両目をつぶして青銅の足枷《あしかせ》につなぎ、バビロンへ連行。さらにネブカドネツァル王の家来によってエルサレムの神殿と宮殿、町並みは徹底的に破壊され、宝物が略奪された。生き残っていた兵士や住民は捕えられ、貧民を除いて、バビロンに連行された。これが第2次バビロン捕囚である。

ダビデ以来、400年以上続いてきたユダ王国はこうして滅び、以後、ユダの人々は屈辱的な捕囚時代をくぐることになるのである。

バビロン捕囚のルート

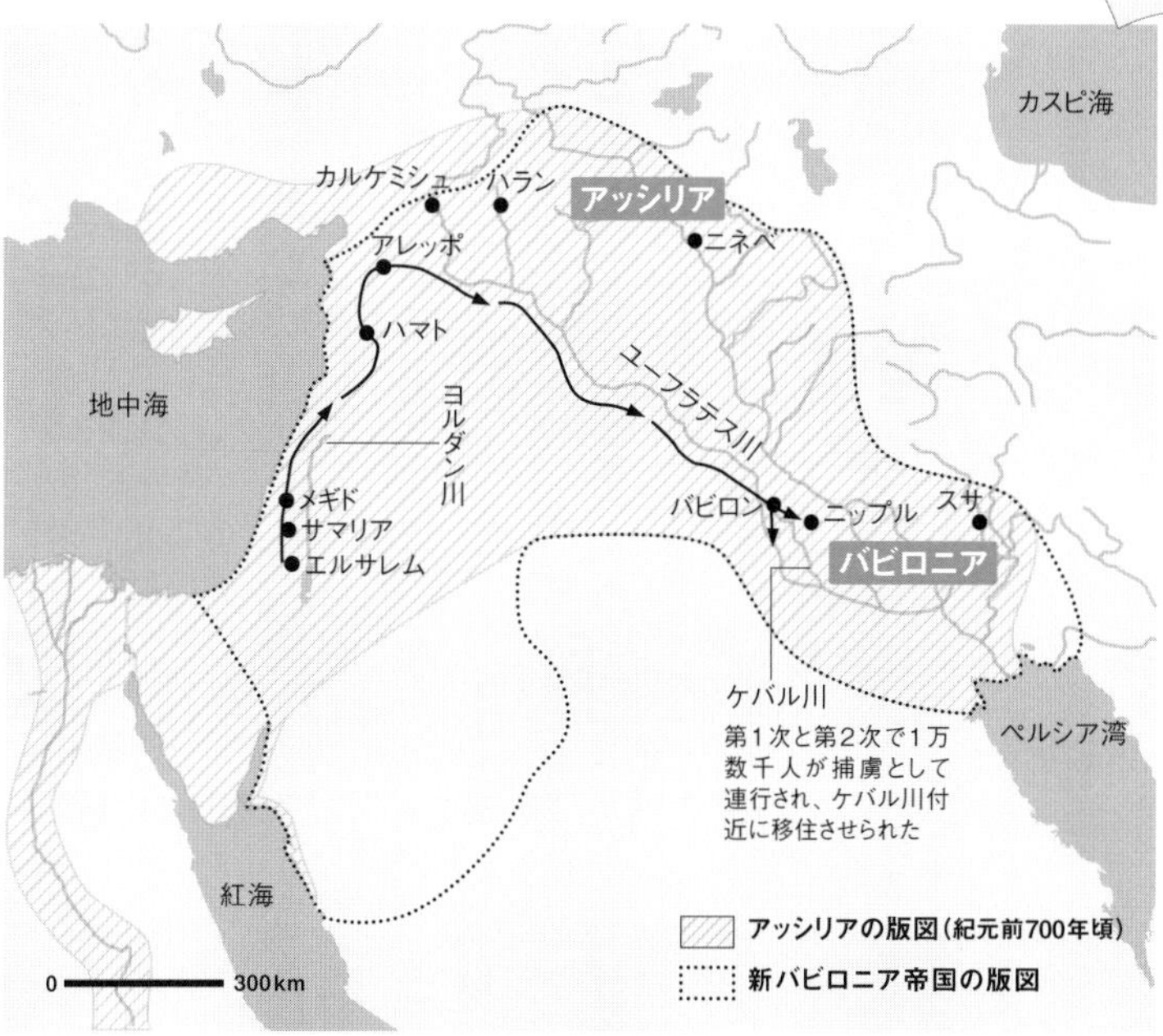

ネブカドネツァル王がバビロンに建設したイシュタル門。1930年代にベルリンのペルガモン博物館に復元された

エズラ記／ネヘミヤ記

エルサレム神殿の再建

聖書の編纂とユダヤ教の確立

紀元前587〜前500年頃

◆捕囚時代にユダヤ教は生まれた

紀元前586年(もしくは前587年)、エルサレム陥落《かんらく》とバビロン捕囚によってユダ王国は滅び、その民《たみ》の多くがバビロニアに連行され、新バビロニア帝国の支配下に置かれたパレスチナには、下層階級の人々ばかりが残された。

だが、ネブカドネツァル王が没して約四半世紀たった前539年、アケメネス朝ペルシアのキュロス王がバビロンに入城して新バビロニアは滅ぼされ、ユダの捕囚民とパレスチナは今度はペルシアの支配下に置かれることになった。

かつてアッシリアによって故国を追われた北王国イスラエルの民は、移住先で西アジアの他の民族と同化しつづけた結果、ペルシア時代には、事実上消え去っていた。

しかし、南王国ユダの遺民《いみん》は消えなかった。彼らは、異民族の神々を受け入れることなく、逆境にあっても神ヤハウェを奉じることで共同体としての結束をはかり、かえって民族としてのアイデンティティを強めていった。また、「ユダヤ人」とは、本来はユダ王国民を指す言葉だったが、これがしだいに古代イスラエルも含んだ、ヤハウェを崇《あが》める民族の総称になったのは、民族の信仰を伝え残したのがユダ王国の遺民だったからだ。

そして、旧約聖書の書物の多くは、バビロン捕囚時代とペルシア時代に書かれたとされる。つまり、ヤハウェへの信仰と律法《りっぽう》(旧約聖書)の遵守を基盤とするユダヤ教は、実質的にはこの時代に成立したといえるのである。

◆ユダヤ人を帰還させたペルシア王キュロス

バビロン捕囚に続くペルシア時代のユダヤ人の歴史と実状を伝えるのが、『エズラ記』と『ネヘミヤ記』で、両書はもともとは1つの書であったと考えられている。

ペルシアのキュロス王は、バビロニアを征服した前539年、次のような布告を出した。

「天にいます神ヤハウェは、地上のすべての国を私に賜った。このヤハウェがエルサレムに御自分の神殿を建てることを命じられた。ユダヤ人は、イスラエルの神、ヤハウェの神殿を建てるために、エルサレムに上って行くがよい」

キュロス王は、バビロンに捕囚されていたユダヤ人のエルサレムへの帰還を許可し、またバビロニアがエルサレムの神殿から略奪した祭具類の返還も認めたのである。

『エズラ記』によれば、この布告は、神ヤハウェが、ユダ王国衰亡期の預言者エレミヤを通して伝えた「バビロン捕囚から70年後にユダヤ人をエルサレムに連れ戻し、再建させる」（エレミヤ書25章11～12節、29章10節、31章38節）という神の言葉を実現させるために、ペルシア王の心を動かして出させたものだという。

ちなみに、19世紀にバビロンの遺跡で発掘された「キュロスの円筒碑文《ひぶん》」によれば、キュロス王は被支配民の宗教に寛容な政策をとったとされており、捕囚の帰還許可もそうした政策の一環であったとも考えられる。

◆第二神殿の完成とユダヤ教の確立

キュロス王の布告が出ると、ユダヤ人たちは返還された大量の宝物を携《たずさ》えて早速エルサレムへの帰還をはじめ、エルサレムに到着すると、翌年から神殿の再建に着手した。

だが、アッシリアによってパレスチナに強制移住させられた民族の末裔《まつえい》や、バビロン捕囚中に旧南王国ユダ領に入植していた人々は、捕囚民の帰還を必ずしも快く思わず、神殿の再建を妨害し、工事はいったん中断に追い込まれる。

ペルシア王ダレイオスの時代になって、預言者ハガイとゼカリヤの尽力によって神殿再建が再開され、前515年、ついに完成。このエルサレム神殿はソロモンが建てた神殿と区別されて一般に「第二神殿」と呼ばれ、この神殿が使われていた時代を「第二神殿時代」と呼ぶ。

紀元前5世紀なかばにはペルシア王に信任されたユダヤ人献酌官《けんしゃくかん》ネヘミヤが、前4世紀初めには同じくペルシア王に厚遇されたユダヤ人祭司エズラが、それぞれエルサレムに帰還し、律法《りっぽう》をユダヤ人に学ばせ、その厳守を命じた。こうしてユダヤ教が確立していったのだが、ユダヤ人国家の独立は達成できなかった。

旧約聖書の正典は、およそこの時代までで歴史の叙述を終えている。

その後の歴史を大ざっぱにたどってみると、前4世紀後半にはマケドニアのアレクサンドロス大王が東征を開始してペルシア帝国を滅ぼす。大王がバビロンで病死すると、パレスチナはエジプトのプトレマイオス朝の勢力下に置かれ、ユダヤ人にギリシア風(ヘレニズム)文化が浸透しはじめる。前200年頃にはパレスチナはシリアのセレウコス朝の勢力下に移る。前140年頃には、地方祭司ハスモン家をリーダーとする抵抗運動によってユダヤ人による独立国家(ハスモン朝)が樹立されたが、前63年にはローマによってエルサレムは占領され、やがてイエス・キリストの時代を迎えることになる。

そして第二神殿は、紀元後70年、ユダヤ戦争におけるローマ軍のエルサレム攻略の際に破壊された。

エルサレムへの帰還と第二神殿の再建

キュロス王の功績が記された「キュロスの円筒碑文」（大英博物館所蔵）

第二神殿（ヘロデ大王による修復後のもの）の50分の1の模型。イスラエル博物館内に設置されている

Column

死海文書とエッセネ派

1947年、死海北西岸のクムラン地域の洞窟に置かれた壺から、羊皮紙にしたためられた古写本が見つかった。――これが、聖書研究に一大画期をもたらすことになった、旧約聖書の古写本群『死海文書』発見の端緒である。

その後もクムランおよび近隣の洞窟や廃墟の調査が行われ、古写本が大量に発見されたが、このうち、とくに注目されたのは、クムランの11の洞窟から発見された約800種の写本である。これをとくに『クムラン文書』といい、また慣例的にこれを狭義の『死海写本』と呼ぶことも多い。

調査・研究の結果、この『クムラン文書』に、旧約聖書のヘブライ語原典や旧約聖書外典・偽典、それまで知られていなかったユダヤ教文書などが含まれていることがわかり、また写本が記されたのは紀元前3～後1世紀頃と推定された。つまり、聖書正典が確定する以前の、非常に貴重な古写本が発見されたのである。

そして、これらの古写本は、クムランで修道生活を送っていた、ユダヤ教の秘教的組織が作成したものと考えられており、その組織をエッセネ派とみるのが定説である。エッセネ派とは、聖書には一切言及されていないが、前2世紀頃に発生したとみられるユダヤ教の原理主義的なセクトで、戒律を厳守し、共同生活を送ったが、ユダヤ戦争（66～70年）により、ほぼ壊滅してしまったらしい。

「イエス・キリストは青年時代にエッセネ派で修行していた」という説がかつて注目されたこともあったが、現在ではこれに否定的な見解が強い。

第5章 預言者と義者たちの物語

神の意思を伝えた語り部たち

旧約聖書のキーワードのひとつに、「預言」がある。聖書でいう預言とは、未来の出来事を予告する「予言」のことではなく、神ヤハウェの言葉を預かり、ヤハウェの意思を人間に告知することを意味する。そして、神の召命を受けてイスラエルの民《たみ》に預言を行う人間が預言者であり、ヘブライ語で「ネービー」と言うが、その原義は「呼ぶ」「語る」である。

預言者の言葉は、たんに神の代言《だいげん》であるばかりではなく、神の意思を踏みにじり背信した人間や為政者・社会への、激烈な警告・批判でもあり、彼らは祭司以上の権威をもち、実質的には原始ユダヤ教の唱導者だった。

古代イスラエルの預言者は、イスラエル王国成立期に登場するが、預言者の活動が活発になるのは、王国分裂からバビロン捕囚をへて、エルサレム帰還にかけての時期である。つまり、イスラエル人が苦難にぶち当たったときにこそ、預言者の声が荒野に高々と響き渡ったのだ。

旧約聖書の預言書は、このような預言者たちの言葉をまとめたもので、その多くは紀元前8～前6世紀を舞台とし、前4世紀までに正典化されたと考えられている。ユダヤ教とキリスト教では預言書の分類がやや異なるが、本章ではキリスト教で預言書に分類される文書を中心に、預言者の言行を紹介した。また、預言書以外に、前章までに触れることができなかった旧約の文書のうち、物語性の強いものを、章の最後に紹介した。

Libri Regum, Liber Isaiae, Liber Ieremiae, etc.

おもな預言者

名前	おもな文書	活動時期など
サムエル	サムエル記上	最後の士師。紀元前 11 世紀に活動
ナタン	サムエル記下、列王記上	紀元前 10 世紀、ダビデの時代に活動
ガド	サムエル記上	紀元前 10 世紀、ダビデの時代に活動
アヒヤ(シロのアヒヤ)	列王記上	紀元前 10 世紀、ソロモンの時代に活動
シェマヤ	列王記上	紀元前 10 世紀の後半、レハブアムの時代に南王国ユダで活動
イエフ(ハナニの子イエフ)	列王記上	紀元前９世紀に北王国イスラエルで活動
エリヤ	列王記上	紀元前９世紀に北王国イスラエルで活動
ミカヤ(イムラの子ミカヤ)	列王記上	紀元前９世紀に北王国イスラエルで活動
エリシャ	列王記下	エリヤの弟子。紀元前９世紀に北王国イスラエルで活動
ヨエル	ヨエル書	紀元前９世紀に（？）南王国ユダで活動
アモス	アモス書	紀元前８世紀に北王国イスラエルで活動
ホセア	ホセア書	紀元前８世紀に北王国イスラエルで活動
イザヤ	列王記下、イザヤ書	紀元前８世紀に南王国ユダで活動
ミカ	ミカ書	紀元前８世紀の後半に活動
ヨナ	ヨナ書	紀元前８世紀から前7世紀に(？)ニネベに赴き活動
ナホム	ナホム書	紀元前7世紀に（？）活動
フルダ	列王記下	女性預言者。紀元前7世紀、ヨシヤの時代に南王国ユダで活動
エレミヤ	エレミヤ書	紀元前7世紀から前6世紀に南王国ユダで活動
ゼファニヤ	ゼファニヤ書	紀元前7世紀から前6世紀に(？)南王国ユダで活動
ハバクク	ハバクク書	紀元前7世紀から前6世紀に(？)南王国ユダで活動
オバデヤ	オバデヤ書	紀元前7世紀から前6世紀に(？)南王国ユダで活動
エゼキエル	エゼキエル書	紀元前6世紀にバビロニアで活動
ダニエル	ダニエル書	紀元前6世紀のバビロニアで活動
ハガイ	ハガイ書	紀元前6世紀の後半、捕囚解放後にエルサレムで活動
ゼカリヤ	ゼカリヤ書	紀元前6世紀の後半、捕囚解放後にエルサレムで活動
マラキ	マラキ書	紀元前5世紀にエルサレムで活動

列王記

北王国の預言者エリヤ

イエス・キリストの前身とされた預言者

紀元前
850年頃

◆異教の預言者数百人とひとりで対決する

古代イスラエルの最初期の預言者の代表格に挙げられるのが、紀元前9世紀に北王国イスラエルで活動した、エリヤである。

預言者には、預言書を記述して、もしくはその預言者に親炙《しんしゃ》した者が彼の言葉を記述して、その名が文書名に冠される者(イザヤ、エレミヤ、エゼキエルなど)と、自らは預言書を記さなかった者の2種があるが、エリヤは後者にあたり、彼の言行は、王国時代を記す歴史書である『列王記』中にみることができる。

エリヤが『列王記』に預言者として登場するのは、北王国7代目の王アハブの治世においてである。アハブ王はフェニキア人の王女イゼベルを妻に迎えたが、彼女にそそのかされてバアルやアシェラなど異民族の神々を崇拝し、神々のための神殿を建て、偶像をつくり、神ヤハウェに対して背信を犯していた。

都サマリアが旱魃《かんばつ》で大飢饉《ききん》に見舞われたとき、エリヤに「アハブのところへ行け。私は地面に雨を降らせる」という神の言葉が臨んだ。「私の仕えているイスラエルの神、主《しゅ》は生きておられる」(列王記上17章1節)と確信していたエリヤは、会ったアハブに「イスラエルを煩わす者よ」と言われると、こう答えた。

「イスラエルを煩わしているのは、私ではなく、バアルに従っているあなたがたの方だ。さあ、イスラエルのすべての人々と、バアルの預言者450人、アシェラの預言者400人をカルメル山に集めよ」

カルメル山に異教の預言者たちが集まると、彼らとエリヤは、祈りによって対決することになった。バアルの預言者たちは雄牛を祭壇《さいだん》にささげ、バアルの名を大声で呼んで祈り続けたが、天からは何の応答もなかった。

対して、エリヤが雄牛をヤハウェの祭壇にささげ、祈りを行うと、天から火が降り、雄牛が焼き尽くされた。これを見ていた民《たみ》はみなひれ伏して言った。「ヤハウェこそ神です」。

バアルの預言者は民に捕えられ、エリヤによって殺された。やがて空に雲が集まり、アハブがいる前で大雨が降り出し、ようやく旱魃が終わった。

◆最後は嵐に乗って天に上る

あるときアハブは、王宮に隣接するぶどう畑を、妻イゼベルにそそのかされて、持ち主であるナボトを殺して手に入れようとした。エリヤはアハブの振る舞いを激しく批難し、「お前に災いをもたらし、お前の子孫を根絶やしにする」という神の言葉を伝えた。つまり、アハブ王朝の滅亡の預言で、この言葉はアハブの死後、成就されることになる。

このように英雄的預言者として苛烈な活動を続けたのち、最後にエリヤは神に召され、弟子エリシャの目の前で、つむじ風に乗って天に上って行ったという。

エリヤはいつも毛衣を着、腰に革帯を締めるという格好をしていたが、このスタイルを真似て荒野で宣教をはじめたのが新約聖書の洗礼者ヨハネである。そのため、当時のユダヤ人はヨハネをエリヤの再来と考え、また彼が来臨を預言したイエス・キリストもエリヤの再来とみなされたのである。

イザヤ書

南王国の預言者イザヤ

王たちに神の言葉を伝え、キリスト来臨も預言

紀元前
700年頃

◆バビロン捕囚を預言する

北王国イスラエルの末期、南王国ユダの都エルサレムに現れて、異教神と偶像への崇拝を批判し、徹底したヤハウェ信仰と「義と公正」を説いた預言者がイザヤである。彼の預言はおもに『イザヤ書』に収められていて、この書には長い預言の合間に歴史的記述もちりばめられている。ちなみに、イザヤとはヘブライ語で「ヤハウェは救う」という意味である。

イザヤが神の召命を受けたのは、紀元前740年頃のことであった。南王国のウジヤ王が没した年だったが、そのとき彼は神殿の中で、神ヤハウェが天の玉座に座し、その上を6つの翼をもつセラフィム（人面蛇身の天的存在者）が舞っている情景を幻視した。

すると神はイザヤに「行け、この民《たみ》に言うがよい。『よく聞け、しかし理解するな。よく見よ、しかし悟るな』と。この民の心をかたくなにし、耳を鈍く、目を暗くせよ」（6章9～10節）と命じた。つまり、奇妙なことに、民の心をあえて頑迷《がんめい》にせよというのである。

イザヤが「主《しゅ》よ、いつまででしょうか」と問うと、神は「町々が崩れ去って、住む者もなく、家々には人影もなく、大地が荒廃して崩れ去るときまで」（6章11節）と答えた。この戦慄《せんりつ》すべき予言は、信仰が堕落《だらく》した結果、神の審判としてユダ王国に罰として下されることになる、バビロン捕囚を暗示

3 対の翼をもつセラフィム。天使の位階の最高位にあたり、「熾天使（してんし）」とも呼ばれる

している。
だが最後に神は、「切り株は残す」と付け加え、希望と救いの道をわずかに示したのだった。

◆南王国の王たちに神の言葉を伝える

ウジヤの孫のアハズの治世のとき、北王国のペカ王はアラム王レツィンと同盟を組んで、エルサレムに攻め上って来た。シリア・エフライム戦争のはじまりである。南王国ユダはこれに激しく動揺したが、そんなときアハズ王の前にイザヤが現れ、「彼らの企みは実現しない。恐れることはない」という預言を伝え、神のしるしを求めるよう呼びかけた。

だが、アハズは神を信頼せず、神のしるしを求めることをしなかった。するとイザヤは「恐れている2人の王からは救われても、その後アッシリア王の来襲を受けるだろう」とユダの不吉な運命を予示する。

結局、アハズ王はイザヤの忠告を無視し、自らは戦わず、アッシリアに財宝を贈って援軍を頼んだ。これによってアラムと北王国を退けることはできたが、その結果、ユダ王国はアッシリアの強い影響下に置かれることになり、北王国は10年後には亡《ほろ》んでしまった。

またアハズは、アッシリア王とダマスコで会ったときに異教の祭壇《さいだん》を見ると関心を示し、これをエルサレムに築かせた。

すると、アハズの子ヒゼキヤの治世には、とうとうアッシリア王センナケリブがユダに侵攻してきたのである。

エルサレムを包囲したアッシリア軍の将軍ラブ・シャケはヒゼキヤに降伏を迫り、ユダの民《たみ》には「ヒゼキヤにだまされるな。彼はお前たちを私の手から救い出すことはできない。ヒゼキヤに迷わされてヤハウェを信頼してはならない」と語りかけた。

れることになった。

しかし、ヨシヤが没すると改革は途絶《とぜつ》。ユダ王国は堕落《だらく》に向かい、エレミヤはヨシヤの子ヨヤキム王に「ユダはバビロン王の手に渡される」と強く警告した。やがて、バビロニア王ネブカドネツァルがエルサレムを攻め、第1次バビロン捕囚が行われた。「北からの敵」の来襲が現実のものとなったのである。

◆「新しい契約」を説く

ネブカドネツァルは父ヨヤキムの後を継いだヨヤキンをバビロンに連れ去ると、エルサレムには、ヨヤキンのおじゼデキヤを王として据えた。

当初、ゼデキヤはバビロニアに帰順《きじゅん》したが、やがて近隣の諸王とともに陰謀を企《くわだ》て、バビロニアに背いてエジプトの支援を受けようとした。これに対してエレミヤは、バビロニアの支配は背信したユダに対して神が与えた罰であり、この大帝国への服従がユダの生き残る道だと説いた。そのため、エレミヤはゼデキヤによって投獄されたが、前586年、バビロニアがエルサレムを陥落《かんらく》させると釈放され、バビロニアによって任命されたユダの総督ゲダルヤのもとに留まった。だが、ゲダルヤはユダの王族によって暗殺され、混乱の中、エレミヤは逃亡する抗戦派に拉致《らち》され、エジプトに連行されてしまった。

エレミヤは当初、ヨシヤ王の時代に発見された「律法の書」にもとづく神とイスラエルの「契約」を重んじた。だが、祖国の混乱が繰り返され神殿の滅亡が迫ると、こうした考えを改め、ユダ王国の救済には、人間ひとりひとりが神と「新しい契約」を結び直さなければならないと確信するようになった。この「新しい契約」という概念は、イスラエルの宗教の内面化をはかるもので、捕囚後のユダヤ教の確立とキリスト教誕生の伏線となったのである。

エゼキエル書

捕囚民を鼓《こ》舞《ぶ》したエゼキエル

未来への希望を与えた預言者の幻視

紀元前
600年頃

◆エゼキエルが見た神の姿

前597年、バビロニアのネブカドネツァル王はユダ王国を侵略し、ヨヤキン王とユダの指導者の大半をエルサレムからバビロニアに連行した。第1次バビロン捕囚である。

もっとも、捕囚民は必ずしもバビロニアで奴隷《どれい》のように酷使されたわけではない。バビロニアは彼らを特定の村落にまとめて移住させ、長老を中心とする生活共同体を営むことを許可した。制限があったとはいえ、それなりに自由な生活を送ることはできたのである。

このことは、国と神殿を失ったユダの人々の結束を保たせ、彼らに神ヤハウェへの信仰を顧《かえり》みさせる大きなきっかけともなった。そしてそれは最終的には、聖書の編纂《へんさん》や、割礼《かつれい》・安息日《あんそくび》などの宗教的儀礼、神殿を必要としない礼拝形式の発達を促すことにもつながったのである。しかしもちろん、多くの人は祖国ユダに戻ることを願いつづけていた。

この第1次捕囚民のひとりに、祭司エゼキエルがいた。彼は捕囚から5年目のある日、ケバル川（バビロニアにあった運河）のほとりで神の顕現《けんげん》に接し、預言者としての召命を受けた。

エゼキエルが自ら記したとされる『エゼキエル書』によれば、彼が目にした「主《しゅ》の栄光の姿の有様」は次のようなものであった。

風とともに巻き起こった雲の中に火が発した。

その火の中に琥珀《こはく》のきらめきのようなものがあり、その中には、4つの生き物の姿があった。その生き物は、それぞれ4つの顔と翼、手をもち、4つの顔は人間・獅子《しし》・雄牛・鷲《わし》の顔から成り、生き物の傍らの地面には、それぞれひとつの車輪があった。生き物の頭上には水晶のように輝く大空のようなものがあり、さらにその上にサファイアのように見える玉座の形をしたものがあり、その上高くには、人間のように見える姿をしたものがあった。そしてそのものの腰にみえる部分から下には、虹のような光が放たれていた。

エゼキエルはひれ伏し、神が語りはじめると、霊がエゼキエルの中に入った。これがエゼキエルの召命であった。

◆イスラエルの滅亡と回復を預言

当時、捕囚民は、故国からはるか遠くの地で暮らしていたとはいえ、祖国復興の希望を棄《す》てていたわけではなかった。だが、エゼキエルが神の言葉として彼らに伝えたのは、イスラエルの異教崇拝と不義不正のために、いずれエルサレムが決定的に滅ぼされる、という絶望的な終末の預言であった。

「終わりが来る。地の四隅に終わりが来る。今こそ終わりがお前の上に来る」（7章2〜3節）

そしてエゼキエルの召命から7年後の前586年、エルサレムが討ち滅ぼされたという知らせがついにバビロニアの捕囚民のもとにもたらされた。ゼデキヤ王は捕えられ、エルサレムは神殿もろとも完全に破壊され、2度目の捕囚が実施されたのである。これで、復興の望みは完全に断たれたかに見えた。だが、やがてエゼキエルは、イスラエル回復の預言を語りはじめる。

「私は自分の羊を探す。私は雲と密雲《みつうん》の日に散らされた群れを、すべての場所から救い出す。私は彼らを諸国の民《たみ》の中から連れ出し、諸国から集めて彼らの土地に導く」(34章12～13節)「見よ、私はお前たちの中に霊を吹き込む。すると、お前たちは生き返る」(37章5節)

エゼキエルは捕囚からの解放を暗示させる言葉を語り、未来への希望も捕囚民に与えたのである。そして第40～48章には、再建される神殿が、エゼキエルの幻視という形で詳細に描かれている。

◆旧約の預言者たち

旧約聖書にはここまで紹介した以外にも、多くの預言者が登場し、いくつもの預言書が存在するが、ここで、他の主だった預言者を簡単に紹介しておこう。

○**アモス**…前8世紀の預言者で、『アモス書』の著者とされる。北王国イスラエルのヤロブアム2世の治世《せいじょ》にベテルの聖所や都サマリアに現れ、貧富の差の激しい王国の滅亡を預言した。そのため、王国への反逆者と解され、追放を言い渡された。

○**ホセア**…前8世紀の預言者。おそらく北王国のエフライム出身で、アモスにやや遅れて活動した。異教神バアルに仕えていた神殿娼婦と結婚したが、妻の不貞に遭う。この夫婦関係を神とイスラエルの関係にたとえて記したのが『ホセア書』で、彼は「愛の預言者」と呼ばれる。

○**ミカ**…前8世紀の預言者で、『ミカ書』の著者とされる。南北両国の指導者たちの腐敗を批判し、エルサレム崩壊を預言した。

○**ハバクク**…前7～前6世紀頃のユダ出身の預言者。彼の預言を集めたのが『ハバクク書』で、「神に従う人は信仰によって生きる」(2章4節)という預言がよく知られている。

○**ゼカリヤ**…前520年頃、エルサレム神殿再建を推進させた預言者。『ゼカリヤ書』の「娘エルサレムよ、王がろばに乗って来る」(9章9節)というくだりはイエス・キリストのエルサレム入城の預言とされている。

これが主の栄光の姿の有様であった。私はこれを見てひれ伏した。（エゼキエル書・第1章28節）

ダニエルの見た幻

キリストの再臨を黙示した少年

紀元前
600年頃

◆バビロニア王の夢を解くダニエル

バビロニアのネブカドネツァル王による第1次バビロン捕囚(紀元前597年)後のことである。ネブカドネツァル王は、ユダの捕囚民の王族・貴族の中から優秀な少年を選び出し、カルデアの言葉や文字を教え、十分な食事を与えて3年間養成したうえで、自分に仕えさせた。

この少年のうち、ダニエル、ハナンヤ、ミシャエル、アザルヤの4人は、とくに知識と才能に恵まれ、なかでもダニエルは、どんな幻も夢も、見事に解釈することができた。

あるとき、ネブカドネツァル王は妙な夢を見て胸騒ぎをおぼえ、寝つけなくなった。王は国中の賢者を集め、「夢解きができたらたっぷりほうびを与えるが、できなければ、八つ裂きにする」と告げたが、彼らに不信を抱いたため、肝心の夢の内容を話そうとはしなかった。苛立つ王はやがて賢者たちの処刑を命じた。

そこへ「夢の意味をお示ししましょう」と言って王の前に通されたのが、ダニエルだった。ダニエルは、巨像が打ち砕かれてゆくという王が見た夢の情景を言い当て、さらにこの夢を、王の没後、バビロニアに代わって次々に帝国(ペルシア、メディア、ギリシア)が興亡することを予告していると読み解いた。この夢解きは、神ヤハウェがダニエルに啓示したものだった。

ダニエルの夢解きに王は感服し、「あなたたちの神こそが神々の中の神だ」と称賛して、ダニエルと彼の3人の仲間を高官に任じた。

ダニエルはその後も王に対して夢解きや謎解きを行い、彼の奉じる神ヤハウェは、捕囚先でも賛美を受けるようになったのである。

◆天から降《お》りて来た「人の子のような者」

ダニエル自身もよく不思議な夢や幻を見た。あるとき、こんな幻を見た。海から4頭の巨獣が現れた。最初の3頭は、それぞれ鷲《わし》の翼をもつ獅子《しし》、3本の肋骨をくわえた熊、背中に翼をつけた豹のように見えるもので、4頭目は鉄の歯と10本の角をもっていた。

なおも眺めていると、王座が設けられ、そこに老人が座った。やがて法廷が開かれ、真っ先に4頭目の巨獣が殺されて火に投げ込まれた。

なおも眺めていると、天から「人の子のような者」が雲に乗ってやって来て、老人の前に導かれた。そして権威と権力が彼に与えられた。

ダニエルがそばに立っていた人に近づくと、その者は4頭の巨獣が興亡する諸国の王を象徴していると教えたうえで、「しかし、いと高き者の聖者らが王権を受け、王国をとこしえに治めるであろう」（7章18節）と告げた。

非常に難解なイメージだが、ダニエルが幻視した「人の子のような者」の来臨は、新約聖書ではキリストの再臨《さいりん》と結びつけられ、この箇所は黙示《もくし》文書（黙示録）の先駆けとされている。

『ダニエル書』は、ユダヤ教では「諸書」に分類されるが、キリスト教では「預言書」に区分される。舞台設定は捕囚時代である前6世紀のバビロニア（ペルシア）だが、捕囚期以後の歴史に関連する記述もあるため、最終的に成立したのは前2世紀半ば頃と推定されている。これは、シリアのセレウコス朝下でユダヤ人が捕囚期以上の迫害にあっていた時代である。

ヨナ書

魚に呑まれたヨナ

不思議な寓話に示された神の慈悲

紀元前
700年頃

預言者ヨナに神の言葉が臨んだ。「ニネベ（アッシリアの都）へ行け。その地の人々に告げよ、彼らの悪が私に届いていると」しかしヨナは、神から逃れようと、パレスチナから船に乗り込み、ニネベとは逆方向に向かった。ところが、神が起こした風で海は大荒れとなり、船は今にも難破しそうになった。船員たちは、嵐が神から逃げて来たヨナのせいであることを知ると、彼を捕えて海に放り込んだ。

嵐は収まったが、ヨナは、神のはからいで巨大な魚に呑み込まれ、3日間その腹の中にいた。「ヤハウェにこそ救いはある」とヨナが祈ると、魚は神の命令通り、ヨナを陸地に吐き出した。

再び、「ニネベへ行け」という神の言葉がヨナに臨んだ。今度は命令通りニネベへ行ったヨナは、「40日後、ニネベはひっくり返される」と人々に告げはじめる。すると、異教を奉じていたはずのニネベの王と民《たみ》は神ヤハウェを信じはじめ、神が思い直すようにと、悪と不法の道から離れようと努めた。人々の悔悛《かいしゅん》を見た神は、彼らに災いを下すことをやめた。

ところがヨナは、神があまりに慈しみ深いことに怒り、「生きているよりは死んだ方がましだ」と言い出した。だが神はこう諭《さと》す。「ニネベには12万人以上もの迷える人間と無数の家畜がいる。ニネベを惜しまずにいられようか」。

『ヨナ書』は寓意に満ちた不思議な預言書だが、そのテーマは「神の慈悲」とみるべきだろう。

エステル記

王妃エステルの物語

捕囚時代のユダヤ人の迫害と報復

紀元前500年頃

◆プリム祭の由来を語る『エステル記』

ユダヤ教では、過越祭《すぎこしさい》の前月（アダル月、太陽暦の2〜3月）の14・15日、プリム祭が祝われる。「ハマンの耳」と呼ばれる三角形のクッキーを食べ、贈り物を交換し、ハロウィンのように仮装して町を歩き、この日は酔い潰れるまでワインを飲み騒いでもよいということになっている。

そしてこの祭りのためにシナゴーグで朗読されるのが『エステル記』で、この書はプリム祭の由《ゆ》来譚《らいたん》にもなっている。

時代は紀元前5世紀にさかのぼる。

その頃、新バビロニアに代わって西アジアの覇権を握っていたのは、アケメネス朝ペルシアであった。ユダの捕囚民の解放はすでに行われていたが、ペルシア帝国のもとに残留する者も多くいた。

当時のペルシア王クセルクセス1世は、スサの宮殿で奢侈《しゃし》と酒宴に明け暮れていた。ところが、王妃ワシュティは王に召されても応じず、宴に姿を現さなかった。

機嫌を損ねた王はこう命じた。

「ワシュティが王の前に出ることを禁じる。王妃の位は、彼女より優れた女に与える」

こうして、国中から王妃の候補が集められることになった。王の命令によって、各地から、民族や家柄に関係なく、若く美しい処女がスサへ送られ、王の後宮に入っていった。

◆ペルシア王が出したユダヤ人根絶の勅書《ちょくしょ》

後宮に入った女性のひとりに、エステルがいた。彼女は類《たぐ》い稀《まれ》な美貌の持ち主だったが、じつは捕囚民の子孫で、ユダヤ人だった。両親を亡くしていたので、親戚のモルデカイが父親代わりになっていたが、彼が「ユダヤ人であることは黙っているように」と命じたので、エステルは後宮《こうきゅう》では自分の素性《すじょう》を秘密にしていた。

やがて、エステルが王のもとに召される日がめぐってきた。王はエステルをどの娘よりも深く愛し、彼女の頭に王妃の冠を置いた。エステルが王妃に選ばれたのである。

その頃、王に重用されて宰相《さいしょう》の地位にあったのはアガグ人のハマンで、王の命令で、彼の前では、役人たちはみな跪《ひざまず》いて敬礼した。ところが、モルデカイだけはそれをしなかった。ハマンはこれに腹を立てたが、あるとき、興味深いことを人から知らされた。モルデカイはじつはユダヤ人だというのである。

この際、モルデカイのみならずユダヤ人すべてを滅ぼしてやろうと企んだハマンは、王を巧妙にそそのかした。こうして、ユダヤ人根絶の勅書が作成され、くじ(プル)によって、アダル月の13日がその日と定められた。

これを知って慨嘆《がいたん》したモルデカイは、エステルに人を送ってユダヤ人根絶令を説明し、王のもとへ行ってユダヤ人への憐れみを乞うよう命じた。召し出されずに王に近づく者は死刑になるという掟《おきて》があったが、彼はこう励ました。

「沈黙していてはならない。この時のためにこそ、お前は王妃になったのではないか!」

エステルは返事を送った。

「スサにいるすべてのユダヤ人を集めて、私のために祈ってください。私は、死を覚悟して、王のもとに参ります」

◆運命が逆転し、ユダヤ人が救済される

エステルが王宮に行くと、機嫌のよい王は彼女を招き、「どうした、願いとあれば国の半分でも分け与えよう」と言う。エステルは「酒宴を開きますのでハマンと一緒にお出ましください」と願った。望み通りにしようと王は答えた。

その後、王は、眠れぬ夜に宮廷日誌を読んだことがきっかけで、かつて宦官《かんがん》がクーデターを企んだとき、ユダヤ人モルデカイがこれを察知し、事件が未然に防がれていたことを知った。王は、ハマンを遣わして、モルデカイに栄誉のしるしとして王の服と馬を贈った。

屈辱を味わったところで、ハマンは、王とともにエステルの酒宴へ出かけた。この日も機嫌のよい王に、エステルはこう頼み込んだ。

「じつは、私と私の民族が絶滅させられそうになっています。どうかお助けください」

「一体、誰がそんなことを企んでいるのか」と王が問うと、エステルはハマンを指さした。

王は激怒し、ハマンの処刑を命じた。

その後、エステルのとりなしによって、ユダヤ人根絶の勅書を無効にし、さらにアダル月13日に限って、ユダヤ人を迫害する人々を滅ぼし、彼らの持ち物を略奪することを許可する書状がモルデカイによって作成され、王の名のもとに発布された。

運命の逆転に各地のユダヤ人は歓喜し、その日が訪れると、迫害者たちに報復を行った。以後、彼らはこの日の翌日もしくは翌々日を祝宴の日とするようになった。くじ（プル）によって定められたので、この日をプリムと呼ぶ――と、『エステル記』は記す。

『エステル記』はキリスト教では「歴史書」に区分されるが、実際には、歴史を材にとった創作色の濃い物語だろうと考えられている。

神に試されたヨブ

ヨブ記

不条理と神の正義の深淵をえぐる

紀元前400年頃？

◆次々に不幸に見舞われる義人ヨブ

パレスチナ南東のウツという地に、ヨブという人がいた。彼は無垢《むく》な正しい人で、神を畏《おそ》れ、悪を避けて生きていた。7人の息子と3人の娘があり、何千頭もの家畜をもち、大勢の下僕を使い、辺り一帯では一番の富豪であった。

ある日、神の前に使いたちが集まり、サタンもやって来た。神が、「地上に我が僕《しもべ》ヨブほどの人はいない」と称賛すると、サタンが言った。

「ヨブは、あなたが彼とその一族、彼の財産を守ってくれているから、神を敬っているにすぎない。もし彼の財産に手を触れれば、きっと彼はあなたを呪うにちがいない」

神はサタンに「好きなようにするがよい。ただし、彼には手を出すな」と答えた。

すると、ヨブの牛がシェバ人に略奪され、牧童が切り殺された。次に、天から火が降って来て、羊と羊飼いが焼け死んだ。その次に、らくだの群れがカルデア人に奪われ、牧童たちが切り殺された。さらに続けて、宴が開かれていたヨブの長男の家に大風が吹いて家が倒れ、中にいたヨブの子供たちがみな死んでしまった。

だがヨブは、これらの知らせを聞いても神を非難せず、ひれ伏して言った。

「私は裸で母の胎を出た。裸でそこに帰ろう。主《しゅ》は与え、主は奪う。主の御名《みな》はほめたたえられよ」（1章21節）

またある日、神の前にサタンがやって来た。神が「地上にヨブほどの者はいない。お前は彼を破滅させようとしたが、彼は無垢を固く保っている」と言うと、サタンは答えた。

「誰でも自分の命を守るためなら、全財産を差し出す。彼の骨と肉に触れるといい。きっとあなたを呪うにちがいない」

神は「好きなようにするがよい」と答えた。

すると、ヨブは体中ひどい皮膚病にかかった。彼の妻が、神を呪って死んだ方がましではと言うと、ヨブは答えた。

「私たちは、神から幸福をいただいたのだから、不幸もいただこうではないか」(2章10節)

◆3人の友人たちとの神学論争

その後、ヨブの3人の友人が見舞いにやって来た。だが3人は、ヨブの変わり果てた姿を見て、悲嘆にくれた。彼らはヨブとともに地面に座っていたが、激しい苦痛にあえぐヨブを前にして、誰も話しかけることができなかった。

7日後、ようやくヨブが口を開いた。ここからヨブと友人たちの、神学的な論争がはじまる。

神に従順に生きてきたつもりなのに、度重なる不幸に見舞われたヨブは、神を恨むかのような独白をまず行う。「私の生まれた日は消えうせよ。男の子を身ごもったことを告げた夜も」「なぜ、私は母の胎にいるうちに、死んでしまわなかったのか」「なぜ、労苦する者に光を賜り、悩み嘆く者を生かしておかれるのか」(3章3、11、20節)。

これに対して友人たちはこう述べてゆく。

「あなたは多くの人を諭《さと》し、躓《つまず》く者を助け起こしてきたではないか。神を畏れることが、あなたの基盤ではなかったのか。これまで、無実の者が滅んだことがあっただろうか。私なら、神に尋ね求め、私の問題は神に委ねる」

「神が裁きと正義を曲げられるはずがない。あなたが神を捜し求め、憐れみを乞うなら、またあなたが清く正しい人なら、神は必ずあなたを顧《かえり》みて、あなたの家を元通りにしてくださる」

「あなたは神を究《きわ》めることができるのか。神は地の果てよりも遠く、海原よりも広い。正義に思いをはせ、神に手を伸べ、邪《よこし》まなことを遠ざけるなら、あなたは恐怖を抱くこともない」

このように語る友人たちは、罪があるのはヨブであり、神に従えと責める。だがヨブはそれぞれに反論し、神よりも自分が正しいと主張して、論争は延々と繰り返された。

◆神が顕現《けんげん》してヨブを諭す

やがて、エリフという若者も現れ、「神と争うな。全能者である神に過ちや不正などない。人間の知恵は顧みるに値しない」と説いた。

ここで旋風の中から神の言葉が響いた。

「無知の言葉を連ねて神の経綸《けいりん》を暗くする者は、一体誰だ。お前に尋ねるので、答えてみよ」

そして神はヨブに次々に質問を投げかける。「天地創造のとき、お前はどこにいたのか」「大地の広がりを隅々まで調べたことがあるか」「光と暗黒の住みかはどこか」……。

最後に神が「神を責めたてる者よ、答えるがよい」と言うと、被造物であることを思い知らされたヨブは「私は軽々しくものを申しました。この口に手を置きます」と答えて神の前にへりくだり、悔い改めた。神はヨブを祝福して彼の境遇を元に戻し、彼の財産を2倍にした。ヨブはその後、140年生きて死んだ。

『ヨブ記』では神の業《わざ》は人間の理解を超えたものであることが説かれ、ユダヤ的な、人生の苦を克服する道が示されている。この書はキリスト教では知恵文学に分類され、成立年代については、紀元前13世紀とするものから前4世紀とするものまで、諸説ある。

詩編とその他の文書

欲望や愛の意味を問う珠玉の言葉

詩編・箴言・コヘレトの言葉・雅歌・哀歌

詩編――神への感謝と賛美

旧約聖書には、歴史書と預言書の間に、『ヨブ記』『詩編』『箴言《しんげん》』『コヘレトの言葉』『雅歌《がか》』の5書が置かれている。これらは、神の啓示ではなく、人間の日常的な経験に基づく知恵を扱うもので、「知恵文学」と総称されることもある。『ヨブ記』はすでに触れたので、ここではそれ以外の4書と、文学的な要素をもつ『哀歌』を紹介してみよう。

『詩編』のヘブライ語聖書での原題は、「賛美の歌集」を意味する「テヒリーム」で、これがギリシア語訳聖書では「プサルモイ＝絃《げん》を爪弾《つまび》きつつ歌う歌」という表題となった。この書名は、礼拝時の『詩編』の朗唱に、奏楽を伴ったことを暗示する。

全150編の詩を5巻に分けて集成したもので、古くからイスラエルで歌い詠み継がれてきた宗教歌である。一番古いものはダビデの時代にまでさかのぼり、バビロン捕囚後の時代までにそのほとんどが作られたと考えられ、最終的に編纂《へんさん》されたのは、紀元前300～前200年頃とみるのが通説である。また、古来作者はすべてダビデとされてきたが、実際にはダビデ作はごく少数で、さまざまな時代、さまざまな人によって作られたのだろう。

『詩編』は、人間から神への一方的な祈願ではなく、むしろ神への感謝と賛美を主題とする。ユダヤ教聖書正典では旧約の第3部である「諸書」の最初に置かれ、ユダヤ教ではエルサレム神殿やシナゴーグでの礼拝で広く朗唱されてきた。イエスの時代にも愛誦され、新約聖書には『詩編』の引用が処々にみられる。聖書中で最もページ数の多い書であり、もちろんキリスト教でも愛用され、教会の礼拝において、聖書中で最も需要がある書といっても過言ではない。

いくつか詩文を紹介してみよう。

「主《しゅ》は御名《みな》にふさわしく、私を正しい道に導かれる。／死の陰の谷を行くときも、私は災いを恐れない。あなたが私と共にいてくださる。／あなたの鞭、あなたの杖、それが私を力づける」（23編3～4節）――神がイスラエルを「死の陰＝エジプト」から導き出してくれたことを感謝するもので、悩める者を励まし、慰める。キリスト教の葬儀でよく読まれる。

「わが主に賜った主の御言葉《みことば》。／『私の右の座に就くがよい。／私はあなたの敵をあなたの足台としよう』」（110編1節）――王の即位式のための歌と考えられるが、イエスがメシアとしての栄光を受けることを示すものとして、新約聖書にしばしば引用されている。

箴言《しんげん》――生きる知恵を与える格言集

ヘブライ語聖書での原題は「ミシュレー」で、「歌」「ことわざ」「託宣《たくせん》」などの意味を含む語である。内容は処世の知恵を示す格言（箴言）集である。冒頭に「ソロモンの箴言」とあることから、すべてソロモンの作とされてきたが、これはソロモンが神から「知恵」を授けられた賢者であると伝承された影響であり、実際にはソロモンの作は一部で、最終的に編纂されたのは紀元前300～前200年頃と考えられている。

序に、箴言の目的について、「知恵と諭《さと》しをわきまえ……正義と裁きと公平に目覚めるため……若者に知識と慎重さを与えるため」と記されているが、聖書にいう「知恵（ホクマー）」とは、神を敬い、神に従うことを通して得られるもので、人間を導く神からの賜物である。

「主《しゅ》を畏《おそ》れることは知恵の初め」（1章7節）

「2つのことをあなたに願います。／私が死ぬまで、それを拒まないでください。／むなしいもの、偽りの言葉を／私から遠ざけてください。／貧しくもせず、金持ちにもせず／私のために定められたパンで／私を養ってください」（30章7〜8節）──『箴言』中、唯一みられる祈り。人生の根本を問いかける。

コヘレトの言葉──「空」の哲学

「コヘレト」はヘブライ語で「召集する者」「集会で語る者」の意に解されることから、この書の表題はかつては「伝道の書」「伝道者の書」などと訳されてきた。しかし、新共同訳聖書ではコヘレトを人物名と解し、「コヘレトの言葉」という表題が用いられている。

冒頭に「エルサレムの王、ダビデの子、コヘレトの言葉」とあることから、コヘレトをダビデの子ソロモンの別名と解し、本書の著者をソロモンに帰する伝承もある。しかし、実際には、ソロモンの名を借りて無名の著者が記したとみるべきで、内容にギリシア哲学の影響がみられることなどから、紀元前300年〜前200年頃までに成立したと考えられている。

『コヘレトの言葉』を特徴づけるのは、何といっても、冒頭に表明される、厭世《えんせい》的ともいえる「空《くう》」の哲学である。

「コヘレトは言う。／空の空／空の空。一切は空／太陽の下、人は労苦するが／すべての労苦は何になろう……昔のことに心を留めるものはな

い。／これから先にあることも／その後の世にはだれも心に留めはしない」（1章2～11節）

「一切は空」というメッセージは、本書のいたるところで繰り返されている。仏教の「色即是空《しきそくぜくう》」に通じるような思想であり、東西の聖典に通底するものがあるように思えてじつに興味深いが、ここに「空」と訳された言葉は、ヘブライ語の「ハベル」である。

ハベルは「かすかな息」が原義で、そこから実体のないはかない現象という意味が生まれ、「虚栄」の意味を示すこともある。あくまでも「無」とは区別される概念であり、まさに仏教の「空」に近い。

ただし、『コヘレトの言葉』における「一切は空」は、正しくは「神以外の一切は空」という意味であり、あらゆることは相対的ながら、神だけは絶対であり、神は人間に「永遠」を思う心を授けてくれた、という理解が、安易な厭世主義や悲観論を乗り越える道を照らし出してくれている。

雅歌《がか》——官能的な愛の讃歌

ヘブライ語聖書での原題は「シール・ハッシーリーム」で「歌の中の歌」つまり、「最も素晴らしい歌」の意である。伝統的にはこれもソロモンの作とさてきたが、バビロン捕囚以降、紀元前3世紀頃までに、おそらく無名の著者によって書かれたものだろう。

この書物は、ユダヤ教で最も重要な祭典である過越祭《すぎこしさい》で朗読される。ところが、不思議なことに、この書に収められた詩歌には主（ヤハウェ）や神（エローヒーム）という言葉が一切登場しない。

では何が謳《うた》われているのかというと、それは男女の恋愛である。しかも、その表現は、甘美な性愛をほのめかすかのように、しばしば大胆で、官能性にあふれたものとなる。例えば、こうである。

「気高いおとめよ／サンダルをはいたあなたの足は美しい。／ふっくらとしたももは／たくみの手に磨かれた彫り物。／秘められたところは丸い杯／かぐわしい酒に満ちている。／腹はゆりに囲まれた小麦の山。／乳房は2匹の子鹿、双子のかもしか……」（7章2〜4節）

聖書にはあまりに異質と思われるエロティシズムゆえに、なぜ『雅歌《がか》』が聖書正典に含められたのかという問題が、しばしば議論されてきた。現在では、『雅歌』の内容の解釈については、大きくは次の2説に集約されよう。

比喩説：男女の恋愛を、神とイスラエルの民《たみ》の関係、キリストと教会の関係の比喩とみる。

自然的解釈説：詩歌を文字通り解釈し、人間の自然な愛の語らいとみる。

ちなみに、『雅歌』の冒頭は次のようにしてはじまっている。

「あの方が、私に熱い口づけをしてくださいますように」

哀歌——エルサレム滅亡の悲歌

『哀歌』は、通常、旧約聖書では『エレミヤ書』の後に置かれて預言書に含まれ、知恵文学には分類されないが、5編の詩を集めたもので、文学的な要素をもつ。

バビロン捕囚とエルサレム神殿崩壊の後、預言者エレミヤが泣きながら歌った挽歌《ばんか》と伝承されたが、現代の研究者にこれをエレミヤ作とみる者は少なく、紀元前586年の神殿崩壊を目撃したユダヤ詩人によって作られたとみるのが通説である。絶望を語りつつも、神への絶対的な愛と神の慈愛を謳いあげる。

「主は、決して／あなたをいつまでも捨て置かれはしない。／主の慈しみは深く／懲らしめても、また憐れんでくださる」（3章31〜32節）

お誘いください、私を。急ぎましょう、王様
私をお部屋に伴ってください。
（雅歌・第1章4節）

Column

旧約聖書続編

ユダヤ教正典としての旧約聖書の選には洩《も》れたものの、初期キリスト教徒に読まれたギリシア語訳旧約聖書（七十人訳聖書）には収録されている文書を、外典（アポクリファ）という（１０４ページ参照）。

これらの文書群は、キリスト教の旧約聖書においても正典としては扱われなかったが、東方正教会やカトリック教会では積極的に受容され、広く読まれたため、正典に準じる扱いを受けた。

そのため、現在、日本で広く読まれている新共同訳聖書のうち『聖書／旧約聖書続編つき』と題する版では、旧約と新約の中間に、これら外典を「旧約聖書続編」というくくりで収録しており、それは次の13の文書から成っている。

トビト記／ユディト記／エステル記（ギリシア語）／マカバイ記一／マカバイ記二／知恵の書／シラ書〔集会の書〕／バルク書／エレミヤの手紙／ダニエル書補遺（アザルヤの祈りと三人の若者の賛歌、スザンナ、ベルと竜）／エズラ記（ギリシア語）／エズラ記（ラテン語）／マナセの祈り

これらは紀元前3世紀から後1世紀頃にかけてユダヤ人によって書かれたもので、本来的にはユダヤ教文書である。『知恵の書』と『マカバイ記二』を除いた諸書は、まずヘブライ語またはアラム語で書かれてからギリシア語に訳されたものである。外典とはいえ、傑出した知恵文学である『シラ書』、前2世紀のユダヤ教弾圧への抵抗運動を叙述する『マカバイ記一』など、正典にもひけをとらない重要な内容をもっている。

第二部

新約聖書

新約聖書の構成と基礎知識

新約聖書は、原文はすべてヘレニズム・ローマ時代の地中海域での共通語だったギリシア語（コイネー・ギリシア語）で書かれ、27の文書からなり、次のような内訳をもつ。

○**福音書**《ふくいんしょ》…マタイ、マルコ、ルカ、ヨハネの4書がある。イエス・キリストの生涯と言行、死と復活について語るが、幼少期や青年時代については ほとんど触れていない。福音（エウアンゲリオン）とは、「（イエスによって人類に伝えられた）よき便り」の意である。

○**使徒言行録**…『ルカによる福音書』と同じ著者によって著《あらわ》されたとされる。イエス復活後からのイエスの弟子（使徒）たちの言行を記録したもので、前半はおもにペトロを中心とするエルサレム教会の成立と迫害、そしてパウロの回心が、後半はパウロの地中海世界への宣教旅行が描かれている。全体として、イエスの福音がエルサレムから帝国の首都ローマへと広がってゆく過程が示されている。

○**書簡**…イエスの使徒や無名の筆者が信徒に向けて書いたとされる手紙で、合計21巻ある。信徒への励ましや指示とともに、初期キリスト教の神学的思想も記されている。大半はパウロが記したもの、もしくは記したとされるもので、なかでも『テサロニケの信徒への手紙一』は西暦51年頃の執筆とみられ、福音書よりも古く、新約聖書中で最古の文書と考えられる。

○**黙示録**《もくし》…『ヨハネの黙示録』1巻。黙示（ア

新約聖書の構成

福音書
イエスの生涯と言行、死と復活についての記録

- 共観福音書
  - マタイによる福音書
  - マルコによる福音書
  - ルカによる福音書
- ヨハネによる福音書

歴史書
イエスの復活後からの弟子たちの言行の記録

- 使徒言行録

書簡

- パウロ書簡
  - ローマの信徒への手紙
  - コリントの信徒への手紙一
  - コリントの信徒への手紙二
  - ガラテヤの信徒への手紙
  - エフェソの信徒への手紙
  - フィリピの信徒への手紙
  - コロサイの信徒への手紙
  - テサロニケの信徒への手紙一
  - テサロニケの信徒への手紙二
  - テモテへの手紙一
  - テモテへの手紙二
  - テトスへの手紙
  - フィレモンへの手紙
- ヘブライ人への手紙
- 公同書簡
  - ヤコブの手紙
  - ペトロの手紙一
  - ペトロの手紙二
  - ヨハネの手紙一
  - ヨハネの手紙二
  - ヨハネの手紙三
  - ユダの手紙

黙示録

- ヨハネの黙示録

ポカリュプシス）とは、神による啓示、開示を意味し、世界の終末とキリストの再臨《さいりん》が語られる。

以上の文書は1世紀後半~2世紀にかけて別々に書かれ、これ以外の文書も存在したが、4世紀末に、キリスト教会によって、旧約聖書とともに正典（カノン）に選定された。カノンとは、「絶対に依拠すべき書」の意である。

「新約」の「約」は「神との契約」の意だが、契約といっても世俗的な取引関係のようなものではなく、「神の人間に対する救いの約束」を意味する。

そしてキリスト教は、神と人間の約束は2度あったと考える。1回目はアブラハムあるいはモーセを通してユダヤ人に啓示された神意にもとづくもので、この約束を記したのが「律法《りっぽう》」（モーセ五書）を中心とした旧約聖書である。

2回目の救いの約束は、イエス・キリストを通して、ユダヤ人のみならず全人類に対して示された。この「新しい契約」を記したのが、新約聖書なのである。つまりキリスト教では、旧約（古い契約）はキリストの出現によって成就され、さらにキリストを介して新しい契約が与えられたと解釈する。

「新約聖書」という呼び方は2世紀には用いられていたが、このことは、イエスをめぐる文書が早くから旧約聖書と同等の価値をもつと認められていたことを物語る。

初期のキリスト教徒たちは、旧約聖書はイエス・キリストについてすでに証言していると確信していたのだが、それを裏付けるかのように、新約聖書には旧約聖書からの引用が随所に散りばめられ、旧約を前提とした内容になっているのだ。

新約聖書の舞台

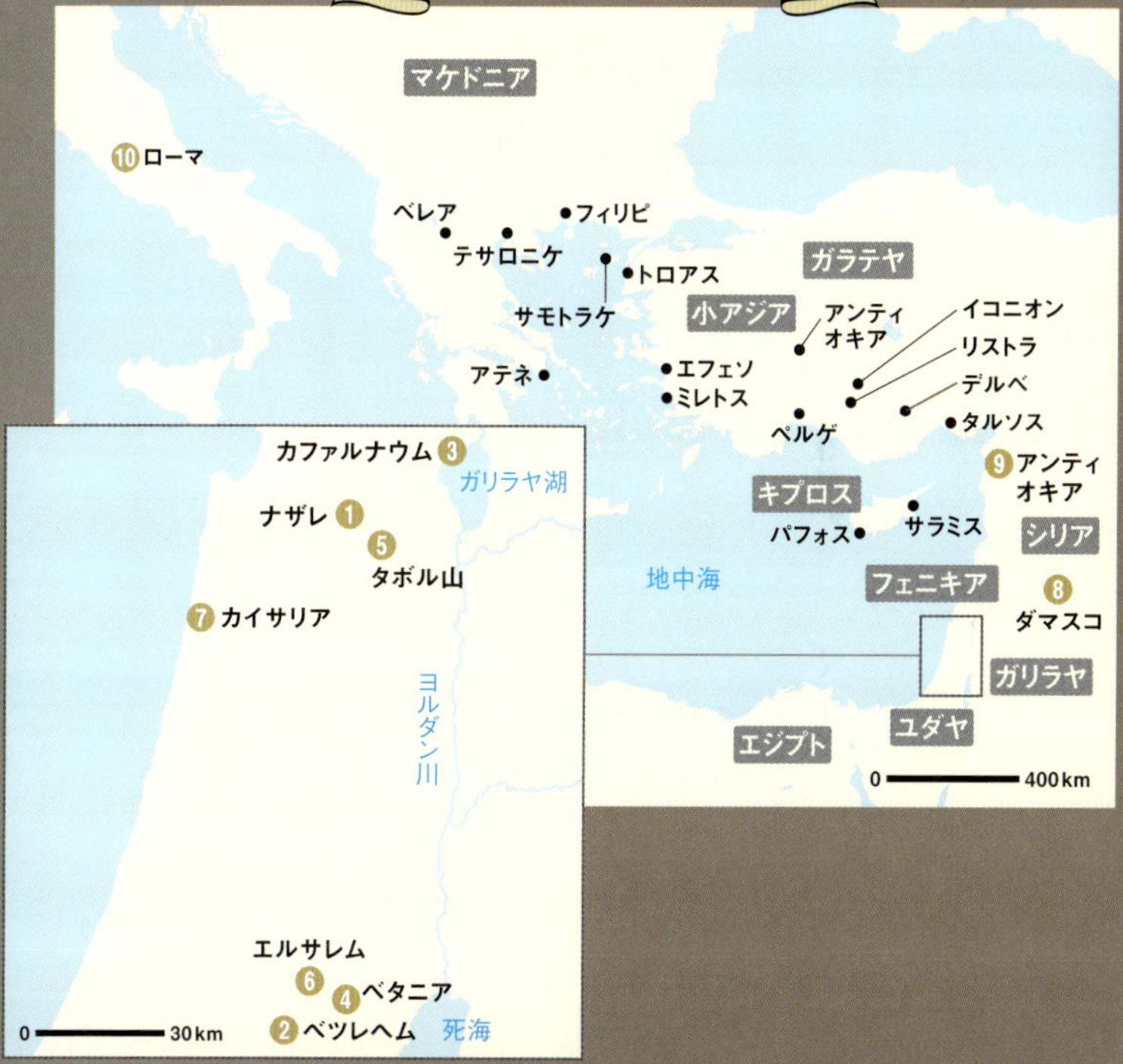

第1章 イエスの生涯

①ナザレ……………マリアに天使ガブリエルが処女懐胎を告げる。（▶199 ページ）
②ベツレヘム………イエス生誕の地。（▶202 ページ）
③カファルナウム…ここを拠点にイエスは宣教を開始。（▶212 ページ）
④ベタニア…………イエスが死者ラザロを復活させる。（▶236 ページ）
⑤タボル山…………イエスの姿が輝きはじめ、モーセやエリヤと語らう。（▶239 ページ）
⑥エルサレム………イエスが磔刑に処せられる。（▶262 ページ）

第2章 弟子たちの宣教

⑦カイサリア………ペトロが初めて異邦人（ローマ人コルネリウスとその家族）を入信させる。（▶276 ページ）
⑧ダマスコ…………パウロ（サウロ）が入信し、宣教を始める。（▶280 ～ 282 ページ）
⑨アンティオキア…パウロによる異邦人伝道の拠点になった。（▶283、286 ページ）
⑩ローマ……………パウロ殉教の地。（▶286 ページ）

新約聖書関連年表

年代(B.C.)	イスラエル、パレスチナ	その他の周辺地域
312年		●シリアにセレウコス朝成立
305年頃		●エジプトにプトレマイオス朝成立
301年	●パレスチナ、エジプトの支配下に入る	
198年	●パレスチナ、シリアの支配下に入る	
164年	●シリアからエルサレムを奪還	
142年	●ハスモン朝が成立	
63年	●ローマ帝国がエルサレムを占領。ユダヤがローマの属州シリアに併合される	●セレウコス朝滅亡。シリアはローマ帝国の属州となる
40年	●ヘロデがユダヤ王に任命される	
37年	●ヘロデ、エルサレムを征服	
		●30年、プトレマイオス朝滅亡。エジプトはローマ帝国の属州となる ●27年、ローマ帝政の開始
4～6年頃	●イエスの誕生	
(A.D.)		
6年	●ユダヤがローマ帝国の属州となる	
28～29年頃	●洗礼者ヨハネの活動 ●イエスの洗礼 ●ヘロデ・アンティパスによる洗礼者ヨハネの処刑	
30年頃	●イエスの裁判と処刑 ●イエスの復活	
32年頃	●ステファノの殉教	
33年頃	●パウロの回心	
44年頃	●大ヤコブ、アグリッパ1世に捕らえられ殉教	
48～60年頃	●パウロの第1～3次宣教旅行	
		●64年、ローマの大火。皇帝ネロ、キリスト教徒を迫害 ●65年頃、パウロ、ローマで殉教 ●67年頃、ペトロ、ローマで殉教
70年	●ローマ軍侵攻によりエルサレム陥落	

第1章 イエスの生涯

イエスの肉声を伝える福音書《ふくいんしょ》

イエス・キリストの生涯は、新約聖書の中核を占める次の4つの福音書《ふくいんしょ》に記されている。

❶**マタイによる福音書**…西暦80年代に成立。旧約に預言された救世主としてのイエスを強調。

❷**マルコによる福音書**…70年頃に成立。最古の福音書で、他の3福音書に比べて内容は簡潔、文体も素朴。

❸**ルカによる福音書**…80年代に成立。イエスの生誕や少年時代に詳しく、イエスの神格化が強まっている。

❹**ヨハネによる福音書**…1世紀末成立。冒頭は「初めに言《ことば》があった」ではじまり、独自の視点でイエスの活動を描写し、「神の子」としてのイエスの存在を強調する。

これらの福音書の著者は、伝統的には、いずれも書名に冠された名前の人物(使徒や信徒)とされているが、これには異論・異説が多い。

4福音書のうち『マタイ』『マルコ』『ルカ』は共通のエピソードが多く、全体の構造もほぼ並行しているため、「共観《きょうかん》福音書」と呼ばれる。現代では、『マルコ』が最初に編まれ、『マタイ』『ルカ』はそれぞれ、『マルコ』と、イエスの語録「Q資料」(仮想されたもので、現存しない)を原資料として参照して編まれた、とする仮説が有力である。

福音書は実質的にはイエス受難までの3年間の記録がほとんどで、天地創造にはじまる長大な歴史を記す旧約聖書と対照的だが、4書が合わさることでイエスの姿を重層的・立体的に映し出している。

Quattuor Evangelia

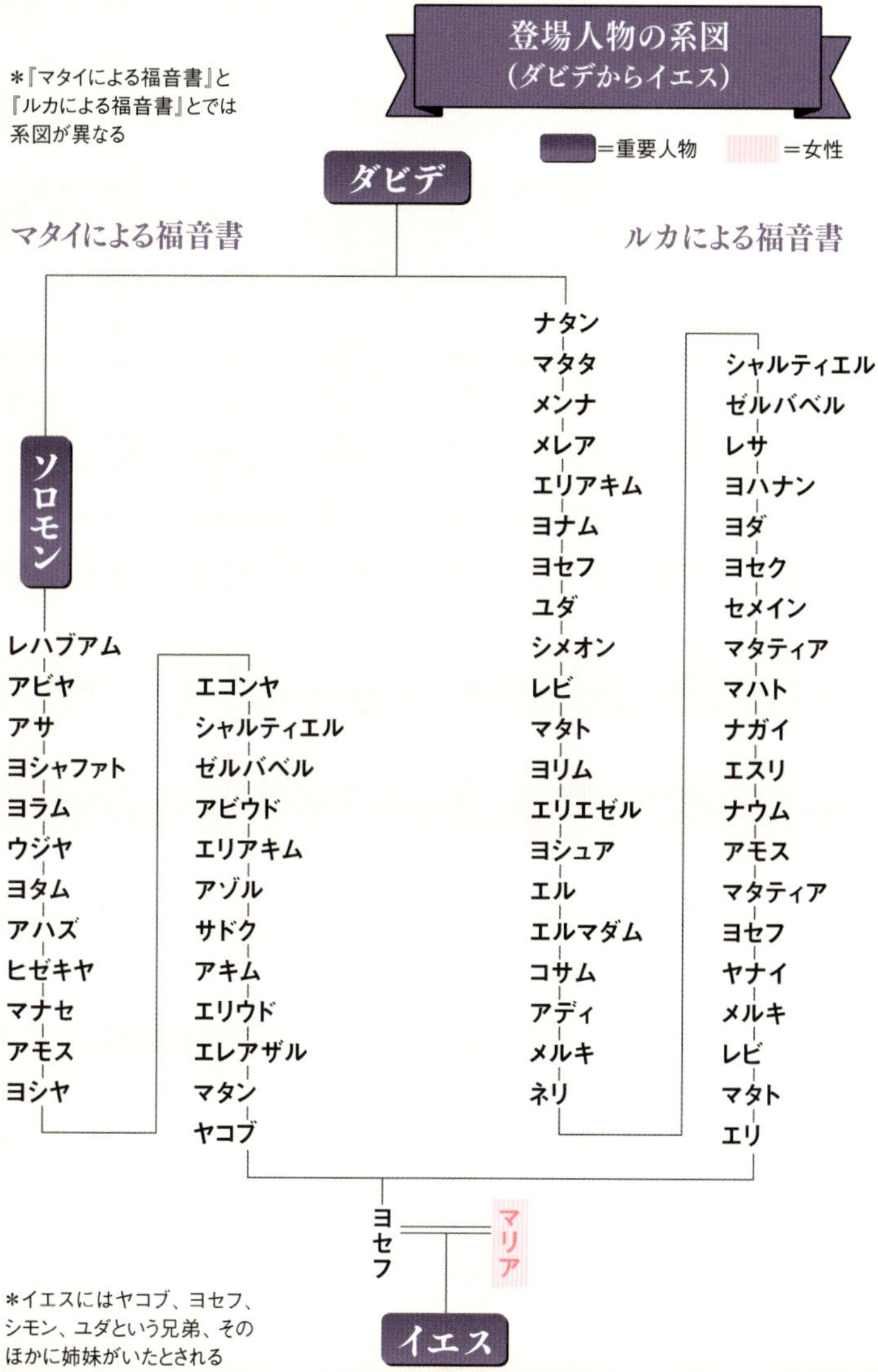

＊『マタイによる福音書』と『ルカによる福音書』とでは系図が異なる

＊イエスにはヤコブ、ヨセフ、シモン、ユダという兄弟、そのほかに姉妹がいたとされる

マタイによる福音書／ルカによる福音書

処女懐胎

圧政下のユダヤにメシアの霊が降る

紀元前5年頃

◆イエスの時代背景

イエスが生まれた年ははっきりしていない。西暦はイエスの生誕年を元年に置いて決められたのだから、紀元1年生まれだと考えている人は多いかもしれない。だが、6世紀に創始された西暦のこの起算はじつは根拠が薄弱で、多くの学者は、イエスの実際の生誕年は紀元前6～前4年頃だろうと考えている。

さて、この時代のパレスチナ、そしてエルサレムはどのような状況にあっただろうか。

紀元前4世紀末のアレクサンドロス大王の東征以後、パレスチナのユダヤ人はエジプト(プトレマイオス朝)やシリア(セレウコス朝)の支配下に置かれ、ユダヤ教は弾圧されたが、前167年、ユダヤ人は蜂起し(マカバイの反乱)、3年後ついにエルサレム神殿を奪還。前142年にはハスモン朝が成立し、ユダヤはバビロン捕囚以来、約400年ぶりに独立をはたした。

しかし、前63年にはローマ帝国がパレスチナに進出し、エルサレムを占領。ユダヤは独立を失い、ローマの属州シリアに併合される。

前40年、ヘロデがローマによりユダヤ王に任命され、前37年にエルサレムを征服、前4年まで王として統治した。ヘロデ大王はユダヤ教徒だったが、イドマヤ(ユダヤ南方の地域)出身で、生粋のユダヤ人ではなかった。非凡な政治家で、エルサレム神殿の修復にも尽力した。イエスの生誕は彼の治世の末期である。

そしてこの時代、ローマの属州となって圧政を被っていたパレスチナのユダヤ人(ユダヤ教)には、2つの大きな勢力があった。

ひとつはサドカイ派である。彼らはダビデ時代の大祭司ツァドクに由来するとされ、上級祭司、貴族、豪商などの富裕層がこれに属した。聖書(旧約聖書)のうち「律法《りっぽう》」(モーセ五書)のみを重視し、他の文書や口伝を認めない。また、神殿での犠牲祭儀を重んじた。

もうひとつはファリサイ派である。彼らはユダヤ教の伝統を忠実に守ろうとした人々の集まりで、聖書全巻を重んじ、口伝も大切にした。さらに彼らは天使と霊の存在、死者の復活を信じ、イスラエルに神の支配を回復させるメシア(救世主)の来臨を待望していた。

以上は、福音書《ふくいんしょ》を読み進めるうえでおさえておくべき時代背景である。

◆「神の息吹」によって身ごもったマリア

ヘロデ大王の時代のことである。ガリラヤ(パレスチナ北部)の小村ナザレに、ヨセフという誠実な男がいた。彼は大工を生業《なりわい》としていたが、じつはダビデの末裔《まつえい》であった。

彼にはマリアという許嫁《いいなずけ》がいた。ところが、2人が正式に結婚する前に、マリアのもとに神から天使ガブリエルが遣わされ、「おめでとう、恵まれた方。主《しゅ》があなたと共におられる」(ルカ1章28節)と告げた。マリアがとまどっていると、さらに天使は言った。

「マリア、恐れることはない。あなたは神から恵みをいただいた。あなたは身ごもって男の子を産むが、その子をイエスと名付けなさい。その子は偉大な人になり、いと高き方の子と言われる」(ルカ1章30～32節)

マリアは処女のまま神の子を宿すことになったのである。ちなみに、『マタイ』は、マリアは「聖霊によって身ごもった」（1章18節）と記すが、原典により忠実に訳せば「〈神の息吹《プネウマ》〉によってはらんだ」ともなりうる。

◆処女懐胎は旧約預言の成就

夫ヨセフは、身におぼえがないのに、マリアが懐妊したことに驚いた。ユダヤ教では、婚約中の女が相手以外の男と肉体関係をもった場合、姦淫《かんいん》を犯したとして石打ちの刑に処せられることになっていたからである。悩んだヨセフは、事を表沙汰にすることなく、ひそかに婚約を解消しようとした。

すると、夢に天使が現れ、「マリアを受け入れることを恐れるな。彼女は聖霊によってはらんだのだ。お前は彼女が産む男の子をイエスと名付けるだろう」と告げた。目覚めると、ヨセフは天使の言葉通りマリアを受け入れ、出産まで、彼女を抱こうとはしなかった。生まれた子はイエスと名付けられた。

『マタイ』は、マリアの処女懐胎は、旧約『イザヤ書』の「見よ、おとめが身ごもって、男の子を産む」（7章14節）という預言の成就であると記している。

ところで、「イエス」はユダヤ人の日常語であるヘブライ語の発音では「イェシュア／イェシュー」となる。「主は救い《ヨシュア》」という語の短縮形だが、当時のユダヤ人ではごく普通の名前だった。ちなみに「キリスト」は、「油を注がれた者」（聖別された祭司や王をさす）の意をもつヘブライ語「マーシーアハ」（メシア）のギリシア語訳「クリストス」に由来し、新約では救世主を意味する。従って、「イエス・キリスト」は「救世主なるイエス」を意味するが、福音書《ふくいん》にはこの表記は5カ所しかなく、その代わりに頻出するのは「イエス」である。

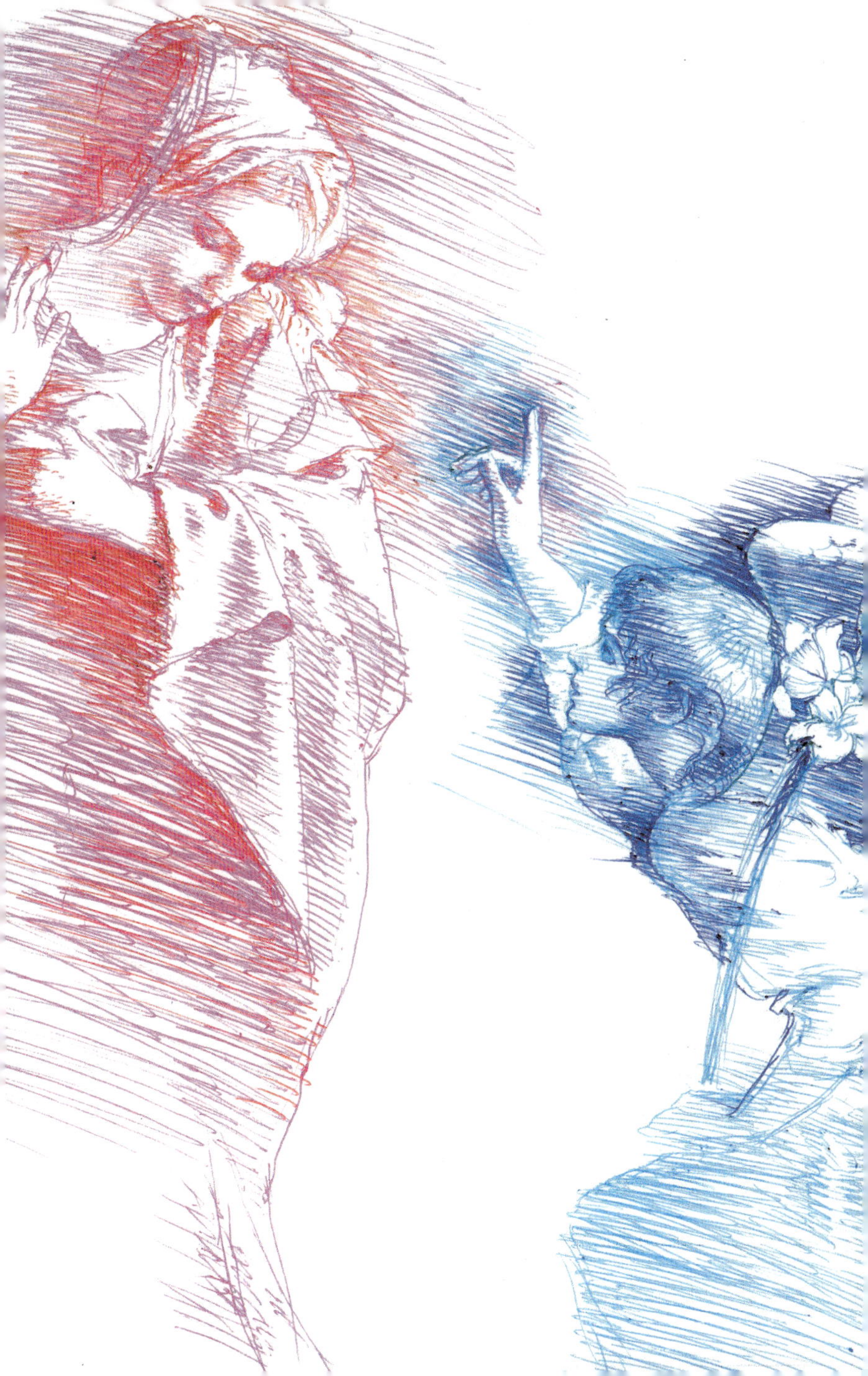

イエス誕生

寓意に彩られた救世主降誕の伝説

紀元前
5年頃

◆ベツレヘムでの生誕伝説

アウグストゥスがローマ皇帝であり、キリニウスがシリアの総督であった頃、皇帝から全領土で住民登録を実施せよという命令が出た。そのため、人々はみな自分の出身地に赴いた。

ヨセフも、身重のマリアを伴って、ガリラヤのナザレからベツレヘムへ向かった。ベツレヘムはエルサレムから南に約10キロの地にある町で、そこは寡婦《かふ》ルツが移り住み、彼女の曾孫ダビデ少年が羊を飼っていた地——つまり、ダビデの子孫であるヨセフの本籍地であったからだ。

ところが、旅先のベツレヘムにいるうちにマリアは臨月を迎えてしまう。そして男の子を産み、その幼な子すなわちイエスは産着《うぶぎ》にくるまれ、飼い葉桶の中に寝かせられた。宿屋に泊まる場所がなかったからであった。

生まれてすぐ「飼い葉桶」に寝かされたという『ルカ』の記述から、「満杯の宿に断られ、イエスは粗末な馬小屋で生まれた」というイメージが定着している。だが、当時の宿は大部屋の雑魚寝《ざこね》方式だったので、人目を気にせず出産できる家畜用のスペースを、あえて利用したということなのでは、という見方もある（前島誠『ナザレ派のイエス』）。また、この地方の家屋には人畜同居型がもともと多かったともいう。

なお、キリニウスが住民登録を行ったことは歴史的に確認されているが、それは紀元後6年で、登録は本籍地ではなく現居住地で実施されたはずであるという。福音書《ふくいんしょ》のイエス生誕譚《たん》には、イエスの出現をダビデや周知の史実と結びつけようとする編者の意図が伺える。

◆メシア生誕を祝したのは羊飼いと占い師

イエス誕生をめぐっては、このさき2つのエピソードが語られる。

『ルカ』によれば、夜営して羊の群れの番をしていた羊飼いたちのところに天使が現れ、「今日ダビデの町で救い主がお生まれになった。あなた方は飼い葉桶に寝ている乳飲み子を見つけるだろう」と告げた。そして天の大軍が天使に加わって、神への賛歌が誦《しょう》された。

天使たちが天に去ると、羊飼いたちはベツレヘムに急ぎ向かい、マリアとヨセフ、そして飼い葉桶に寝かせられた乳飲み子を探し当てた。天使が話した通りだったので、羊飼いたちは神を賛美しながら帰って行った。この羊飼いたちの姿には、牧童であったダビデが重なる。そして誕生から8日目に幼な子はイエスと名付けられ、割礼《かつれい》を受けた。割礼はユダヤ人の証しである。

一方、『マタイ』によると、イエスの生誕時、「占星術の学者たち」が「東方」からエルサレムにやって来て、ヘロデ大王に言った。

「ユダヤ人の王としてお生まれになった方は、どこにおられますか。私たちは東方でその方の星を見たので、拝みに来たのです」（2章2節）

「東方」とは異邦の地バビロンをさし、「占星術の学者」（マゴイ）とは要するに占い師のことで、つまり彼らはユダヤ人ではなかった。

王位がいずれおびやかされると不安に思ったヘロデ大王は、呼び集めた祭司長と律法《りっぽう》学者から、「ユダの指導者」がベツレヘムに生まれると預言書（ミカ書5章1〜3節）に記されていることを教わると、占星学者たちに星の現れた時期を聞き、「ベツレヘムに行って、その幼な子のことを探って知らせてくれ。私もその幼な子を拝もう」と言って彼らを送り出した。本心では、その子を見つけて殺してしまおうという魂胆《こんたん》だった。

占星学者たちを導く星は、やがてベツレヘムのとある家の上で止まった。中に入ると、そこにはマリアと幼な子イエスがいた。彼らはひれ伏してイエスを拝み、黄金と、高価な香料である乳香《にゅうこう》と没薬《もつやく》を贈り物としてささげた。この3種は本来、王に対する献上品である。

長子の誕生は、親族一同で祝われる吉事だろう。だが、イエスの生誕を心から祝したのは、貧しい羊飼いと、異邦人の占い師であった。

◆ヘロデの幼児虐殺令とエジプト避難

イエスを拝した占星学者たちは、夢のお告げでヘロデのもとに戻らなかった。また、彼らが帰ったのち、ヨセフの夢に天使が現れ、「子と母を連れてエジプトに逃げろ。ヘロデが幼な子を探して殺そうとしている」と告げられた。ヨセフはマリアとイエスを連れてエジプトに発《た》った。

一方のヘロデは、占星学者が帰って来ないのでだまされたと思って憤《いきどお》り、星の現れた時期にもとづいて、ベツレヘムとその周辺にいる2歳以下の男の子を皆殺しにするよう命じた。

ヨセフが妻子を連れてイスラエルに帰り、ようやくガリラヤのナザレに戻ったのは、ヘロデが没した後のことである。

『マタイ』は、ヨセフ一家のエジプト避難は、「私は、エジプトから私の子を呼び出した」という『ホセア書』11章1節の預言が満たされるためだったと記す。だが、イエスのエジプト行と帰還には、幼児期にエジプト王に殺されそうになったものの難を逃れ、最終的にエジプトを脱してユダヤ人を解放に導いたモーセの伝説が強く意識されているとみることもできそうである。

洗礼者ヨハネ

ユダヤ改革運動のはじまり

マタイによる福音書／マルコによる福音書／ルカによる福音書／ヨハネによる福音書

紀元
10～30年頃

◆神童ぶりを発揮する少年イエス

生誕後から青年時代にかけてのイエスについて、福音《ふくいん》書はほとんど沈黙している。わずかに『ルカ』に2つの記事があるのみである。

ひとつは、生後まもなく行われたエルサレム参りだ。ユダヤ教では、産婦が産後の穢《けが》れの期間を終えると、清めのためにいけにえをエルサレム神殿にささげる規定がある。いけにえは羊が正式だが、貧しい者は鳩で代用できた。ヨセフがささげたのは後者である。イエスは両親とともに神殿にのぼるが、このとき、シメオンという老人が幼な子を見て深く感動し、神に賛美と感謝をささげる。

次はイエスが12歳のとき。過越祭《すぎこしさい》のためにヨセフとマリアはイエスを連れてエルサレムに上る。7日間の祭りが終わると夫婦はガリラヤに戻るが、途中で息子がいないことに気づく。エルサレムに引き返すと、神殿の境内で、学者たちと熱心に問答しているイエスを見つけて驚いた。マリアが「お父さんも私も心配したのよ」と咎《とが》めると、イエスは言う。

「どうして私を捜したのですか。私が自分の父の家にいるのは当たり前だということを知らなかったのですか」（2章49節）

イエスの将来を暗示する深い言葉だが、両親には理解できなかった。

その後のイエス少年は、地元の律法《りっぽう》学者について聖書を学んだり、父ヨセフに従って大工修業に

ヘロディアの連れ子サロメは踊りのほうびとして
洗礼者ヨハネの首を所望する。（本書 209 ページ参照）

励んだりしたと想像されるが、福音書《ふくいん》に具体的な記載はない。

◆イエスの先駆者、洗礼者ヨハネの登場

話は一気に20年ほど飛ぶ。

その頃、いなごと野蜜《のみつ》を糧《かて》とし、らくだの毛衣をまとい、腰に革帯を締めるという奇怪な風体をした男がユダヤの荒野に忽然《こつぜん》と現れ、「心を切り替えよ、神の統治が近づいたぞ！」と咆哮《ほうこう》しながら宣教をはじめた。――預言者エリヤのコスチュームを真似た、洗礼者ヨハネの登場である。

すると、ユダヤ全土からヨハネのもとに人々が訪れ、罪を告白し、ヨルダン川で彼から洗礼を受けた。

ちなみに当時、ローマ皇帝はティベリウスで、治世は15年目に入っていた（西暦紀元28～29年にあたる）。ヘロデ大王の死後、パレスチナは4分割され、ガリラヤは大王の子ヘロデ・アンティパスが領主だったが（王号はローマから許されなかった）、エルサレムを含むユダヤ地方（パレスチナ主要部）は皇帝の直轄《ちょっかつ》属州となり、ローマから派遣された総督が統治していた。

ところで、「洗礼」はギリシア語「バプテスマ」の訳で、「バプティゾー＝水に浸す」が語源である。ユダヤ教には全身を泉や川に沈めて身心を清める儀式があったが、ユダヤ人ヨハネは、この清めの儀式を、「メタノイア＝心の切り替え」（新共同訳では「悔い改め」）のしるしとして人々に施したのだ。それは、頭まで水に深く全身を沈めさせ、しばし息をできなくさせるような、過激な行だった。このようなヨハネの活動は、ユダヤ教における一種の新宗教運動だった。

ヨハネが宣教をしていると、メシア（救世主）を待望していた民衆は「彼こそがメシアなのでは」と考えるようになった。だがヨハネは、自分はメシアでもエリヤでも預言者でもないと明言し、「お前は誰だ」と問われると、「私は荒《あ》れ野《の》で叫ぶ声

である。『主《しゅ》の道をまっすぐにせよ』と」（ヨハネ1章23節）と、預言者イザヤの言葉を借りて答えた。

さらに彼はこうも述べた。

「私よりも優れた方が、後から来られる。私は、かがんでその方の履物のひもを解く値打ちもない。私は水であなたたちに洗礼を授けたが、その方は聖霊で洗礼をお授けになる」（マルコ1章7〜8節）

◆洗礼を授けられたイエス

するとある日、ヨルダン川で群衆に洗礼を施していたヨハネのもとに、ガリラヤのナザレの男がやって来た。――イエスである。歳は30ぐらいになっていたはずである。

イエスが洗礼を受けようとすると、ヨハネは「私こそがあなたから洗礼を受けるべきです」と言って狼狽《ろうばい》するが、イエスはなおも洗礼を求めた。こうしてイエスが洗礼を受け、水から上がると、天が裂け、「霊《プネウマ》」（神の息吹）が鳩のように彼の上に降《くだ》って来た。そのとき、天から声があった。

「あなたは私の愛する子、私の心に適《かな》う者」（マルコ1章11節）

これは、イエスが「神の子」つまりメシアとして選ばれたことを示唆《しさ》していた。

さて、イエスの露払い役を果たした洗礼者ヨハネだったが、この後、ガリラヤの領主ヘロデが兄弟フィリポの妻ヘロディアと通じて結婚したことを律法《りっぽう》に反すると言って咎《とが》めたところ、ヘロデによって捕えられ、投獄されてしまう。そして、ヘロディアの連れ子サロメ（聖書中には実名では登場しない）にそそのかされたヘロデによって、斬《ざん》首刑《しゅけい》に処されている。サロメが、ヘロデの誕生祝いでの踊りの褒賞《ほうしょう》として、母の意を汲んで、「洗礼者ヨハネの首を！」と望んだからだった。

『ヨハネ』は、洗礼者ヨハネの役割について、「彼は光ではなく、光について証しをするために来た」（1章8節）と表現している。

マタイによる福音書／マルコによる福音書／ルカによる福音書

荒野の誘惑

葛藤と苦悩をへて宣教を開始する

紀元
28～30年頃

◆イエスが受けた悪魔の試み

洗礼を受けたイエスは、「霊」によって荒野に吹き飛ばされた。そこで悪魔によって試みを受けるためであった。

「荒野の誘惑」は『マタイ』と『ルカ』に詳述されているが、ここでは『マタイ』（4章1～11節）に拠って記してみよう。

40日間断食を続けたイエスは、飢えた。すると「試みる者」がやって来て言った。「もしお前が神の子なら、これらの石がパンになるように命じたらどうだ」。

だがイエスは「聖書にはこう書いてある」と言って、こう述べる。

「人はパンのみによって生きるのではない。むしろ、主《しゅ》の口から出るすべてのこと（＝律法《りっぽう》）によって生きるのである」

これは『申命記《しんめいき》』（8章3節）の句であった。

次に、悪魔はイエスを聖なる都（＝エルサレム）へ連れて行き、神殿の頂上に立たせてこう言った。「もしお前が神の子なら、ここから飛び降《お》りたらどうだ。聖書には『神はお前のために天使に命じ、彼らは、お前の足が石に打ちつけられることのないように、その手でお前を支えるであろう』と書いてある」

悪魔が引いたのは『詩編』（91編11～12節）の句であった。聖書をもち出すイエスに対抗して、悪魔も聖書を引用して迫ったのだ。

これに対して、イエスもまた聖書を用いて答えた。

「『あなたたちの神、主を試みてはならない』とも書いてある」

この『申命記』(6章16節)の言葉は、晩年のモーセが出《しゅつ》エジプト直後の苦しい放浪期を回想し、イスラエルの民《たみ》が不平不満をモーセにぶつけ、神を試そうとしたことを、民に対してたしなめるものであった。つまり、「危急の事態に陥ったからといってむやみに神をもち出すな、まずは自分でなんとかしろ」というのが『申命記』でのニュアンスであろう。

◆伝道開始前のイエスの心象風景

だが悪魔はまだ諦めず、今度はイエスを高峰に連れて行き、世界のすべての王国(=ローマ帝国)とその栄華とを見せて、言った。

「もしお前がひれ伏して俺を拝むなら、これらを全部お前に与えよう」

するとイエスは、「退け、サタン！」と呼びかけてから、ここでも聖書の句を引いて答える。

「あなたの神、主を畏《おそ》れ、主にのみ仕えよ」(申命記6章13節)

「サタン」は、ヘブライ語で「敵対する者」の意である。

イエスのゆるぎない答えを聞くと、ついに悪魔はイエスのもとを離れ去った。入れ替わりに天使たちがやって来て、イエスに仕えた。

前島誠『ナザレ派のイエス』によれば、イエスが受けた3つの誘惑とは「肉の欲、生活のおごり、目の欲」に関わるもので、これは『創世記』で「善悪の知識の木」を前にしてエバが受けた誘惑の内容と対応するものであり、人間のあらゆる罪の根源であると言えるという。

ちなみに釈迦は、成道《じょうどう》前の瞑想中、ナムチという名の悪魔から誘惑を受け、修行の放棄を迫られるが、「敗れて生きながらえるよりは、戦って死ぬ方がましだ」「私は知恵の力で悪魔の軍勢を打ち破る」などと語って退けている(『スッタニパータ』第3章の「精励経」)。

福音書《ふくいん》の「荒野の誘惑」譚《たん》は、伝記というよりは説話めいているが、伝道開始前のイエスが、苦行的な境遇にあえて身を置き、心の葛藤に苦悩したことは、十分に考えられることだろう。

◆洗礼者ヨハネと同じ台詞で伝道開始

悪魔を退けたイエスは、「霊」の力に満ちて荒野を去り、ガリラヤに現れた。

ところが、故郷のナザレを避け、ガリラヤ湖の北岸にある町カファルナウムに入り、そこに住んだ。カファルナウムは漁業が盛んで、交通の要衝でもあり、湖畔随一の繁栄を誇っていた。ナザレを避けたのは、小村で、親戚や知人が多く住んでいることが、新しい伝道にはかえって不向きと考えたからであろうか。

そしてカファルナウムに住み着いたイエスは言った。「心を切り替えよ、神の統治が近づいたぞ！」。イエス宣教の第一声である。

この言葉は、洗礼者ヨハネと同じものであった。なお、『ルカ』によると、ヨハネの母とイエスの母(マリア)は親戚の間柄であったが、ヨルダン川での洗礼まで、ヨハネとイエスが出会った形跡は認められない。

ところで、イエスが伝道で用いた言語は何だったのか。かつては、アラム語説が有力だった。アラム語はアケメネス朝ペルシアの公用語に由来し、バビロン捕囚期のユダヤ人も用いた。だが近年では、紀元1世紀頃のパレスチナのユダヤ人の日常語をヘブライ語とみる説が注目されている(『ナザレ派のイエス』)。ちなみに、イエスが多用した礼拝用語の「アーメン」は「誠に」を意味するヘブライ語である。

悪魔はイエスを非常に高い山に連れて行き、世のすべての国々とその繁栄ぶりを見せて、「もし、ひれ伏して私を拝むなら、これをみんな与えよう」と言った。（マタイによる福音書・第4章8～9節）

十二使徒たち

イエスの宣教を支えた12人のユダヤ人

マタイによる福音書／マルコによる福音書／ルカによる福音書／ヨハネによる福音書

紀元
28〜30年頃

◆イエスに従った男たち

カファルナウムを拠点に宣教を開始したイエスが、ガリラヤ湖のほとりを歩いていると、湖に投げ網を打っている2人の男に出会った。

イエスが「さあ、私の後について来なさい。そうすればあなたたちを人間をとる漁師にしてやろう」（マタイ4章19節）と声をかけると、2人の漁師は網を棄《す》ててイエスに従った。この2人がペトロ（シモン）とアンデレの兄弟で、彼らはイエスの最初の弟子となった。

イエスのもとには次第に弟子が増え、やがて彼らの中から「十二使徒」が選出されることになる。ここで、福音書《ふくいんしょ》の重要な登場人物である十二使徒について素描しておくことにしよう（十二使徒名の初出は太字で記した）。

まず**ペトロ**は、ガリラヤ湖北岸ベトサイダ出身の漁師。本名はシモンで、ペトロ（ギリシア語で「岩」の意）はイエスがつけたあだ名で、彼は岩のような頑固さをそなえていたという。イエスの弟子の筆頭格で、イエスに「私はこの岩《ペトラ》の上に私の教会を建てる。……私はあなたに天の国の鍵を授ける」（マタイ16章18〜19節）と告げられている。ペトロの墓を祀《まつ》って建造されたと伝えられるローマのサン・ピエトロ大聖堂は、イエスのこの言葉が成就した証しとされている。なお、『ルカ』によると、不漁続きなのに、イエスに命じられて網を降《お》ろすと、2艘の舟が一杯になるほど魚がとれたのに驚き、すべてを捨てて弟子になったという。

次に、**アンデレ**は漁師でペトロの弟。前述のように、『マタイ』には、ガリラヤ湖畔でペトロとともにイエスの弟子になったとあるが、『ヨハネ』によると、アンデレははじめ洗礼者ヨハネの弟子だったが、ヨハネがイエスを見て「神の子羊だ！」と言ったのを聞いてイエスに従うようになり、次いで兄ペトロを誘ったとなっている。したがって、『ヨハネ』にもとづけば、イエスの最初の弟子はアンデレとなる。

ヤコブもガリラヤ湖畔の漁師。同名の使徒と区別してとくに「大ヤコブ」とも呼ばれる。ペトロ・アンデレ兄弟が弟子入りしたのに次いでイエスに召し出され、弟**ヨハネ**（洗礼者ヨハネとは別人）とともに弟子となった。性格の激しさゆえ、イエスから、弟と一緒に「雷の子」というあだ名を頂戴している。ちなみにヨハネは、ペトロ、ヤコブとならぶイエスの最側近で、伝統的には『ヨハネ』の記者とされている。

ガリラヤ湖畔ベトサイダの出身の使徒**フィリポ**は、洗礼者ヨハネのもとでイエスと出会っているので、彼も当初はヨハネの弟子だったと考えられる。イエス最古参《さいこさん》の弟子のひとり。

バルトロマイという名前は「タルマイの子」という意味。『ヨハネ』によると、イエスに出会ったフィリポは友人ナタナエルをリクルートするが、このナタナエルはバルトロマイと同一人物で、ナタナエルが本名だとする見方が古くからある。

トマスがイエスの弟子になった経緯は福音書には記されていない。彼は磔刑《たっけい》に処されたイエスが復活しても、「あの方の手に釘跡を見て、指をそこに突っ込んでみなければ俺は絶対に信じない」（ヨハネ20章25節）と言ったので、情熱家だが、疑い深い人物と評される。

マタイは、カファルナウムの収税所に務める徴《ちょう》税人《ぜいにん》だったが、歩み寄って来たイエスに「私について来なさい」と召命され、彼の弟子に加わった。『マルコ』『ルカ』では「レビ」と呼ばれている。貢物の納め先にふさわしいのは神のみとするユダヤ人にとって、徴税人《ちょうぜいにん》は蛇蝎《だかつ》の如く嫌われる存在だったが、その嫌われ者にあたたかく声をかけたのが、イエスだったのである。

大ヤコブと区別されて**小ヤコブ**と呼ばれる使徒もいるが、聖書にその事績は記されていない。

タダイは「ヤコブの子ユダ」（ルカ6章16節）が本名とされるが、彼も聖書に事績の記載がない。

「熱心党のシモン」と呼ばれる使徒は、ユダヤ教の原理主義的組織「熱心党《ゼーローテース》」の出身だったので、こう呼ばれる。ただし、ゼーローテースには「律法《りっぽう》に熱心な者」の意味もある。

イスカリオテのユダのイスカリオテはあだ名で、一説に「町の人」の意。イエス一団の会計を担当。周知のように師を裏切って権力者側に引き渡し、結局自殺してしまう。なおキリスト昇天後、ユダの替わりとして、弟子の中から**マティア**がくじで使徒に選ばれている（使徒言行録1章26節）。

もちろん12人は全員ユダヤ人であり、ユダヤ教徒であった。

◆「使徒＝師に忠実な弟子」ではない

イエス生前の弟子が何人に及んだかは定かでないが、彼は宣教の初期に、大勢の弟子の中からこの12人を選び、「使徒」（アポストロス）と名付け、「悪霊を追い出す権能」を授けている（マルコ3章14〜15節ほか）。

アポストロスは「派遣する」という意味に由来する言葉である。つまり、使徒とはたんに「イエスに忠実な直弟子」ではない。「特別な使命を帯びて宣教に遣わされる者」という強い意味が、この語にはこめられている。

そして彼ら12人の本当の宣教は、師の死と復活を目撃してからはじまるのである。

十二使徒一覧

1 ペトロ	もとはガリラヤ湖畔ベトサイダの漁師。本名はシモン。ペトロは「岩」の意のあだ名。弟アンデレとともにイエスの弟子になった。イエスの弟子の筆頭格で、イエスに「私はあなたに天の国の鍵を授ける」と告げられる
2 アンデレ	漁師でペトロの弟。『ヨハネによる福音書』では、はじめ洗礼者ヨハネの弟子だったが、イエスに従うようになり、兄ペトロを誘ったとされる
3 ヤコブ	もとはガリラヤ湖畔ベトサイダの漁師。同名の使徒と区別して大ヤコブとも呼ばれる。弟ヨハネとともに弟子となった。性格の激しさゆえ、弟と一緒に「雷の子」とあだ名される
4 ヨハネ	ヤコブの弟。洗礼者ヨハネとは別人。ペトロ、ヤコブとならぶイエスの最側近。『ヨハネによる福音書』の記者とされる
5 フィリポ	ガリラヤ湖畔ベトサイダの出身。洗礼者ヨハネのもとでイエスと出会う。イエス最古参の弟子のひとり
6 バルトロマイ	『ヨハネによる福音書』によれば、フィリポがリクルートしたナタナエルという人物が、バルトロマイと同一であるとされる
7 トマス	イエスの復活を聞いて、「あの方の手に釘跡を見て、指をそこに突っ込んでみなければ俺は絶対に信じない」と言ったので、情熱家だが、疑い深い人物と評される
8 マタイ	もとは徴税人だったが、イエスに声をかけられ弟子になる。『マルコによる福音書』『ルカによる福音書』にみられる「レビ」と同一人物とされる。『マタイによる福音書』の記者とされる
9 小ヤコブ	『マルコによる福音書』などに「アルファイの子ヤコブ」とあるが、その事績については記されていない。大ヤコブと区別されて小ヤコブと呼ばれる
10 タダイ	『ルカによる福音書』にある「ヤコブの子ユダ」が本名とされる。事績については記されていない
11 熱心党のシモン	ユダヤ教の原理主義的組織「熱心党（ゼーローテース）」の出身。事績については記されていない
12 イスカリオテのユダ	イスカリオテはあだ名で、一説に「町の人」の意。イエス一団の会計を担当していた。イエスを裏切ったあと自殺する

ガリラヤでの宣教と癒し

超人的な呪い師でもあったイエス

紀元
28〜30年頃

場面を、ガリラヤでイエスが宣教をはじめたところに戻そう。

◆カファルナウムでの一日

ペトロ・アンデレ兄弟、ヤコブ・ヨハネ兄弟の4人を弟子として従えたイエスは、安息日《あんそくび》、カファルナウムの会堂（シナゴーグ）に入った。安息日はユダヤ人にとっては大切な礼拝日であり、その町の大半のユダヤ人が会堂に集まってくる。宣教にはもってこいの場所だろう。

イエスが説教をはじめると、律法学者《りっぽう》たちとちがって、自信にあふれ、のびのびと語るイエスの話に、人々は深く感嘆した。

すると、会堂に「穢《けが》れた霊」に取りつかれた男がいて、いきなり叫び出した。

「ナザレのイエスよ、お前は俺たちと何の関係があるのだ。俺たちを滅ぼしに来たのか！」

そこでイエスが叱りつけて言った。

「黙れ、この者から出て行け！」

たちまち、穢れた霊はその者に引きつけを起こさせ、大声をあげて彼から出て行った。

これを見ていた周りの人々はみな肝をつぶし、「これはいったい何事だ。本当に権威のある新しい教えだ。この人が穢れた霊に命じると、彼に従うではないか」などと語り合った。

一方、イエスたちは会堂を出ると、ペトロ兄弟の家に向かった。その家では、ペトロの姑が熱を出して寝込んでいたが、イエスが彼女に近寄り、手をつかんで起こすと、彼女から熱が去り、彼女はイエスたちをもてなした。

夕方になって陽が沈むと、つまり安息日が終わって労働の禁止が解かれると（ユダヤでは日没が一日のはじまり）、人々が病人や悪霊に憑《つ》かれた者を次々にイエスのもとに運んできたので、戸口の前は町中の人間でごった返した。イエスは、さまざまな病気を患う大勢の者を治し、数多の悪霊を追い出していった。

翌朝、イエスはまだ暗いうちに起きて人里離れた所へ行き、神に祈っていた。すると、ペトロとその仲間たちがイエスを追って来て、「みんながあなたを探しています」と言った。

だがイエスはこう言った。

「近くのほかの町や村に行こう。そこでも私は宣教する。そのために私は出て来たのだから」

そしてガリラヤ中の会堂をめぐり、宣教し、悪霊を追い出していった。

◆イエスを有名にした病気治しと悪霊祓《ばら》い

以上は『マルコ』第1章21〜39節の要約だが、これはイエスたちのカファルナウムでのとある一日を描く格好となっていて、彼らはガリラヤの各地で同じような活動をしたのだろうと、読者が想像できる仕掛けにもなっている。

そして、この一日の様子からは、説教よりも、病気治しや悪霊祓《ばら》いという一種の「呪《まじな》い」を行うことで、ガリラヤの民衆の注目を浴びるようになったイエスの姿が浮かび上がって来る。もう少し『マルコ』を見てみよう。

ある日、重い皮膚病を患っている人がイエスのところへやって来て、「もしあなたがお望みなら、この私を清くすることができますよね」と乞い願ってひざまずいた。当時この病にかかった者は、不浄とみなされて差別され、また神の罰で病気になったとも誤解されていた。

腸《はらわた》がちぎれる想いに駆られたイエスは、手を差し伸べてその人に触れ、「もちろんだ、清くなりなさい」と言った。たちまち重い皮膚病は去り、その人は清くなった。（1章40～42節）

この他にも、寝たきりの中風《ちゅうふう》患者を「あなたの罪は許される」のひと言で治したり、12年もの長《なが》い血《ち》を患う女を着物に触らせるだけで治したり、盲人やろうあ者を治したりと、イエスは奇跡的な治癒を幾度もみせていて、『マルコ』だけで、イエスの治癒譚《たん》は優に10は超える。

◆大量の穢《けが》れた霊を豚に乗り移させる

イエスたちは、ガリラヤ湖の東岸にあるゲラサ人の地方に着いた。舟から上がると、穢《けが》れた霊に取りつかれた男が墓場からやって来て、イエスを伏し拝み、「後生だから俺を苦しめないでくれ」と叫んだ。というのも、イエスが「穢れた霊よ、この人から出て行け」と言っていたからである。

イエスが名前を尋ねると、その男は「レギオン」と答えた。レギオンはローマ帝国の軍団のことで、歩兵5000～6000人、騎兵120からなる。ローマ圧政下のユダヤ人の耳には禍々《まがまが》しく響く名前である。

ちょうどその辺りに、えさをあさる豚の大群がいたので、穢れた霊は「豚の中に送り込んでくれ」とイエスに願った。豚は、ユダヤ人にとっては穢れた獣《けもの》の代表格である。

イエスが許すと、大量の穢れた霊が豚に乗り移り、およそ2000匹の豚が崖を下って湖になだれ込んで、次々に溺れ死んでいった。

穢れた霊に憑《つ》かれていた男は正気に戻っていた。彼は再び舟に乗るイエスの後を追おうとしたが、イエスは「家に帰り、主《しゅ》があなたにしてくださったことを告げ知らせなさい」と告げた。それで、男はイエスが自分にしてくれたことを故郷で伝え出したのだった。（5章1～20節）

ガリラヤ周辺

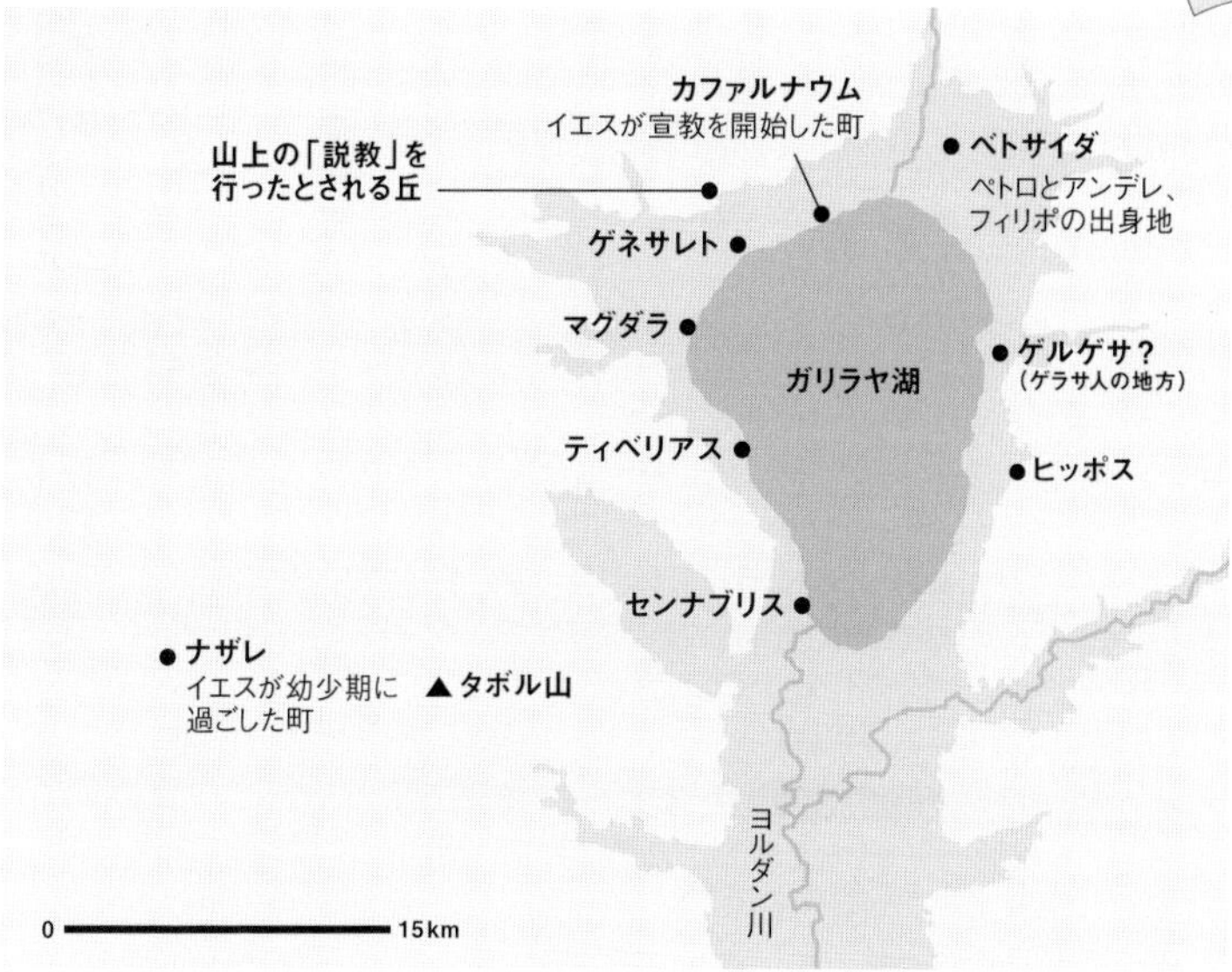

ガリラヤ湖の南岸の風景

マタイによる福音書

山上の説教

キリスト教の土台となった素朴な教え

紀元
28〜30年頃

◆イエスの幸福論

数多の病人や悪霊憑《つ》きを治し続けるイエスのもとには、いつしかパレスチナ全土から人々が集まり、イエス一行には群衆がつき従うようになっていた。この群衆を見たイエスは、山に登り、腰かけると、口を開き、説教をはじめた。

こうしてはじまるのが「山上の説教（垂訓《すいくん》）」と呼ばれるもので、イエスの教え、そしてキリスト教の教義のエッセンスともいえるものである。「山上の説教」は『マタイ』と『ルカ』に収められているが、ここでは『マタイ』第5〜7章に拠って紹介してみたい。

説教の冒頭は8箇条からなる「幸福」についての言葉である（日本語訳については論議があるが、ここでは前島誠『ナザレ派のイエス』所収の意訳を引用させていただく）。

「①貧しい人はさいわい、神の国は彼らによって成り立つ。／②死者を悼《いた》む人はさいわい、彼らは慰められるだろう。／③柔和な人はさいわい、彼らは地を受け継ぐだろう。／④施しに飢え渇く人はさいわい、彼らは満腹するだろう。／⑤あわれみ深い人はさいわい、彼らはあわれみを受けるだろう。／⑥真っ直ぐな心の人はさいわい、彼らは神を見るだろう。／⑦平和をつくる人はさいわい、彼らは神の子と呼ばれるだろう。／⑧施しのために追いかけられる人はさいわい、神の国は彼らによって成り立つ」

「貧しい人」は原文にもとづけば「息吹の弱々しい人」とも訳せ、神以外に頼るものがない弱者をさすと読むことができる。「さいわい」と訳されたギリシア語「マカリオイ」は、ヘブライ語では「アシュレー」にあたり、「そのものがあるがままにある」というニュアンスをもつ。飾らず、意気がらず、ありのままに生きる――これが、「地の民《アム・ハアーレツ》」（塵《ちり》の民《たみ》）と侮蔑《ぶべつ》的に呼ばれていたユダヤの民衆に対して説いた、イエスの幸福論なのだ。

◆地の塩となれ、汝の敵を愛せよ

「山上の説教」では、この他にもさまざまなことが説かれている。いくつか拾ってみよう。

「あなたがたは大地の塩である。だが、もし塩のききめがなくなったら、何によってその味が取り戻されようか」――塩は、目立たないが、生命維持にはかけがえのないものである。また、塩気の多い土地は耕作に適さないが、パレスチナの岩塩には肥料となる塩化カリウムが含有されているという。

「あなたがたも聞いているとおり、『隣人を愛し、敵を憎め』と命じられている。しかし、私は言っておく。敵を愛し、自分を迫害する者のために祈りなさい。父は悪人にも善人にも太陽を昇らせ、雨を降らせてくださるのだから」――『 』内の前半は『レビ記』の「自分自身を愛するように隣人を愛しなさい」（19章18節）の引用で、後半は当時のユダヤの言い回しだろうか。同胞間の差別、異民族への敵視を戒めるだけでなく、普遍的な人類愛へと導く。

「あなたがたの天の父が完全であられるように、あなたがたも完全な者となりなさい」――「完全」と訳された語（テレイオス）は、ヘブライ語「シャレム」の訳で、原石に対して「人間がまだ鑿《のみ》を当てる前の状態」を原意とする。つまり、ここでいう「完全」とは、「自分の本然の姿を受け入れる」

ということであろう。

「自分の命のことで何を食べようか何を飲もうかと、また自分の体のことで何を着ようかと思い悩むな。命は食べ物よりも大切であり、体は衣服よりも大切ではないか」――「今こうして生きていること」の素晴らしさを喜べ、と説く。

「人にしてもらいたいと思うことは何でも、あなたがたも人にしてあげなさい。これこそ律法《りっぽう》と預言者である」――「律法と預言者」は旧約聖書全体、つまり聖書を介した神の教えをさす。隣人愛こそがそのエッセンスだと説く。

「狭い門から入りなさい。滅びに通じる門は広く、その道も広々として、そこから入る者が多い。しかし、命に通じる門はなんと狭く、その道も細いことか。それを見いだす者は少ない」――この時代、町の入り口には、中央の大きな門の脇に、小さな通用口が設けられていた。人目につかないその小門を通るのは、社会からの落ちこぼれや恵まれない人たちであった。

◆イエスが授けた「主《しゅ》の祈り」

今も教会で共通して唱えられる「主《しゅ》の祈り」の原型も山上の説教にある。『ルカ』によれば、これは「祈りを教えてください」という弟子の求めに応じて示されたものだという（11章1節）。

「天におられる私たちの父よ、／御名《みな》が崇《あが》められますように。／御国《みくに》が来ますように。／御心《みこころ》が行われますように／天におけるように地の上にも。／私たちに必要な糧《かて》を今日与えてください。／私たちの負い目を赦《ゆる》してください。／私たちも自分に負い目のある人を赦しましたように。／私たちを誘惑に遭わせず、／悪い者から救ってください」

「御名を崇める」とは「神だけを崇める」ということ。原初期の教会では、この祈りの朗唱は洗礼を受けた者だけに許される秘伝だったという。

マタイによる福音書／マルコによる福音書／ルカによる福音書

イエスのたとえ話

民衆にたえずわかりやすく語りかける

紀元
28〜30年頃

◆迷子の羊のたとえ

「天の国はからし種に似ている。畑に蒔《ま》けば、どんな種よりも小さいのに、成長するとどの野菜よりも大きくなり、鳥が来て枝に巣を作るほどの木になる」（マタイ13章31〜32節ほか）

油がとれるからし種は、パレスチナでは広く栽培され、茎高は5メートルにも伸びたという。

当時の民衆になじみ深い事柄を材にたとえ話をするのが、イエスの得意とする説教のスタイルだった。それは具体的で、人の心に素直に届くものであり、聴く者のレベルに応じて適宜解釈できる柔軟性ももっていた。

イエスが徴税人《ちょうぜいにん》や罪人たちに宣教することを、ファリサイ派の人々や律法《りっぽう》学者が咎《とが》めると、イエスはこんなたとえ話をはじめた。

〈100匹の羊を飼っていたとする。だが、そのうちの1匹が迷い出てしまった。そうしたら、99匹を荒野に残してでも、迷子になった1匹を必死になって探しに行かないだろうか？　そして、ようやくその1匹を見つけたら、歓喜して肩にかつぎあげ、家に戻ると友人や近所の者を呼び集めて、きっとこう言うだろう。「みんな喜んでくれ、迷子になった羊が見つかったんだ！」〉（ルカ15章4〜6節）

語り終えたイエスは、さらにこう述べる。

「99人の正しい人が回心の必要なくあることよりも、1人の罪人が回心することのほうが、天の喜びは大きいのだ」

◆「種を蒔く人」のたとえ

イエスがガリラヤ湖のほとりにいると、群衆が集まって来た。すると、イエスは岸辺の舟に乗って腰を下ろし、おもむろに口を開くと、次のようなたとえ話をはじめた。

〈ある農夫が地にパラパラと種を蒔いた。

ある種は道端に落ちた。すると鳥がやって来て、たちまちそれをついばんでしまった。

別のある種は、土の少ない石ころだらけの地面に落ちた。すると、そこは土が深くないので、すぐに芽を出した。ところが、陽が昇ると日射しに照りつけられ、根も深く張っていないので、枯れてしまった。

また別の種は、茨の中に落ちた。ところが、茨が伸びてその上を覆《おお》いふさいでしまったので、種が成長して実を結ぶことはなかった。

だが、中には、よく肥えた地に落ちる種もあった。その種はよく芽生え、育ち、そして実が生った。30倍もの実を結ぶものもあれば、60倍、100倍に増えるものもあった〉（マタイ13章3～8節、マルコ4章3～8節、ルカ8章5～8節）

さて、この話は何を何にたとえているのか。まず、種を蒔く農夫はイエス、蒔かれた種は彼の宣教をさしていると読むことができる。いや、農夫をまさにこの話に耳を傾けている農民に、種を信仰に置き換えることもできるかもしれない。種の生育を阻《はば》む鳥や石ころ、茨を、イエスや民衆に対する迫害の隠喩《いんゆ》と読むこともできそうだ。そして全体としては、宣教や信仰は、ときに挫折も味わうが、最後には豊かな稔《みの》りをもたらす――そんな風にも読み取れようか。

◆ぶどう園の労働者のたとえ

イエスがガリラヤを出て、ユダヤ地方で宣教していたとき、「天の王国」について、次のようなたとえ話をはじめた。

〈ぶどう園の主人が、人を雇おうと思い、夜明けに広場へ行った。そして労働者を見つけると、日当1デナリオンの約束で、彼らをぶどう園に送った。

9時頃に広場へ行くと、ぶらぶらしている人を見かけたので、彼らにも賃金を払う約束をしてぶどう園に送った。12時と15時にもまた広場へ行って、同じように労働者を雇った。

17時頃にも広場に行ってみると、まだ人が立っていた。「一日中、こんなところで何をしているのだ」と尋ねると、彼らが「誰も雇ってくれないのです」と言うので、主人は彼らも雇うことにして、ぶどう園に送った。

ところが、ぶどう園はそれからまもなく終業になった。だが、払われた賃金は、早朝から働いた者も、今働きはじめたばかりの者も、みな等しく1デナリオンだった。すると、朝から働いた者たちは主人に不満をぶちまけた。

「あとから来た者も俺たちと同じ賃金なのはおかしい！」

だが、主人はこう反論した。

「私は不正はしていない。日当は1デナリオンとあなたと約束したではないか。自分の取り分を取ったら帰りなさい。私は最後の者にもあなたと同じ日当を支払ってやりたいのだ〉（マタイ20章1〜15節）

神の統治がはじまると、差別や比較はなくなり、すべては神とひとりひとりとの関わりによって決まる――これがイエスのメッセージであろう。

さて、使徒たちに「なぜたとえで語るのですか」と問われたとき、イエスはこう答えている。

「あなたがたには天の国の秘密を悟ることが許されているが、あの人たちには許されていないからである」（マタイ13章11節）

福音書でのイエスのたとえ話の例

たとえ	おもな文書	解釈例
岩の上に建てた家	マタイ7章、ルカ6章	イエスの弟子の教会
新しい布切れと古い服	マタイ9章、マルコ2章、ルカ5章	イエスの教えとユダヤ教の伝統
新しいぶどう酒と古い革袋	マタイ9章、マルコ2章、ルカ5章	イエスの教えとユダヤ教の伝統
種を蒔く人	マタイ13章、マルコ4章、ルカ8章	宣教するイエス
毒麦	マタイ13章	悪い者の子供
からし種	マタイ13章、マルコ4章、ルカ13章	天の国
パン種	マタイ13章、ルカ13章	天の国
畑に隠された宝	マタイ13章	天の国
高価な真珠	マタイ13章	天の国
地引き網	マタイ13章	天の国
迷子になった羊	マタイ18章、ルカ15章	1人の罪人
仲間を赦さない家来	マタイ18章	神からの赦しを忘れた者
ぶどう園の労働者	マタイ20章	神の統治下にある人
2人の息子	マタイ21章	徴税人や娼婦と祭司長や長老たち
ぶどう園の農夫	マタイ21章、マルコ12章、ルカ20章	祭司長や長老たち
婚宴	マタイ22章	天の国
10人のおとめ	マタイ25章	イエスの再臨に備える弟子たち
タラントン	マタイ25章	神から与えられたもの(才能)
金を借りた2人	ルカ7章	ファリサイ派の人と罪深い女
よきサマリア人	ルカ10章	隣人を愛する人
真夜中の友人	ルカ11章	祈るべき神
目を覚ましている僕	ルカ12章	イエスの再臨に備える弟子たち
実のならないいちじく	ルカ13章	イスラエル
婚宴の上席と末席	ルカ14章	高ぶった行いとへりくだった行い
盛大な宴会	ルカ14章	神の国とそれへの招き
なくした銀貨	ルカ15章	1人の罪人
放蕩息子	ルカ15章	悔い改めた罪人
不正な管理人	ルカ16章	お金を有効に使う者
金持ちとラザロ	ルカ16章	隣人を愛さない人と貧しい人
不正な裁判官	ルカ18章	神と対比された裁く人
ファリサイ派の人と徴税人	ルカ18章	高ぶる者とへりくだる者
ムナ	ルカ19章	神から与えられたもの

イエスと律法《りっぽう》学者たち

ユダヤ教の保守派たちとの戦い

マルコによる福音書／ルカによる福音書／ヨハネによる福音書

紀元
28～30年頃

◆安息日《あんそくび》に麦の穂を摘む

ユダヤ人として育てられ、ユダヤ教を学んで育ったイエスが行った宣教は、当時の人々の目には、ユダヤ教の革新運動として映ったはずである。そうなると、当然、ユダヤ教の保守派はイエスに嫌悪をおぼえ、脅威《きょうい》を抱くようになる。

前述したように、この当時、既存の有力なユダヤ教宗派としては、成文律法《せいぶんりっぽう》と祭儀を重んじる富裕層のサドカイ派と、律法の墨守《ぼくしゅ》を旨とするファリサイ派があった（199ページ参照）。福音書《ふくいん》は彼らがイエスを敵視したと語るが、とくにイエスと対立したのはファリサイ派である。また、福音書には「律法学者」もイエスのライバルとしてしばしば登場するが、律法学者の多くはファリサイ派だったと考えられている。

さて、ガリラヤで活動していた頃、イエス一行が麦畑を通った。弟子たちは腹が減っていたので、麦の穂を摘んで食べた。するとこれを見たファリサイ派の人々が「お前たちはなんということをしているのか」と激しく批難した。

なぜ批難を受けたのか――それは、その日が安《あん》息日《そくび》であり、律法によって、安息日にはあらゆる労働が禁じられていたからであった。

だがイエスはこう反論する。かつて逃亡中のダビデが飢えに苦しんだとき、祭司アヒメレクのもとに立ち寄り、祭司だけが食することのできる聖別されて供えられたパンを与えられて食べ、一緒にいた者たちにも与えて飢えをしのいだことを知らないのか。そして最後にイエスはこう述べる。
「安息日は、人のために定められた。人が安息日のためにあるのではない」（マルコ2章27節）
律法至上主義のファリサイ派に対する痛烈な批判であった。

◆よきサマリア人のたとえ

イエスたちがガリラヤを出てエルサレムに向かっていたとき、ある律法学者が現れて、イエスを試みようとした。彼は、イエスに隣人愛を説かれると、「私の隣人とは誰ですか」と問いかけた。そこでイエスは、「よきサマリア人のたとえ」を語りはじめた。

エルサレムからエリコに下っていた男が盗賊に襲われ、身ぐるみはがれ、重傷のまま放置された。そこへ祭司が通りかかったが、彼は倒れている男をみると、道を除《よ》けて去って行ってしまった。次に、祭司族のレビ人《びと》が通りかかったが、彼もまた道を除けて去って行った。

祭司もレビ人も、祭儀を執り行うという職務上、死の穢《けが》れを忌《い》むことが律法に定められていた。2人が倒れた男を見て見ぬをふりをしたのは、男が死人であることを恐れたからだろう。

次に、サマリア人の旅人がやって来たが、倒れている男を見るとすぐさま駆け寄り、傷の手当をし、自分のろばに乗せ、宿屋まで連れて行った。そして翌日、宿屋の主人に十分な金額を渡し、「この人を介抱してあげてください」と丁重に頼みこんだ。

サマリア人は旧北王国イスラエルの末裔《まつえい》だが、他民族と混血が進んだため、ユダヤ人の間では蔑《べっ》視《し》され、なかば異邦人視されていた。

話し終えたイエスは、「この3人のうち、誰が襲われた男の隣人になったと思うだろうか」と尋ねた。律法《りっぽう》学者がサマリア人だと答えると、イエ

スは「行って、あなたも同じようにしなさい」と告げた。（ルカ10章25～37節）

◆姦通《かんつう》の女と石打ちの刑

『マタイ』『マルコ』『ルカ』の3書では、宣教後のイエスがエルサレムで活動するのは、受難と復活へと続く終幕のみだが、『ヨハネ』では、イエスはガリラヤとエルサレム及びその周辺を何度か行き来したことになっている。

そのうちのひとつで、イエスがエルサレム神殿の境内に入ったとき、律法学者とファリサイ派の人々が、女を連れてやって来た。

彼らは、彼女は姦通《かんつう》で捕えられたとイエスに説明し、「モーセは律法で、こういう女は石で打ち殺せと命じているが、あなたはどう思うか」と試すように問いかけてきた。

ユダヤ教の「石打ち刑」とは、『タルムード』（律法の解説書）によれば、あおむけにさせられた受刑者の胸の上に3人がかりで巨岩を落とし、それでも死なない場合は、そこにいる全員がそれぞれ思うまま石を落とすという、実に残忍な処刑法である。

だが、イエスはかがんで、指で地面に何かを書きつけている。律法学者がしつこく尋ねると、イエスはようやくからだを起こして言った。

「あなたたちの中で罪を犯したことのない者が、まず、この女に石を投げなさい」

これを聞くと、その場を囲んでいた者は、年寄りからはじまって、ひとりまたひとりと去り、最後にイエスと女だけが残った。「みんなはどこにいる」とイエスが問うと、女は「誰もいません」。イエスは言った。「私もあなたを罰しない。行きなさい」。（8章2～11節）

『ヨハネ』のこの姦通をめぐるテキストは、後世の挿入と考えられているが、逸話《いつわ》自体はかなり古くから伝承されていたらしい。

旅をしていたあるサマリア人は、その人を見て憐れに思い、近寄って傷に油とぶどう酒を注ぎ、包帯をして、自分のろばに乗せ、宿屋に連れて行って介抱した。（ルカによる福音書・第10章33～34節）

イエスの奇跡

マタイによる福音書／ヨハネによる福音書

死者をも甦らせ、権力者を恐れさせる

紀元
28〜30年頃

◆パンと魚の奇跡

過越祭《すぎこしさい》が近づきつつあった。

イエスはガリラヤ湖の向こう岸に渡ると、弟子たちとともに山に登った。下を見ると、大勢の群衆が自分たちの方へ向かって来る。イエスが病人に奇跡をあらわしたことを知って、集まってきた人たちであった。

するとイエスは、使徒フィリポにいわくありげに尋ねた。

「彼らを食べさせるために、どこでパンを買おうかね」

フィリポが慌《あわ》てて「そんなにたくさんのパンを買うお金はありません」と答えると、使徒アンデレが「この若者は、パン5つと魚2匹を持っていますと言って、ひとりの少年をそこへ連れて来た。「……でも、こんなに大勢ではとても足りないでしょう」。

ところがイエスは、「みんなを座らせない」と言って、群衆を草の上に座らせた。数は男だけで5000人だった。そして少年が持ってきたパンをとり、感謝の祈りを唱えてから、群衆に次々に分け与えていった。すると不思議なことに、5つしかなかったパンが、すべての人の手に行き渡ったのである。イエスは、魚も同じようにして分け与えていった。

人々が食べ終わると、イエスは弟子たちに、残ったパン屑を集めるように命じた。するとまたも不

思議なことに、残ったパン屑だけで、12の籠が一杯に満たされた。

人々はこれを見て、「この人こそ預言者だ」と噂し合った。（ヨハネ6章1〜15節ほか）

後日イエスは、パンを目あてに自分の後を追う群衆に対し、「私が命のパンである。私のもとに来る者は決して飢えることがなく、私を信じる者は決して渇くことがない」（ヨハネ6章35節）と諭《さと》している。5つのパンはモーセ五書を、12の籠はイスラエル十二部族を、それぞれ隠喩《いんゆ》しているともいわれる。

◆水の上を歩く奇跡

パンの奇跡を行ったイエスは、弟子たちを舟に乗せて向こう岸へ発《た》たせ、群衆は解散させた。自分はひとり山に登り、そこで祈りをささげた。

だが、風が吹いて湖が荒れていたため、弟子たちが乗った舟は沈みそうになっていた。

夜明け頃、弟子たちは湖面を誰かが歩いてやって来るのを目にした。「幽霊だ！」と叫んでいると、湖面を歩く男は「私だ、恐れることはない」と告げた。イエスであった。

師に気づいた使徒ペトロが、自分も近くに行きたいと願うと、イエスは「来なさい」と告げた。ペトロが舟べりから水面に足を降《お》ろすと、沈まずに立つことができたので、歩いてイエスの方へ向かった。ところが、強風にあおられると怖くなり、からだが沈みかける。

「主《しゅ》よ、助けてください！」

イエスはすぐに手をさしのべてペトロを救ったが、こう叱責した。

「信頼の薄い者よ、なぜ疑ったのか」

2人が舟に乗り込むと、たちまち風はなえ、一行は無事に湖を渡ることができた。弟子たちは、イエスを「神の子」と呼んで伏し拝んだ。（マタイ14章22〜33節ほか）

◆ラザロの復活

ベタニアという村に住むラザロという男が重い病に臥《ふ》していた。彼の姉妹であるマリアとマルタは、イエスに人を遣わし、「主《しゅ》よ、あなたの愛しておられる者が病気です」と伝えた。

イエスは「この病気は死で終わるものではない。神の栄光のため、神の子がそれを通して栄光を受けるためのものである」と答えたが、イエスがベタニアの入り口に着いたときには、すでにラザロは死んでいて、墓に入れられてから4日もたっていた。

出迎えたマルタは、イエスに「もし、あなたがここにいてくださったら、ラザロは死ななかったでしょうに」と言って悔やんだが、イエスは「あなたの兄弟は甦《よみがえ》る」と告げる。マルタは、「終末の復活」のことを言っているのかと思ったが、イエスはなおもこう言った。

「私は復活であり、命である。私を信じる者は、死んでも生きる。このことを信じるか」

マルタは、イエスが「神の子、キリスト（メシア）」であることを信じる、と告白した。

マリアがラザロの死で悲嘆にくれているのを見たイエスは涙を流し、ラザロの墓の前へ自分を案内させた。墓は横穴式で、入り口に石が置かれてあった。イエスは、石をどかせると、祈りをささげてから、大声で叫んだ。

「ラザロ、出て来なさい」

すると死んだはずのラザロが、手足を包帯で巻かれ、顔を布で包まれた姿で出て来た。死人が生き返ったのである。（ヨハネ11章1〜44節）

こうした奇跡の数々はイエスの評判を民衆にますます広め、またユダヤ人のみならず異民族も彼を慕うようになった。だが、ファリサイ派やユダヤ教指導者は逆に脅威《きょうい》を抱き、次第にイエスの存在を忌《い》まわしく思うようになったのである。

弟子たちは、イエスが湖上を歩いておられるのを見て、「幽霊だ」と言っておびえ、恐怖のあまり叫び声をあげた。（マタイによる福音書・第14章26節）

イエスの変容

マタイによる福音書／マルコによる福音書／ルカによる福音書

旧約の律法と預言者を継承する

紀元
28〜30年頃

◆受難と復活を予告する

イエス一行が、フィリポ・カイサリア（ガリラヤ湖から北に約40キロの地で、ヨルダン川の水源）の村々に出かけたとき、道すがら、イエスは弟子たちに尋ねた。「人々は、私のことを誰だと言っているだろうか」。

弟子たちは「洗礼者ヨハネだと言っています。エリヤだと言う人や、エレミヤだとか預言者のひとりだとか言う者もいます」と答えた。

「ではあなたたちは、私を誰だと言うのか」

ペトロが力強く答えた。

「あなたこそキリスト（メシア）、生ける神の子です」

するとイエスはペトロを祝福し、「あなたにこのことを現したのは、人間ではなく、私の天の父なのだ」「この岩《ペトラ》の上に自分の教会を建てよう。黄泉《よみ》の門もこれに勝ることはないだろう」「あなたに天の国の鍵を与えよう」と告げた。

ところが、その後でイエスは、自分がキリストであることを誰にも話さないようにと、弟子たちに命じたのだった。

そしてこのときからイエスは、不吉なことを弟子たちに打ち明けはじめた。自分はやがてエルサレムに上り、そこで殺され、3日目に復活することになっている――というのだ。すなわち受難の予告である。

そこでペトロが「何を仰るんです、そんなことが起きるわけないじゃないですか！」と師に訴えると、イエスは振り向いて言った。
「サタンよ、私の背後に失せろ。お前は私の躓《つまず》きだ。神のことを思わず、人間のことを思っている」
そして弟子たちに、「私について来たい者は、自分を捨て、自分の十字架を背負って、私に従いなさい」「はっきり言っておく。ここに一緒にいる人々の中には、神の国が力にあふれて現れるのを見るまでは、決して死なない者がいる」などと告げた。（マタイ16章13〜28節、マルコ8章27節〜9章1節、ルカ9章18〜27節）
「躓き」の原語「スカンダロン」は、「敵のために仕掛けられた罠」が原義である。

◆モーセとエリヤが現れる

それから数日たって、イエスは、弟子の中からペトロとヤコブ・ヨハネ兄弟の3人を連れ出し、高い山に登った。

そして山上で祈っていると、3人の面前で、イエスの顔の様子が変わって太陽のように輝きはじめ、服は雪のように真っ白く輝いた。

さらに見ていると、栄光に包まれた2人の人影が現れ、イエスと何やら語りはじめた。それはモーセとエリヤで、イエスがエルサレムで遂《と》げることになる最期について話していたのだった。ペトロはイエスに言った。

「師よ、私たちがここにいるのは、すばらしいことです。もしお望みなら、幕屋を3つつくりましょう。あなたにひとつ、モーセにひとつ、エリヤにひとつです」

そう言っている間に、雲がむくむくと湧き起こって彼らの上を覆《おお》いはじめた。

そして雲の中から、声が聞こえた。

「この者は私の子、選ばれた者。お前たちは彼に聞け」

この声がしたとき、ペトロたちは顔を地に伏せ、深く恐れた。「起き上がるのだ」と声を掛けられて目を上げると、そこにいるのはイエスだけで、モーセとエリヤの姿はもうなかった。（マタイ17章1〜8節、マルコ9章2〜8節、ルカ9章28〜36節）

これが「山上の変容」「山上の変貌」などと呼ばれるもので、伝統的には、ガリラヤ南部にある標高588メートルのタボル山での出来事とされている。

モーセとエリヤは旧約聖書の律法《りっぽう》と預言者をそれぞれ象徴する人物で、3人の語らいは、イエスとその教えが旧約の継承であることを示している。雲と神の声はモーセのシナイ山での十戒《じっかい》授与の場面を彷彿させ、顔の輝きにはじまるイエスの変容は、復活の予示と解釈できよう。

◆エルサレムをめざす

変容後、山から下りて行く途中で、イエスは弟子たちに「〈人の子〉が死人たちの中から起き上がるまでは、今見たことを誰にも話してはならない」と命じた。

これはイエスの「復活」まで黙っていろということだったが、弟子たちには、師が何のことを言っているのか、さっぱりわからなかった。

イエスはその後も幾度か自身の受難と復活を弟子たちに明確に予告し、弟子たちをとまどわせている。

「〈人の子〉は、人々の手に引き渡され、殺される。殺されて3日の後に復活する」（マルコ9章31節）

一行は、ガリラヤを出て、荒野を歩き、聖都エルサレムをめざした。

当時、イエスが活動の拠点としたガリラヤのユダヤ人は、エルサレムからは田舎者扱いされていた。イエスたちのエルサレム行は、聖都にあって権力を牛耳《ぎゅうじ》るユダヤ教保守派への挑戦でもあったのだろう。

祈っておられるうちに、イエスの顔の様子が変わり、服は真っ白に輝いた。（ルカによる福音書・第9章29節）

エルサレム入城

群衆たちとともに聖都の神殿に乗り込む

マタイによる福音書／マルコによる福音書／ルカによる福音書／ヨハネによる福音書

紀元
28〜30年頃

◆ろばに乗って聖都に入る

エルサレムの東側は「キドロンの谷」と呼ばれる深い谷になっているが、谷をはさんだ聖都の向かい側に小高い丘のようにして広がっているのがオリーブ山で、山上からは、エルサレムを一望のもとに見渡せる。

「ダビデの子にホサナ。／主《しゅ》の名によって来られる方に、祝福があるように。／いと高きところにホサナ……」（マタイ21章9節）

過越祭《すぎこしさい》が近づいたある日、オリーブ山の麓《ふもと》を、大勢の人間が、こう朗唱しながらエルサレムの城門をめざして行列を組んで進んでいた。

「ダビデの子」は来たるべきメシアをさすと同時に、ダビデの子孫の系譜に連なるイエスをもさす。「ホサナ」（ホシアー・ナー）はヘブライ語で、「どうぞ救ってください」というのが本来の意味だが、いつしか祝祭時の歓喜の掛け声として用いられるようになっていた。「主の名……」以下は、『詩編』に典拠のある句である。

そして、この一団の真ん中に、マントをかけられた子ろばに乗ったイエスの姿があった。道行く先には、群衆たちが脱いだマントや木の切り枝が敷かれている。それは王の即位式を即興で模したものだった。

ろばは、近くの村（ベトファゲ）から、イエスが弟子に命じて調達してきたものだった。わざわざイエスがろばに乗ったのは、旧約聖書の預言が満たされるためであった。

「娘シオンよ、大いに踊れ。／娘エルサレムよ、歓呼の声をあげよ。／見よ、あなたの王が来る。／彼は神に従い、勝利を与えられた者／高ぶることなくろばに乗って来る」（ゼカリヤ書9章9節）

まるで国王の華やかな入城式のようにして、歓《かん》呼《こ》の声とともに一団がエルサレムに入ってくると、都中の人間が何事かと驚いたが、イエスとともにいた群衆は「このお方は、ガリラヤのナザレから出た預言者イエスだ！」と答えた。

ところで、『ルカ』によれば、エルサレムが迫り、都が見えたとき、イエスは涙を流して都の将来を憂えたという（19章41～44節）。この箇所は、紀元後70年のローマ軍侵攻によるエルサレム滅亡を暗示しているとされている。

◆神殿から商人を追い出す

イエスは、エルサレム神殿の境内に入った。

そこには、さまざまな出店が並んでいた。たとえば両替商である。ローマ統治下でのユダヤでは、ローマ発行のデナリ銀貨が通貨だったが、偶像崇拝を厳禁する神殿内では、使用が禁じられていた。皇帝の肖像が刻印されていたからだ。代わりに用いられたのがシェケル銀貨で、両替商がデナリとシェケルの交換を請け負った。

羊や鳩などの動物や、ぶどう酒や油を商う店もあった。いずれも神殿での献《ささ》げ物となる。また、巡礼者目当てに食べ物や飲み物を売る店もあったことだろう。

彼らはみな、神殿の祭司長たち（サドカイ派）からは公認されていた。

ところが、境内を見渡したイエスは、いきなり思いがけない行動に出る。出店の商人たちを外に追い出しはじめ、両替商の台や鳩売りが座っていた椅子をひっくり返したのだ。

そしてこう言った。

「こう書いてある。『私の家は、祈りの家と呼ばれるべきである』。ところが、あなたたちはそれを強盗の巣にしている」（マタイ21章13節）

イエスが引いた聖書の言葉は『イザヤ書』（56章7節）のもので、その前文を含めると、「異邦人が主《しゅ》に仕えれば、〈すべての民《たみ》の祈りの家〉すなわち神の国が実現する」ということが書かれている。イエスは世俗化した神殿を、民族の垣根を超えた、純粋、崇高な「祈りの家」として取り戻そうとしたのだった。

すると、境内にいた盲人や足の萎《な》えた人たちがイエスに近寄ってきた。イエスは彼らを癒した。

一方、エルサレムの祭司長や律法《りっぽう》学者たちは、イエスの傲然《ごうぜん》な振る舞いに憤激《ふんげき》し、ついに彼を葬り去ることを謀《はか》るようになった。

◆最も重要な掟《おきて》とは

イエスのもとにはサドカイ派やファリサイ派の人々が次々に議論を吹っ掛けにきた。

異教徒のローマ皇帝に納税することを不愉快に思っていたファリサイ派の人間が「皇帝に税金を納めるのは許されているでしょうか、それとも許されていませんでしょうか」と尋ねると、イエスは皇帝の肖像と彼を讃える銘が刻印された銀貨を持って来させ、「皇帝のものは皇帝に、神のものは神に返しなさい」と答えた。

また、ファリサイ派の律法学者が「先生、どの掟《おきて》が律法のうちで一番重要ですか」と尋ねると、イエスは次の2つの言葉を挙げて、長大な旧約聖書がここに集約されていると説く。

「心を尽くし、精神を尽くし、思いを尽くして、あなたの神である主を愛せよ」（申命記6章5節）「隣人を自分のように愛せよ」（レビ記19章18節）

そしてイエスは、律法学者やファリサイ派の人々を「禍《わざわ》いだ」「不幸だ」などと罵《ののし》り、激しく批難したのだった。

エルサレムの旧市街

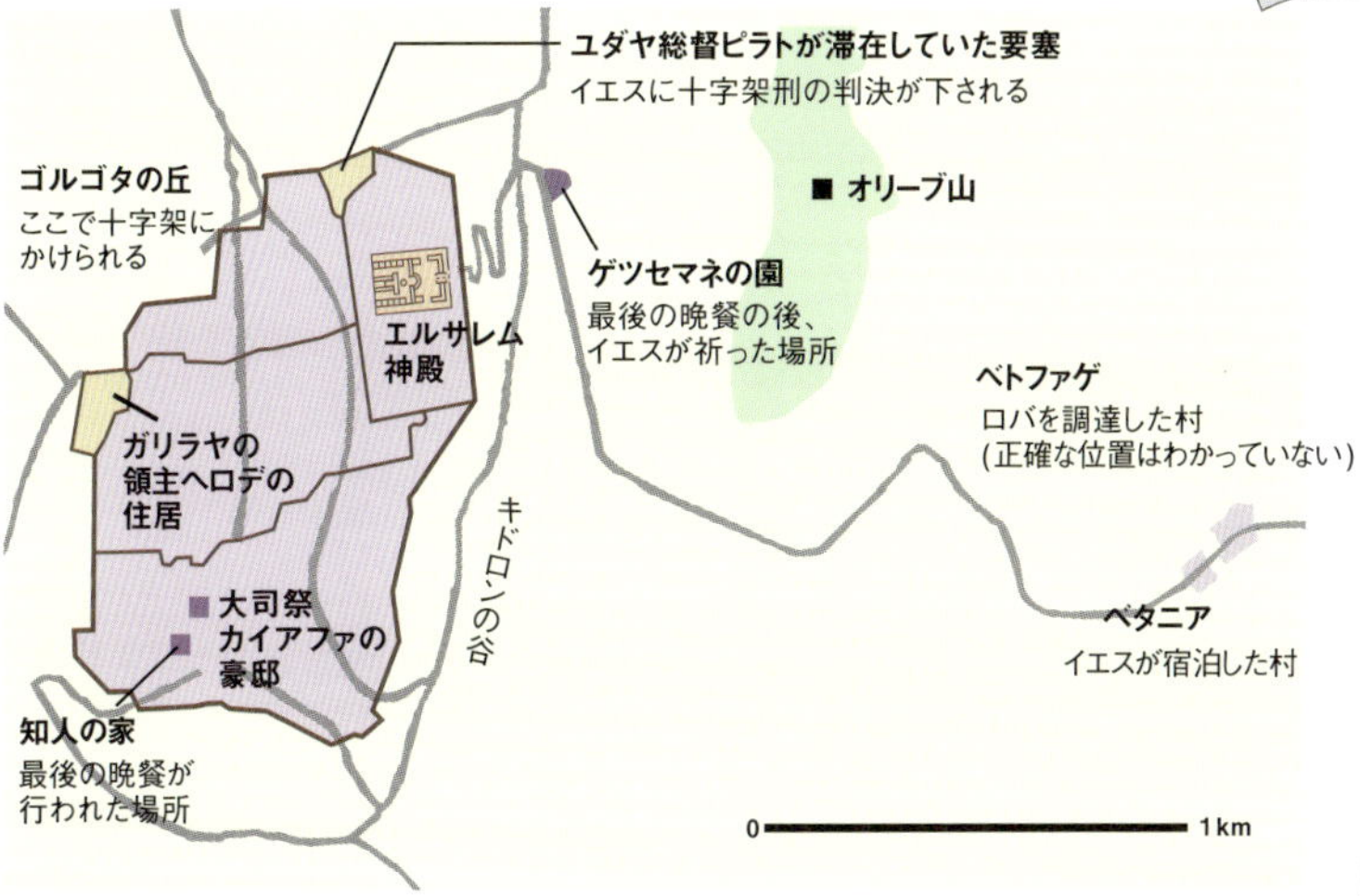

オリーブ山から見たエルサレム旧市街。エルサレム神殿のあった場所にはイスラム教の「岩のドーム」が建つ

オリーブ山上の説教

マタイによる福音書／マルコによる福音書／ルカによる福音書

イエスが自ら語った終末の預言

紀元
28〜30年頃

◆神殿崩壊は「苦しみ」の始まりにすぎない

律法学者《りっぽう》やファリサイ派の人々との論争を終えたイエスが神殿の境内から出て来ると、弟子が神殿を指さして、「先生、ご覧ください。何と見事な石でしょう、何と立派な建物でしょう」と語りかけた。ところがイエスは、不吉なことを言い出す。

「重なった石がひとつも残らないまでに、すべては崩されるだろう」（マルコ13章2節ほか）

エルサレム滅亡の預言であった。

エルサレムの外に出たイエスは、オリーブ山に登る。そこからはエルサレムと神殿を一望することができた。山上で神殿の方を向いて座っていると、使徒のペトロ、ヤコブ、ヨハネ、アンデレがやって来て、尋ねた。

「そのことは、いつ起こるのでしょうか。そのことがすべて成就されようとするとき、どんな徴《しるし》があるのでしょうか」

するとイエスは、「誰にも惑わされないように気をつけなさい」と言ってから、次のような話をはじめた。

〈やがて、イエスの名を名乗る者が大勢現れ、「私がメシア」だとふれまわる偽《にせ》メシアが出現するだろう。また、戦争の噂が生じるだろう。民族あるいは国家間の対立が激化し、方々で飢饉《ききん》や地震が起こるだろう。

しかし、これらはすべての産みの苦しみの始まりにすぎない。

　そのとき、あなたがたは苦しめられ、殺され、憎まれるだろう。また、多くの人が躓《つまず》き、互いに裏切り、憎み合い、偽預言者が大勢現れ、不法がはびこり、愛が冷めるだろう。

　だが、惑わされてはならない。最後まで耐え忍ぶ者は救われる。そして、本当の終末は、そのあとにこそ到来する。〉（マタイ24章5～14節、マルコ13章6～13節、ルカ21章8～19節）

◆「終末」の預言

　このイエスの言葉には、まず、ユダヤ教の中枢であるエルサレム神殿の崩壊が予告されていた。そして紀元後70年には、ローマ軍が実際に神殿をあとかたもなく破壊している。最古の福音《ふくいん》書である『マルコ』が記者によって記述されたのは、その直後のことだったと考えられている。つまり、福音書が書かれた時点では、イエスの預言は現実のものとなっていたのである。

　だが同時に、この言葉には、神殿崩壊という「苦しみの始まり」のあとにやって来るという、「この世の終わり＝終末」も預言されていた。イエスは「終末」についてさらにこうも述べる。

〈苦難の日々の後、太陽は暗くなり、月は光を放たなくなり、星は空から落ち、天体に異変が生じる。そのとき、「人の子」の徴《しるし》が天に現れ、大いなる力と栄光を伴って、天の雲に乗ってやって来る。「人の子」は、大きなラッパの音を合図に、天使たちを遣わし、彼らは、選ばれた人々を、地の果てから天の果てまで、四方から集めるだろう。〉（マタイ24章29～31節ほか）

　「人の子」は、旧約の預言書『ダニエル書』にも黙示《もくし》録的なイメージの中で登場しているが、福音書でのイエスは「人の子」を自称の名辞として用いている。つまり、終末時にはキリストが再臨《さいりん》し、ユダヤ人のみならずあらゆる人間に対して審判を行い、救われる人々を選ぶ――というメッセージが、このイエスの謎めいた言葉には示されていた。

キリストの再臨《さいりん》と最後の審判をへて、「神の統治」がついに実現する、というキリスト教の終末論は、ここにひとつの源泉がある。つまり、「この世の終わり」は「この世の完成」でもあり、それは、ユダヤ人という特定の民族を超えた、全人類を対象としたものになるはずだった。

だがイエスは、その終末が訪れる肝心な時期については、「誰も知らない。ただ父だけがご存じである」と言明し、「人の子」は思いがけないときに来るから、常に目を覚ましていろ、と強く警告する。

福音書《ふくいんしょ》の記述者たちには、いつ来るかはわからないが、「終末」はごく近いうちに来る——という切迫感、緊張感、期待感が常にあった。そしてそのことは、福音書の初期の読者、すなわち迫害下にあったキリスト教徒にとっても、同様だったはずである。

◆イエス殺害の計略

だが、終末についてすべて語り終えたイエスは、弟子たちに、迫りくる自身の受難についても預言する。
「あなたがたも知っているとおり、2日後は過越祭《すぎこしさい》である。人の子は、十字架につけられるために引き渡される」（マタイ26章2節）
実際、その頃、祭司長や長老たちは、大祭司カイアファの屋敷に集まり、イエス殺害のための具体的な計略を練っていた。彼らは、祭りの期間に捕まえると民衆に暴動が起きかねないので、その後にしようと相談していた。
ちなみに『ルカ』によれば、イエスはエルサレム入城後、日中は神殿で説教を続け、夜はオリーブ山で野宿するのを常としていた。そして、神殿は早朝から彼の説教を聞こうとする人々でごった返したという。

イエスは言われた。
「これらの大きな建物を見ているのか。
ひとつの石もここで崩されずに
他の石の上に残ることはない」
（マルコによる福音書・第13章2節）

最後の晩餐《ばんさん》

マタイによる福音書／マルコによる福音書／ルカによる福音書／ヨハネによる福音書

過越祭を祝い、裏切り者ユダを暴く

紀元
28〜30年頃

◆イエスが取り仕切った「過越《すぎこし》の食事」

過越祭《すぎこしさい》の日が来ると、イエスと12人の使徒たちはエルサレムの知人の家に集まり、食事の席についた。「最後の晩餐《ばんさん》」である。

過越祭はユダヤ暦のニサン月（太陽暦の3〜4月）の14日の夕方からはじまる8日間の祭りで、出《しゅつ》エジプトの国民的救済を記念するものだ。まず14日の午後に神殿で屠《ほふ》られた羊を各家庭で焼き、これにぶどう酒、苦菜《にがな》、スープ、種なしパンを加えて「過越の食事」とし、日没を待つ（日没から15日つまり2日目に入る）。日没後、家長は杯にぶどう酒を満たしパンを割ってから、出エジプトの故事を語り、祈りをささげる。そして家族一同が食事にあずかり、終わるとまた杯が満たされ、祈りが唱えられる。

つまり、「最後の晩餐」とは、イエスを長とする共同体の「過越の食事」であった。

「最後の晩餐」というと、西洋名画の影響で、イエスを真ん中に椅子が並ぶ食卓がイメージされがちだ。だが、当時の宴席では、全員が床に左肘をついて横向きに寝そべり、円形をつくるというのがスタイルだった。頭は食べ物が置かれた中心側に、足は外側に向けられた。

一同が食事をしていると、イエスはパンを取り、祈りを唱えてからそれを裂き、弟子たちに与え、「取りなさい、これは私の体である」と言った。次に杯を渡し、皆がそれを飲むと、「これは多く

の人のために流される私の血、契約の血である」と言った。（マルコ14章22〜25節ほか）

キリスト教では、イエスはパンとぶどう酒で自らの体と血を象徴させたと解し、教会では「最後の晩餐」を模して聖別されたパンとぶどう酒を分かち合う「聖餐式《せいさん》」が継承されている。

◆裏切り者ユダの深層

「最後の晩餐」の場面には、イスカリオテのユダが裏切りを企《くわだ》てる描写もあるが、その記述は、共観福音書《きょうかんふくいん》（『マタイ』『マルコ』『ルカ』）と『ヨハネ』で、謎めいた違いがある。

共観福音書によれば、過越祭の前に、ユダはイエスを裏切ってユダヤ当局に引き渡すことを決意し、祭司長のところへ出かけ、金を受け取る約束を得る（もしくは金を受け取る）。そして、食事中にイエスが「12人のうちに私を裏切る者がいる」と告発し、ユダの裏切りが師に露見していることがほのめかされる（『マタイ』では、ユダが「まさか私のことでは」と問うと、イエスは明確な返答を拒否する）。

一方、『ヨハネ』では、過越祭前のユダの裏切りの企ては記述されないが、食事中の場面で、「既に悪魔はユダにイエスを裏切る考えを抱かせていた」（13章2節）という記述がある。さらに、イエスは弟子たちの足を洗ってから、「この中に私を裏切ろうとしている者がいる。私がパン切れを浸して与えるのがその者だ」と言って、パン切れを浸し、ユダに与えた。それを受け取ると、ユダの中にサタンが入った。イエスが「しようとしていることを、今すぐしなさい」と言うと、ユダは夜の屋外へ出て行った。

裏切り者の代名詞となったユダだが、『ヨハネ』について眼光紙背《がんこうしはい》に徹すると、「受難と復活」という師の預言の成就のために、汚れ役を負わされた犠牲者のようにも思えてくる。

ゲツセマネの祈り

人間的な弱さを垣間見せる捕縛前のイエス

マタイによる福音書／マルコによる福音書／ルカによる福音書／ヨハネによる福音書

紀元
28〜30年頃

◆晩餐《ばんさん》での最後の説教

『ヨハネ』では、最後の晩餐《ばんさん》でユダが外に出て行くと、イエスは残りの弟子たちに向かってついに栄光の時が到来したことを告げ、遺言とも言うべき最後の説教をはじめる。

「あなたがたに新しい掟《おきて》を与える。互いに愛し合いなさい。私があなたがたを愛したように、あなたがたも互いに愛し合いなさい」（13章34節）

「私は道であり、真理であり、命である。私を通らなければ、誰も父のもとに行くことができない」（14章6節）

「かの日には、私が父の内におり、あなたがたが私の内におり、私もあなたがたの内にいることが、あなたがたに分かる」（14章20節）

「言っておきたいことは、まだたくさんあるが、今、あなたがたには理解できない。しかし、その方、すなわち、真理の霊が来ると、あなたがたを導いて真理をことごとく悟らせる」（16章12〜13節）

このように語りながら、イエスは、自分がまもなく神のもとに帰ること、弟子たちは迫害に遭うが、自分と入れ替わりに聖霊が遣わされること、キリストが復活しまた再臨《さいりん》することを伝え、さらに神とイエスと弟子たちとを結びつけるのは「愛」なのだと強調する。

そしてイエスが「私は父のもとから出て、世に来たが、今、世を去って、父のもとに行く」（16章28節）と言って説教を締めくくると、弟子たちは

「あなたが神のもとから来られたと信じます」と告白する。するとイエスは彼らに激励の言葉を与えた。

「これらのことを話したのは、あなたがたが私によって平和を得るためである。あなたがたには世で苦難がある。しかし、勇気を出しなさい。私は既に世に勝っている」（16章33節）

◆ペトロ離反の予告

この説教の中で、イエスが「あなたがたは私を捜すだろうが、私が行く所にあなたたちが来ることはできない」と自らの死をほのめかす言葉を述べたとき、ペトロが「主《しゅ》よ、どこへ行かれるのですか」と尋ねた。イエスは答えた。

「私の行く所に今はついて来ることはできないが、後でついて来ることになる」

「なぜ今、ついて行けないのですか。あなたのためなら命も捨てます！」

だが、ここでイエスはペトロに言い放つ。

「私のために命を捨てると言うのか。はっきり言っておく。鶏が鳴くまでに、あなたは3度私のことを知らないと言うだろう」（ヨハネ13章38節）

これは、ペトロが師に離反することを予告するものであった。

『マタイ』『マルコ』によれば、この予告に対してペトロは「一緒に死ぬことになっても、あなたのことを知らないなどとは、決して言いません」と必死で抗弁している。

◆はげしく動揺するイエス

過越《すぎこし》の食事を終えたイエス一同は、賛美の歌をうたってから、エルサレムを出て、キドロンの谷を渡り、オリーブ山へと向かって行った（『マタイ』『マルコ』では、イエスによるペトロ離反の予告は、この移動の途次のこととして記述されている）。

やがて、山の麓《ふもと》のゲッセマネに来た。そこはオリーブ油の圧搾場だった。

イエスは、弟子たちに「向こうに行って祈りをささげるので、ここに座っていなさい」と命じてから、ペトロとヤコブ・ヨハネ兄弟の3人だけを伴って、先へ進んだ。

だが、イエスはひどく恐れて不安になり、3人にこう言った。

「悲しくて死にそうだ。ここで見張っていてくれ」

そして、少し進むと地面にひれ伏し、できることならこの時が自分から過ぎ去って行くようにと祈り、そして言う。

「アッバ、父《パテール》よ、あなたは何でもおできになります。この杯を私から取りのけてください。しかし、私の思いのままではなく、おぼしめしのままに」（マルコ14章36節）

「杯」とは、イエスが全人類の罪の贖《あがな》いのために神から課せられた、受難と死の表徴である。

「アッバ」はアラム語で、「父」を親しみを込めて呼ぶ言葉であり、ヘブライ語の会話でもふつうに使われていたという（『ナザレ派のイエス』）。強いて日本語に訳せば、「父ちゃん」「オヤジ」といったところだろう。苛酷な運命を前にしてはげしく動揺する、ある意味では人間的ともいえるイエスの内面から吐露《とろ》された、神への哀切な呼びかけである。

熱烈な祈りを終えてペトロたちのところに戻ってみると、彼らはみな眠っていた。

「なぜわずかな間でも目を覚ましていられないのか。心は燃えても、肉体は弱い」

しかたなくイエスは元の場所に戻って祈りをささげるが、終わって戻るとまたも弟子たちは眠っていた。もう一度祈りを繰り返して戻っても、彼らはまだ眠っていた。

イエスは言った。

「休みなさい。もう終わった。時は来た」

背後から、不穏な人影が近づいていた。

捕縛と裁判

不合理な裁定によって十字架の道へ

マタイによる福音書／マルコによる福音書／ルカによる福音書／ヨハネによる福音書

紀元
28〜30年頃

◆ユダの接吻《せっぷん》とイエス逮捕

夜のゲッセマネで、人の話し声が聞こえたかと思うと、オリーブの木陰が炬火《かがりび》で照らし出され、腕のぶつかり合う音が鳴った。

やがてユダと、剣と棍棒《こんぼう》をもつ男たちが、イエスの前に現れた。——祭司長やファリサイ派の人々によって送り込まれた荒くれどもだった。

男たちを連れて来たユダは、イエスに近寄ると、「先生、喜びあれ」と言って口づけをした。自分が接吻《せっぷん》をする者がイエスであると、あらかじめ彼らと取り決めていたからである。すると、イエスは言った。

「友よ、しようとしていることをするがよい」（マタイ26章50節）

男たちは進み寄り、イエスを荒々しい手つきで捕えた。だが、イエス自身は落ち着きを取り戻していて、「なぜ強盗でも捕まえるように、剣と棒をもってきたのか。私は毎日神殿の境内にいたのに、あなたたちは私を捕えなかった。しかしこうなったのはすべて、聖書の預言が満たされるためなのだ」と語った。

その場にいた弟子たちは、最初しばらくは抵抗してみせたが、すぐに怖くなり、師を見捨て、蜘《く》蛛《も》の子を散らすように逃げてしまった。

◆最高法院での裁判

捕えられたイエスはエルサレムに戻され、まず

ユダはやって来るとすぐに、イエスに近寄り、「先生」と言って接吻した。（マルコによる福音書・第14章45節）

大祭司カイアファのところへ連行された。

そこには祭司長や律法《りっぽう》学者、長老たちも集まっていて、イエスは最高法院《サンヘドリン》によって裁かれることになった。

最高法院はユダヤ教の最高自治機関で、大祭司を議長とし、以下のメンバーは祭司長、律法学者、長老によって構成される。律法を中心とした法規にもとづいて裁きを行う。

真夜中にカイアファの官邸で法廷が開かれた。最高法院のメンバーは皆、イエスを死刑にしようと目論《もくろ》み、イエスに不利な証言を欲した。ところが、群衆の中から次々に証人が現れて証言台に立っても、証言は互いにみな食い違っていて、証拠も得られなかった。

最後に進み出た者が、「この男は『エルサレムの神殿を打ち倒し、3日で建て直すことができる』と冒瀆《ぼうとく》的な言葉を吐いた」と訴えた。だが、イエスは口を閉ざして黙ったままだった。

苛立《いらだ》ったカイアファは、「お前は神の子、メシアなのか？」と言って迫った。イエスはやっと口を開いた。

「そうだ。あなたたちは、人の子が全能の神の右に座り、天の雲に囲まれて来るのをみる」（マルコ14章62節）

カイアファは衣を引き裂いて悲憤をあらわにしながら「この男は神を冒瀆した。これでもまだ証人が必要だろうか！」と叫んだ。

一同はイエスの死刑を決議した。これに呼応して、人々はイエスに唾を吐きかけ、顔を殴り、罵《ば》倒《とう》した。

その頃、ペトロは法廷の中庭にいて、近くにいた人に「イエスと一緒にいた男だね？」と3度も問われるが、その度に「わからない」「そんな人は知らない」と答えた。すると、鶏が鳴いた。彼は師の言葉を思い出し、涙を流した。

夜明け頃、ユダが首を吊って自ら命を絶った。

イエスの有罪を知って後悔したからであった。

◆総督ピラトの尋問と死刑判決

最高法院はイエス死刑を決議したが、彼らには死刑執行の権限はなかった。そこで祭司長と長老たちは集まって謀議《ぼうぎ》し、イエスをローマのユダヤ総督ピラトに引き渡すことにした。ローマ法ではユダヤ教的な神の冒瀆は死罪に相当しなかったが、被告を、民衆を扇動《せんどう》するローマ皇帝への反逆者として訴えようという考えだった。

こうして明け方、イエスの身は今度はローマ法廷に預けられることになった。

イエスの前に立ったピラトは、彼が政治犯であるかどうか確かめようと、「お前はユダヤ人の王か」と尋問した。するとイエスは「それは、あなたが言っていることだ」と答えた。イエスに罪を見出せないピラトは、彼がガリラヤ人と知ると、ガリラヤ領主ヘロデ・アンティパスのもとに彼を送った。ちょうどこのとき、ヘロデはエルサレムに滞在していたのである。

以前からイエスに好奇心を抱いていたヘロデは、彼に尋問を浴びせるが、イエスは終始無言を貫く。無責任なヘロデは、イエスを侮辱したあげく、ピラトのもとに送り返した。

なおもためらいを感じるピラトは、今度は祭司長たちや民衆を呼び集め、外に出て「この男は死刑に当たることはしていない。過越祭《すぎこしさい》では誰か1人を恩赦《おんしゃ》することになっているので、彼を釈放しよう」と提案した。だが人々は「イエスを殺せ、バラバを釈放しろ！」と叫んだ。

バラバとは、エルサレムで暴動を起こして投獄されていた人物である。

「イエスを十字架につけろ！」——民衆の声がかまびすしく響いた。ついにピラトはバラバを釈放し、イエスを鞭打たせてから、十字架刑の執行のために部下の兵士に彼を引き渡した。

磔刑《たっけい》と死

深い意味をたたえた最期の言葉

マタイによる福音書／マルコによる福音書／ルカによる福音書／ヨハネによる福音書

紀元
28〜30年頃

◆ゴルゴタの丘で十字架にかけられる

ローマ法における十字架刑は、奴隷《どれい》の重罪者や属州の反逆者に対して用いられた残忍な処刑法で、次のような手順をもつ。

①鞭で打つ。②刑場まで十字架の横木を運ばせる。③着衣をはぎとる。④十字架の横木に両手首を釘で固定し、吊り上げられて、あらかじめ立てられていた縦木に取り付けられる。⑤くるぶしは釘で縦木に打ち付けられる。

受刑者は、ふつう1〜2日かけて窒息や出血のショックで死に至ったという。

茨の冠をかぶせられ、総督の兵士からなぶり者にされたイエスは、十字架の横木を負わされて引き出され、「髑髏《しゃれこうべ》の場所」、アラム語でゴルゴタと呼ばれる丘へと追い立てられた。民衆と嘆き悲しむ婦人たちがイエスの後に従った。

丘に着くと、十字架につけられた。朝9時頃だった。頭上には「これはユダヤ人の王イエスである」と皮肉るように書かれた罪状書きが掲げられ、左右に、強盗をつけた十字架がそれぞれ一緒に立てられた。このときイエスは、「父よ、彼らをお赦《ゆる》しください。自分が何をしているのか知らないのです」**（ルカ23章34節）**と言う。

「他人は救ったのに、自分は救えない。キリスト、イスラエルの王、さあ、十字架から降《お》りてみろ。そうすれば我々も信じてやろう」

祭司長たちが律法《りっぽう》学者たちと一緒になってあざ

けった。

◆イエス最期の言葉

正午になると真っ暗闇となり、それは午後3時まで続いた。するとその頃、イエスは大声で「エリ、エリ、レマ、サバクタニ」と叫んだ。これは「わが神、わが神、なぜ私をお見捨てになったのですか」という意味であった（マタイ27章46節）。さらに、「渇く」「成し遂げられた」（ヨハネ19章28、30節）「父よ、私の霊を御手《みて》にゆだねます」（ルカ23章46節）といった言葉を吐いて、イエスは息を引き取る。そのとき、エルサレムの神殿の垂れ幕が上から下まで真っ二つに裂け、地が震え、岩が裂け、墓が開いた。

百人隊長とイエスの見張りをしていた人たちは、この出来事を目にして非常に怖くなった。

「この人は本当に神の子だった……」

そこから離れたところには、ガリラヤからイエスに従ってきた婦人たちがいて、一部始終を見守っていた。その中には、マグダラのマリア（イエスに悪霊祓《ばら》いをしてもらった女性）、イエスの母マリア、使徒ヤコブ・ヨハネ兄弟の母サロメがいた。

イエスの最期の言葉「エリ、エリ、レマ、サバクタニ」（わが神、わが神、なぜ私をお見捨てになったのですか）は、一見すると、絶望と苦痛の只中《ただなか》にあるイエスの、神に対する怨嗟《えんさ》の叫びのように受け取れる。

だが、このアラム語まじりのヘブライ語は、旧約『詩編』第22編冒頭の引用である。第22編の最後では、神が死をも支配に置くことが宣《せん》され、全体としては神への感謝と賛歌になっている。したがって、イエスは最期に至って、この祈りの賛歌を全文唱えようとし、ユダヤ教の習慣に従って最初の一節だけを声高に発音したのだ、という解釈もあるのだ（前島誠『ナザレ派のイエス』）。

最後の晩餐から死までの推定時間割

ニサンの月 14日（木曜日）		**最後の晩餐** イエスはユダの裏切りをほのめかす
日没から 15日（金曜日）	午後6時	
	9時	**ゲツセマネの祈り** 弟子たちは眠ってしまい、イエスはひとり神に祈る
	10時	**イエスの捕縛**
	11時	**カイアファの尋問** 大祭司カイアファの官邸で、最高法院による裁きを受ける
		イエスはローマのユダヤ総督ピラトに引き渡される
	午前7時	**ピラトによる裁判** ガリラヤ領主ヘロデ・アンティパスのもとに送られる
	午前8時	**ピラトのもとに送り返され、十字架刑が決定**
	午前9時	**十字架刑** ゴルゴタの丘で十字架につけられる
	正午	**真っ暗闇となる**
		「エリ、エリ、レマ、サバクタニ」「父よ、私の霊を御手にゆだねます」
	午後3時	**イエスの死**
		イエスの埋葬 弟子ヨセフが遺体を墓に納める
日没から 16日（土曜日）	午後6時	**安息日がはじまる**

＊「ニサンの月」はユダヤ教暦。太陽暦の3～4月に相当する

埋葬と復活

福音書で異なる甦りの情景

マタイによる福音書／マルコによる福音書／ルカによる福音書／ヨハネによる福音書

紀元
28〜30年頃

◆安息日《あんそくび》前日に墓に葬られる

イエスが息を引き取ると、夕方になって、アリマタヤ出身のヨセフが総督ピラトのもとにやって来た。彼は裕福なユダヤ人で、最高法院のメンバーのひとりだったが、じつはイエスの弟子でもあった。ヨセフは、イエスの遺体を下げ渡してくれるようピラトに願い出た。

イエスが十字架にかけられたのは、安息日《あんそくび》（土曜日）の前日だった。ユダヤの暦では日付は日没で切り替わる。つまり日没からは安息日となり、ユダヤ人には一切の労働が禁止され、死者を埋葬することもできなくなる。

そこでヨセフは、日没までに何とか師の弔《とむら》いを済ませようと思い、勇気を奮い起こして、ピラトに願い出たのである。

犯罪人の死体を丁重に葬ることは、本来ならば、ありえないことだったが、ピラトはヨセフへの遺体の下げ渡しを許可した。イエスの遺体は十字架から降《お》ろされ、ヨセフはそれを亜麻布でくるみ、岩に掘ってあった墓の中に納めた。

当時の墓は岩をくりぬいてつくられた。横穴式で、中に墓室があり、通常は香料を塗られ、布でくるまれた遺体がそこに安置される。

ヨセフの後ろには、マグダラのマリアともうひとりのマリア（イエスの母マリアとされる）の姿があり、彼女たちはイエスの埋葬を見届けると、帰って、安息日後にイエスの体に塗るための香料と香油を用意した。

ヨセフは、墓の入り口には大きな石を転がし、入り口を塞いで、立ち去った。

日が沈み、安息日がはじまった。

◆福音書《ふくいん》で異なる復活したイエスの姿

安息日が終わり、週の初めの日（日曜日）の朝となった。つまり、イエスの死から3日目である。

ここから先の描写は、福音書《ふくいん》によって違いが大きくあらわれる。

まず『マタイ』によると、マグダラのマリアともうひとりのマリアが墓にやって来ると、地震が起きた。天使がやって来て、墓の入り口に置かれた石を転がしたのである。

石の上に座った天使は、彼女たちにこう告げる。「恐れるな、イエスはここにはいない。彼の弟子たちに急いで伝えなさい、『預言通り、あの方は復活された。あなたがたより先にガリラヤに行かれる。そこでお目にかかれる』と」。

彼女たちは弟子たちに知らせるべく、急いで墓を立ち去った。すると、イエスが行く手に立っていて「おはよう」と言ったので、近寄り、彼の足を抱き、ひれ伏した。イエスは婦人たちに、ガリラヤで再会できる旨を弟子たちに伝えてほしいと告げる。

そして11人の使徒たちがガリラヤに行き、指示された山に登ると、イエスが現れ、「あなたがたは行って、すべての民《たみ》を私の弟子にしなさい。私は世の終わりまで、いつもあなたがたと共にいる」と告げた。

次に『ルカ』によると、マグダラのマリアたちが墓へ行くと、石がわきにどかしてあり、中に入っても、イエスの遺体が見当たらなかった。すると、輝く衣を着た2人の男が現れ、婦人たちにイエス復活を告げる。彼女たちは墓から帰って、イエスの弟子たちに一部始終を知らせたが、彼らは信じない。だが、ペトロが墓へ行き、中を覗くと、そこには亜麻布しかなかった。

同じ日、エルサレムからエマオという村に向かって歩いている2人の弟子の前に復活したイエスが現れた。さらに、エルサレムに集まった11人の使徒たちの前にも現れ、イエスは彼らを祝福しながら、昇天した。

◆『マルコ』に復活したイエスは登場しない

『ヨハネ』では、墓石が取りのけてあるのを見たマグダラのマリアから知らせを受け、ペトロと、イエスが愛したもうひとりの弟子(使徒ヨハネのこととされる)が墓へ駆けつける。2人は墓が空になっているのを見るが、師の復活はまだ理解できず、そのまま帰って行った。

その後、マグダラのマリアが泣きながら墓の中を見ると、そこに2人の天使がいた。後ろを振り向くと、イエスが立っていて、自分がこれから神のもとへ上ることを弟子たちに伝えてくれるよう頼んだ。マリアは弟子たちのところへ行って、イエス復活を報告した。

イエスは、その後3度弟子たちの前に現れ、ペトロには「私に従いなさい」と告げている。

最後に『マルコ』だが、4書のうちで最古の成立とされるこの福音書《ふくいん》には、じつは復活したイエスが登場しない。

マグダラのマリアとイエスの母マリアたちが墓へ行くと、石がわきに転がしてある。中に入ると、白く長い衣を着た若者が座っていて、「驚くな。あの方は復活した。ガリラヤで再会できる」と告げる。そしてオリジナルのテキストの最後は、次のように結ばれている(第16章9節以下は後世の付加)。

「婦人たちは墓を出て逃げ去った。震え上がり、正気を失っていた。そして、誰にも何も言わなかった。恐ろしかったからである」(16章8節)

イエスが行く手に立っていて、「おはよう」と言われたので、婦人たちは近寄り、イエスの足を抱き、その前にひれ伏した。（マタイによる福音書・第28章9節）

Column

イエスは実在しなかった?

聖書を読んでいれば、イエス・キリストが歴史的に実在したことは、自明のことのように思える。だが、歴史学的にみると、イエスの存在証明は、じつはきわめて微妙な問題なのだ。というのも、聖書を除けば、同時代つまり紀元1世紀頃の史料でイエスに言及したものは、ひとつしか存在しないからだ。

その貴重な一冊とは、1世紀のフラヴィウス・ヨセフスが紀元93年に完成させた『ユダヤ古代誌』で、第18巻に、ごく簡単ではあるがイエスに言及する箇所がある。

「さてこのころ、イエスス(イエス)という賢人――実際に、彼を人と呼ぶことが許されるならば――が現われた。彼は奇跡を行う者であり、また、喜んで真理を受け入れる人たちの教師でもあった。そして、多くのユダヤ人と少なからざるギリシア人とを帰依させた。彼こそはクリストス(キリスト)だったのである」(秦剛平訳)

さらにヨセフスは、イエスは十字架刑に処されたが3日目に復活したと記し、「彼の名にちなんでクリスティアノイ(キリスト教徒)と呼ばれる族は、その後現在にいたるまで、連綿として残っている」と結んでいる。

一冊とはいえ、史料が絶対的に限られる古代において、その名がはっきりと言及されていることは、非常に有力な証拠となりうる。しかし、「キリスト証言」として古来知られるこの記事については、後代のキリスト教徒による加筆があるとする主張もあり、イエス実在の決定的な証拠とはならないのである。

第2章 弟子たちの宣教

原始キリスト教の素朴な姿

新約聖書は、イエスの死と復活をもって完結としているわけではない。イエスの受難と甦《よみがえ》りは、イエスが旧約聖書に預言された救世主（メシア）、つまりキリストであることの証拠にほかならない。この事実を述べ伝えることが、残された弟子たちに課せられた使命であり、そして彼らのその活動こそが、キリスト教の発端となったのだ。

福音書《ふくいん》の後ろに置かれた『使徒言行録』は、そのような弟子たちによる、イエスの昇天後、約30年に及ぶ活動を記録したもので、さらに『使徒』の後ろには、弟子もしくは信徒が書き記したとされる信仰をめぐる書簡、そして黙《もく》示《し》録が続いている。

『使徒』は『ルカによる福音書』の著者と同じ人物によって紀元70～100年頃に著《あらわ》されたと考えられ、『ルカ』が前編、『使徒』が後編という位置づけである。前半は使徒ペトロ、後半はイエスの死後に回心したパウロの伝道がおもに描かれ、福音はエルサレムから地中海沿岸に広まり、ローマにまで届く。

この叙述は、ユダヤ人に限定されていた「神」（ヤハウェ）への信仰が、イエスの死と復活を契機に、民族を超越した普遍性をもつものとして異民族（異邦人）の間にも受容され、ユダヤ教からキリスト教が脱皮してゆく歴史でもある。ただし、『使徒』の記述が、すべて史実であるとは考えにくい。

『使徒』に続く書簡と『ヨハネの黙示録』の詳細については、288ページ以下を参照いただきたい。

Acta Apostolorum, Epistulae Paulinae, etc.

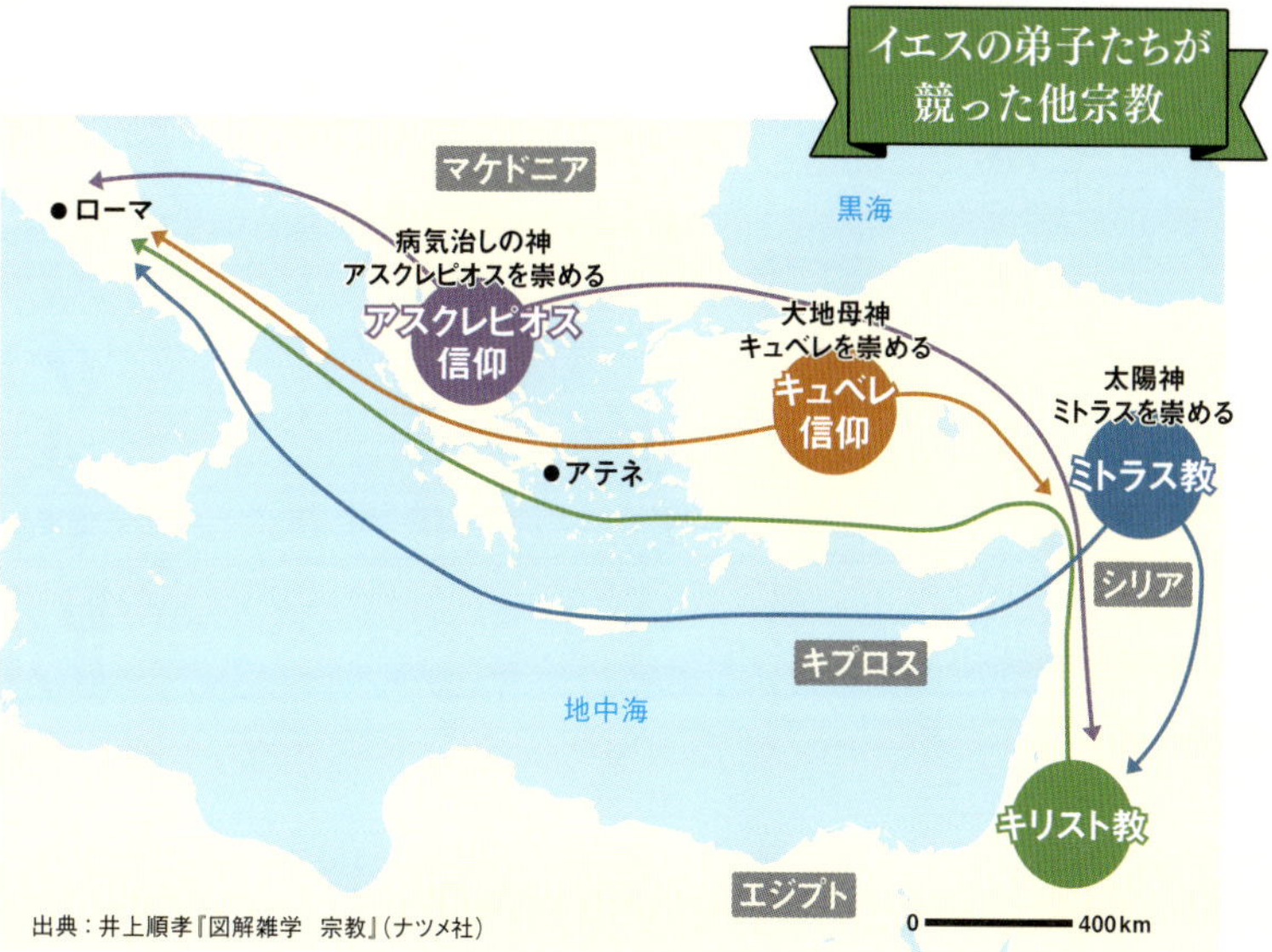

出典：井上順孝『図解雑学　宗教』(ナツメ社)

紀元1世紀頃の地中海世界には、さまざまな宗教がすでに広まっていた。イエスの弟子たちは、とくに病気治しの神アスクレピオスを崇める勢力と競って宣教活動を行ったという

トルコ西部のベルガマ遺跡（アスクレピオン）。アスクレピオスが祀られていた（紀元前4世紀頃）

使徒言行録

五旬祭《ごじゅんさい》の奇跡

イエスは昇天し、使徒たちに聖霊が降る

紀元30年頃

磔刑《たっけい》から3日目に復活したイエスは、11人の使徒たちの前に姿を現し、それは40日間続いた。そして、エルサレム近郊のオリーブ山上で「やがて聖霊が降《くだ》るあなたがたは、エルサレムだけでなく、地の果てに至るまで、私の証人になる」と告げると、使徒たちが見ている目の前で雲に乗って昇天した。

エルサレムに留まった使徒たちは、自殺したイスカリオテのユダ(福音書《ふくいんしょ》では縊死《いし》したことになっているが、『使徒』では、裏切りで得た報酬で買った土地に逆様に落ち、凄惨《せいさん》な死を遂《と》げたことになっている)の代わりにマティアを選出して十二使徒に加え、五旬祭《ごじゅんさい》(ペンテコステ)の日を迎える。五旬祭は過越祭《すぎこしさい》から50日目に行われるユダヤ教の収穫祭で、モーセがシナイ山で十戒《じっかい》を授与された日ともされる。

この日、使徒たちが集まっていると、突然烈風のような音が天から聞こえ出し、「炎のような舌」がいくつも分かれるようにして現れ、ひとりひとりの上にとどまった。聖霊が降ったのである。そして、彼らは皆、「他の国々の言葉」(ギリシア語やラテン語など、使徒たちがしゃべれない言語だけでなく、誰にも理解できない「異言《いげん》」をもさしているとする解釈もある)を語り出した。さらにペトロが立ち上がって説教をはじめ、イエスが神によって復活したメシアであることを告げると、一挙に約3000人が彼の言葉を受け入れ、洗礼を受けたのだった。

使徒言行録

ペトロの宣教

異邦人への伝道がはじまる

紀元
30年頃

イエスの復活と昇天からまもなく、イエスの弟子や信徒たち、すなわち原初のキリスト教徒によって、エルサレムに「エルサレム教会」とでも言うべき組織が結成される。最初期のエルサレム教会では、メンバーは財産を共有して共同生活を送ったらしいが、その中心的指導者となったのが、ペトロである。

ある日、ペトロと使徒ヨハネがエルサレムの神殿に上ると、門のところに足の不自由な男がいた。彼が施しを乞うと、ペトロが言った。「イエス・キリストの名によって立ち上がり、歩きなさい」。すると、その男はたちまち立ち上がり、歩きまわりはじめた。さらにペトロは神殿で、自分がイエスの死と復活の証人であることを民衆に向かって熱心に説いた。

だが、これらのことは神殿の祭司たちの忌諱《きき》にふれ、ペトロとヨハネは投獄され、最高法院で審問を受けた。しかし、祭司たちはペトロとヨハネの大胆な態度をみて逆に恐れを抱き、2人はほどなく釈放される。

その後ペトロはエルサレムを出て、各地に伝道に出かける。サマリアではすでに受洗していた人々に按手《あんしゅ》によって聖霊を授け、ヤッファでは死人を生き返らせる。カイサリア(パレスチナの地中海沿岸の都市)ではローマ人コルネリウスとその家族を入信させ、彼らの上には聖霊が降《くだ》った。これは異邦人への伝道の初穂《はつほ》であり、大きな意味をもつことになった。

サン・ピエトロ大聖堂とペトロの像

ペトロの墓を祀って建造されたと伝えられるローマのサン・ピエトロ大聖堂

サン・ピエトロ大聖堂内のペトロの像。手にはイエスから授かった「天の国の鍵」を持っている

使徒言行録

ステファノの殉教《じゅんきょう》

ヘレニストたちの活動と迫害

紀元
32年頃

エルサレム教会には、2つのグループがあった。ひとつはヘブライスト(ヘブライオイ)と呼ばれる人々で、彼らはパレスチナ出身の伝統的なユダヤ人であり、ヘブライ語を用いる。

もうひとつはヘレニスト(ヘレニスタイ)で、彼らもユダヤ人だが、パレスチナ以外の地(ローマまたはローマ諸属州)で育ったため、ギリシア語を日常語とし、ギリシア化した生活になじんできた。

エルサレム教会では、人数が増えるにつれ、ヘレニストがヘブライストに対し、寡婦《かふ》への食べ物の配給に差別があると苦情を言うようになった。そこで、メンバーの中から7人がヘレニスト代表として選出され、彼らが寡婦たちの食糧の配給を担当することになった。この7人の筆頭格が、信仰心の篤《あつ》いステファノであった。

神殿儀礼を重んじてきたヘブライストに対して、ヘレニストはそれに懐疑的で、また煩瑣《はんさ》な律法も彼らには重荷だった。ステファノは、とくに神殿を軽視する立場であったらしい。そのためか、彼は神への冒瀆《ぼうとく》者としてユダヤ当局に捕えられ、最高法院に引き立てられる。法廷では、イエスが旧約に預言されたメシアであると説教するが、これがさらに人々の怒りを買い、エルサレム郊外で石打ちの刑に処され、殺害された。これを機にエルサレム教会への迫害が本格化し、とくにステファノの仲間だったヘレニストは逃亡を余儀なくされたのだった。

パウロの回心

迫害者から転向し、地中海沿岸に宣教

紀元
33〜48年頃

◆迫害者サウロとイエスの邂逅《かいこう》

ステファノの処刑に賛成し、その殉教《じゅんきょう》を目撃したユダヤ人のひとりに、サウロという青年がいた。彼は小アジア（現在のトルコ）のタルソスの生まれで、ファリサイ派に属したが、父親がローマ市民権を買っていたため、ローマ市民でもあり、「パウロ」というローマ系の名前ももっていた。つまり、当時のユダヤ社会においては、サウロはエリートだった。

彼は、生前のイエスと出会った形跡はなく、むしろ敬虔《けいけん》なユダヤ教徒として、もっぱらイエスの信者たち、つまり初期のキリスト教徒を迫害する役にあたっていた。

そして、キリスト教徒を手当たり次第捕まえてエルサレムに連行しようと考えたサウロは、エルサレムからダマスコ（現在のシリアの首都ダマスカス）に向かった。ところが、ダマスコに近づいた頃、突然、天から光が射して、彼を照らした。サウロは地に倒れたが、そのとき、「サウル、サウル、なぜ私を迫害するのか」という声をはっきりと聞いた。「サウル」とは「サウロ」のヘブライ語読みである。

サウロが「主よ、あなたはどなたですか」と問うと、その声はこう答えた。

「私は、あなたが迫害しているイエスである。起きて町に入れ。そうすれば、あなたのなすべきことが知らされる」（9章5〜6節）

その場には、サウロの他にも同行者がいたが、彼らには、声は聞こえても、姿は何も見えず、ただ黙って立ち尽くしていた。

サウロは起き上がって目を開けたが、視力が失われていた。人々に手を引かれてダマスコに向かったが、3日間、目が見えず、食べることも飲むこともしなかった。

◆奇跡を体験して回心するサウロ

ダマスコに着くと、そこに住むアナニアというイエスの信徒がサウロのもとを訪ねてきた。じつはアナニアは、訪問前にイエスを幻視し、イエスから、自分たちへの迫害者であるサウロを訪ね、彼を救うよう命じられていたのだった。

そしてアナニアは両手をサウロの上に置き、こう言う。

「兄弟サウル、あなたが来る途中で、あなたに現れた主《しゅ》イエスが、私をお遣わしになったのです。あなたが再び目が見えるようになり、また聖霊に満たされるためです」（9章17節）

すると、「目から鱗のようなものが落ち」、サウロの目は元の通りに見えるようになった。彼はただちに洗礼を受け、食事をとって元気を取り戻した。

やがてサウロはダマスコで、イエスが神の子であり、メシアであることを宣教しはじめ、たちまち熱心なイエスの信徒となって、彼の前身を知るユダヤ人を大いに驚かせた。

キリスト教迫害の急先鋒だった男が、見事に回心したのである。ただし、彼は異邦人ではなく、もともと敬虔なユダヤ教徒だったので、「神＝ヤハウェ」に対する信仰は、回心前後でも変わっていないことになる。

◆パウロの第1次宣教旅行

ダマスコで宣教をはじめたサウロだったが、ユダヤ人が彼を殺そうとたくらんだため、町を出て、エルサレムに向かった。

エルサレムに戻ると、使徒たちに会い、自分がイエスと出会って回心したことを伝え、エルサレム教会に加わった。しかし、エルサレムにも彼の命を狙うユダヤ人がいたので、サウロは海岸都市のカイサリアに出て、そこから故郷のタルソスへ一旦帰る。

その後サウロは、キプロス出身で、エルサレム教会の初期メンバーのひとりであるバルナバに連れ出されて、タルソスからシリアのアンティオキアへと向かい、そこで宣教に従事した。イエスの信徒たちが「キリスト者《クリスティアノイ》」(＝キリストに属する者)と呼ばれるようになったのは、このときからのことで、またアンティオキアは異邦人伝道の根拠地ともなった。

さらにサウロとバルナバは、聖霊から召命を受けて、アンティオキアからまずバルナバの故郷であるキプロス島へ宣教に向かった。これが「第1次宣教旅行」のはじまりで、以後、『使徒言行録』では、サウロはパウロというローマ名で呼ばれるようになる。

パウロはキプロスでは、ローマ総督に取り入る魔術師を聖霊の力によって目を見えなくさせ、総督を入信させた。

その後は、バルナバとともに小アジアの各地を伝道し、ユダヤ人のみならず異邦人たちにも福音《ふくいん》を告げ知らせた。そして妨害を受けながらも、「私たちが神の国に入るには、多くの苦しみを経なくてはならない」(14章22節)などと説いて弟子たちを勇気づけ、果敢に宣教して、教会の形成をおし進めた。

シリアのアンティオキアに戻ってそこでしばらく過ごすと、バルナバとともにエルサレムに上った。使徒たちと、異邦人への宣教と律法《りっぽう》の問題について協議するためであった。

使徒言行録

パウロの宣教

ついに福音をローマにまで伝える

紀元
48〜60年頃

◆エルサレムの使徒会議

ユダヤ人の男性には、古くから陰茎の包皮を切るという割礼《かつれい》の習慣があり、これは神との契約のしるしと考えられてきた(48ページ参照)。

イエスの教えがユダヤ人社会にとどまっている限りでは、信徒の男性はみな割礼を受けた者ということになるが、教えが異邦人にも受け入れられるようになると、その中には当然、割礼を受けていない者も現れることになる。すると、ヘブライスト系キリスト者の中から、「割礼を受けなければ、救われない」つまり「異邦人も割礼を受けなければならない」という声があがりはじめた。これに異を唱えたのがパウロで、この問題を協議するために、パウロだけでなく、ペトロをはじめ使徒や指導者たちがエルサレムに集まり、「使徒会議」が開かれたのである。

会議では、割礼派に対して、ペトロが「神は異邦人にも聖霊を降《くだ》したのだから、割礼を強要することは神を試みることになる」と反論し、パウロは自分が成功させた異邦人伝道を語った。

最終的には、ペトロの後を継いでエルサレム教会の指導者となっていたヤコブ(十二使徒のヤコブではなく、イエスの兄弟とされる)によって裁定が行われ、異邦人に対しても、律法《りっぽう》に則って、偶像に供えた肉・血抜きしていない肉・絞め殺した肉を食べることと、不品行(近親結婚など)が禁止されることが決まったが、割礼の有無は問わ

パウロの宣教旅行のルート

第1次・第2次宣教旅行

第3次宣教旅行とローマへの護送

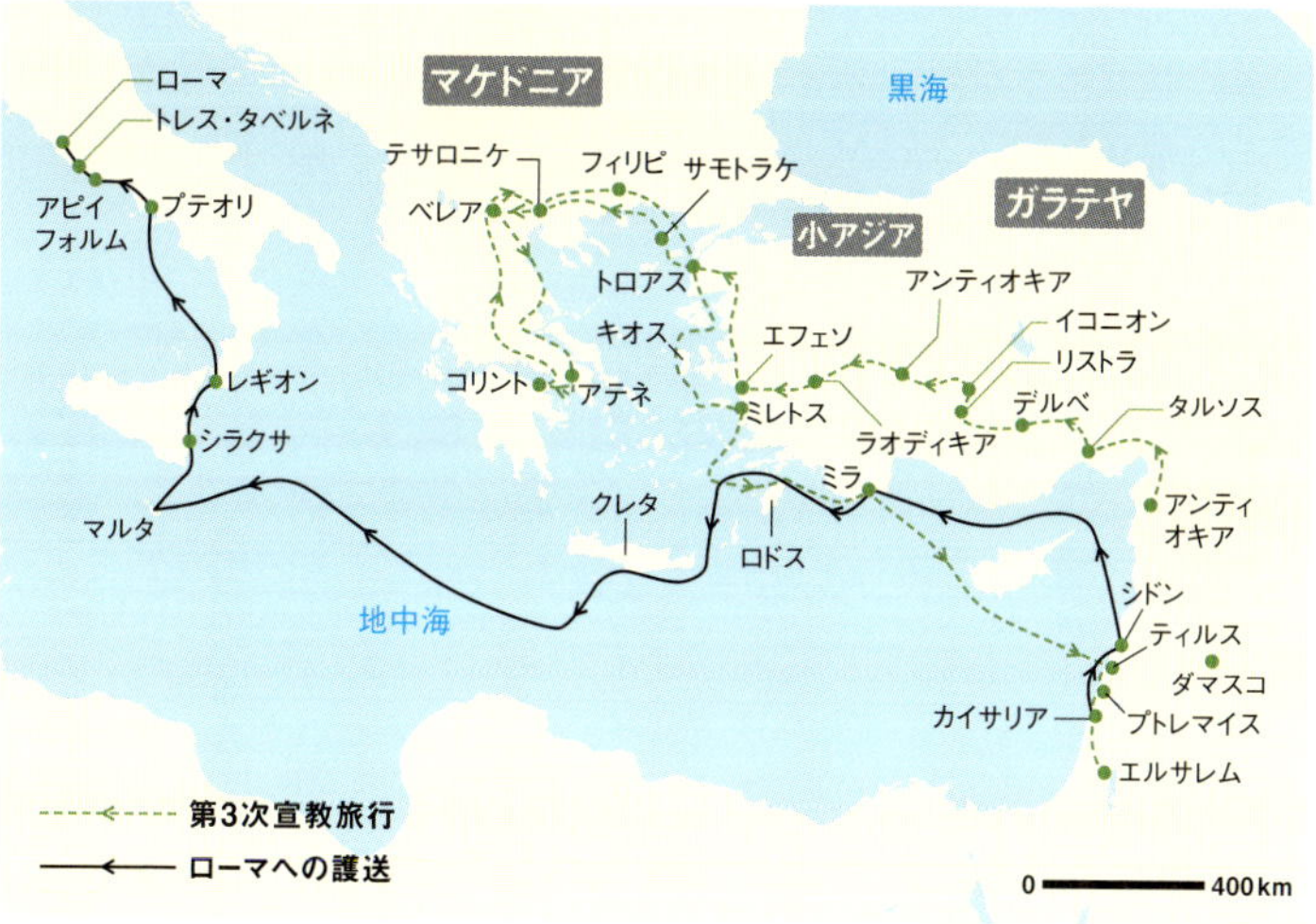

れないことになった。

だが、パウロはこの会議を機に、エルサレム教会としだいに距離を置き、おそらく得意だったギリシア語を駆使して、異邦人を積極的に改宗させ、独自の宣教活動を行うようになる。

◆最後はローマに送られる

会議後、バルナバはキプロスへ、パウロはシリアへ旅立ち、再び宣教を開始した。パウロはアンティオキアからさらに小アジアへ向かった。これがパウロの第2次宣教旅行で、小アジアを巡回すると、ギリシアに渡る。投獄・起訴されることもあったが、コリントには1年半留まって宣教を続け、ヨーロッパにはじめて福音《ふくいん》をもたらし、最後は海路を使ってエルサレムに帰り、そこから再びアンティオキアに戻った。

アンティオキアにしばらく滞在した後、再び小アジアに向かい、宣教を再開（第3次宣教旅行）。エーゲ海に面したエフェソにはおよそ3年間滞在し、病気治しや悪霊祓《ばら》いも行った。エフェソはローマの属州アジアの首都として繁栄した町で、ユダヤ人も多く、初期キリスト教の重要な拠点となった。

その後、再びエルサレムに戻るが、神殿に上ると、律法《りっぽう》と神殿を無視する者としてユダヤ人に告発されて捕えられ、カイサリアのローマ総督のもとに護送され、2年間投獄される。その後、パウロは無罪を主張し、ローマ市民として皇帝へ上訴したため、ローマに護送された。ローマに着くと、比較的自由な境遇を与えられたので、ローマでも宣教することができたという。

『使徒言行録』はパウロのローマ宣教の場面で終わっている。だが、エウセビオス『教会史』（4世紀はじめ）によれば、彼は紀元60年代半ば、皇帝ネロによるキリスト教徒迫害によって処刑されたといい、またペトロもこの迫害時に殉教《じゅんきょう》を遂《と》げたと伝えられている。

十二使徒の殉教（おもに伝承による）

1 ペトロ	外典『ペトロ言行録』に、ローマ皇帝ネロの迫害を受け、逆さ十字架にかけられ殉教したとある。67 年頃とされる
2 アンデレ	60 年頃、ギリシアのアカイア地方のパトラ（パトラス）で、ローマ総督アイゲアテスにより投獄、X 字型の十字架にかけられ殉教した
3 ヤコブ	『使徒言行録』に、エルサレムでヘロデ王(アグリッパ 1 世)に捕らえられ、剣で殺されたとある。44 年頃とされる
4 ヨハネ	十二使徒のなかで唯一殉教しなかったとされる。ギリシアのパトモス島の流刑から解放された後、小アジアのエフェソ（エフェソス）で没した
5 フィリポ	小アジアのフリギアで十字架にかけられ殉教。 石打ちの刑に処せられたとも言われる
6 バルトロマイ	アルメニアのアルバノポリスで生きながら　皮を剝がれ殉教した
7 トマス	インドのマドラスで殉教した。72 年頃とされる
8 マタイ	エチオピアの教会で刺客に襲われ殉教した
9 小ヤコブ	エルサレムで石打ちの刑に処せられたあと、槌《つち》で頭を打たれて殉教した。62 年頃とされる
10 タダイ	ペルシアで斧《おの》で斬首され殉教した
11 熱心党のシモン	ペルシアで鋸《のこ》で引かれ殉教した
12 マティア	エルサレムで石打ちの刑に処せられたあと、斧で斬首され殉教した

パウロ書簡

パウロの手紙

神学の基礎となった熱いメッセージ

紀元50〜60年頃

◆全部で21巻ある書簡形式の文書

新約聖書には、『使徒言行録』の次に、書簡形式の文書が全部で21巻収録されているが、そのうちの13巻には送り主としてパウロの名が冠されているため、「パウロ書簡」と呼ばれている。これらは地方の教会の間で回覧され、礼拝時には朗誦《ろうしょう》されたとみられている。

ただし、『エフェソの信徒への手紙』『コロサイの信徒への手紙』『テサロニケの信徒への手紙二』『テモテへの手紙一・二』『テトスへの手紙』の6巻は、実際にはパウロの死後、別の人物が彼の名を借りて書いたものとみるのが通説である。

○**ローマの信徒への手紙**…パウロがローマのキリスト者に宛てて書いた手紙。第3次宣教旅行の際に、エルサレムに向かう前のコリント滞在時(紀元55年頃)に執筆されたと推定されている。福音《ふくいん》は、ユダヤ人だけでなく、信じる者すべてに救いをもたらすと説く。

○**コリントの信徒への手紙一**…コリントの教会内で論争が生じたことを知り、その解決のために記されたもので、第3次宣教旅行の際、エフェソで執筆したものとされている(54年頃)。

○**コリントの信徒への手紙二**…コリントを離れたパウロが、同地の信徒を励ますために書いた複数の手紙をまとめたものと考えられている。

○**ガラテヤの信徒への手紙**…54年頃、エフェソ滞在中に、小アジアの中央部ガラテヤ地方の教会に宛てて書かれたもの。「信仰による義化（義認《ぎにん》）」「キリスト者の自由」といった、パウロの神学思想の中核を提示する。ちなみに、『ローマ』『コリント一・二』『ガラテヤ』はパウロ書簡の四大書簡とされる。

○エフェソの信徒への手紙…冒頭に「エフェソに」という語が見られるが、これを欠く写本もあるため、小アジアの異邦人から改宗したキリスト者宛てに書かれたものと推定される。著者については パウロを疑う説があるが、内容はパウロの重要な教えを要約するものとなっている。

○フィリピの信徒への手紙…パウロがヨーロッパで最初に教会を開いた、マケドニア東部の都市フィリピの人々へ宛てて書かれた複数の手紙をまとめたもの。パウロが獄中で書いたものとされる。力強い信仰の言葉を与える。

○コロサイの信徒への手紙…コロサイはエフェソの東、小アジアの内陸にある小さな町。当時、小アジアに流布していた異端的な教義の誤りを指摘し、信徒を励ます。パウロの死後、弟子が書いたものと推定されている。

○テサロニケの信徒への手紙一…マケドニアの都市テサロニケの信徒に宛てたもの。51年頃にコリント滞在中のパウロが書いたとされ、パウロ書簡中では最古のもの。

○テサロニケの信徒への手紙二…『テサロニケ一』の執筆からまもなく書かれたとされるが、これをパウロの死後、弟子のひとりが書いたとする説もある。キリストの再臨《さいりん》について述べる。

○テモテへの手紙一…『テモテ一・二』と続く『テトス』は、複数の信徒（教会の会衆）宛てではなく、教会の監督者個人宛てに書かれていることから、「牧会《ぼっかい》（司牧）書簡」と呼ばれている。テモテはパウロの第2次・第3次宣教旅行に随行《ずいこう》したキリスト者で、『テモテ一』はエフェソの教会員に向けての指針が示されている。晩年のパウロか、パウロの死後、弟子の手によって書かれたと考えられている。

○テモテへの手紙二…弟子テモテに対するパウロの遺訓的な内容をもつが、『テモテ一』同様、パウロ直筆を疑う説がある。

○テトスへの手紙…パウロの同伴者として宣教にあたったギリシア人テトスへ宛てられたもの。クレタ教会の指導者に向けた指針を示す。パウロが書いたものを断片的に用いて、パウロの流れを汲む人物が書いたと考える説がある。

○フィレモンへの手紙…コロサイの裕福なキリスト者フィレモンに、エフェソで獄中またはローマで軟禁中にあったパウロが宛てた私信で、逃亡したものの、パウロによってキリスト者となったフィレモンの奴隷《どれい》について述べる。

◆パウロの信仰義認《ぎにん》論

パウロ書簡は、パウロがペトロをはじめとするエルサレム教会のメンバーと距離を置き、独自の宣教を行っていた時期（49年頃以降）に書かれたもので、そこにはパウロの深い信仰が表出されている。

パウロの信仰の特色は「信仰義認《ぎにん》論」にあるといわれる。それは、「人間は自分の力で神との正しい関係に入るのではなく、自分の無力を認めてキリストを心から信じる者を、神は自分との正しい関係に入れる」という捉え方で、つまり「神が人を義なる者と認めるのは、その人のあり方や行為によるのではなく、ただ信仰によってのみ」という立場であり、「正しい者は信仰によって生きる」**（ガラテヤ3章11節）**という姿勢である。

初期のキリスト教はユダヤ教の亜流のように見られていたが、このようなパウロの柔軟性をもつ神学とキリスト理解は、キリスト教を、律法《りっぽう》にしばられたユダヤ教という軛《くびき》から解き放つ、決定的なメッセージとなった。

現存する最古のギリシア語聖書写本

パピルス46番（P46）は「パウロ書簡」を含む最古の写本。
パウロの死から150年も経ない紀元200年頃に作成されたと推測されている

『ローマの信徒への手紙』が写されたパピルスのうちの1枚

その他の手紙

世界中のキリスト教徒に向けられた書簡

紀元50〜150年頃

◆説教集的な『ヘブライ人への手紙』

新約聖書には、パウロ書簡の他にも、次のような書簡が収められている。

◯**ヘブライ人への手紙**…古くはパウロの著とされたため、パウロ書簡に準じる扱いを受けることもある。現在では、1世紀後半、パウロの教えを受けた人間によって記されたとみるのが通説。タイトルの「ヘブライ人」は、普通に考えれば、ユダヤ人キリスト者をさすということになるが、精神的な意味でのヘブライ人、つまり異邦人キリスト者をさすとみる立場もある。また、「手紙」と題されてはいるが、宛て先は記されておらず、内容は「説教」としての性格が強い。キリスト教がユダヤ教にもとづくものであることを説くと同時に、イエスがモーセにも勝る大祭司であり、イエスの死と復活が人類の救済にいたる道を拓いたと説く。

◆全キリスト者に宛てた公同書簡

以下に記す7書は、パウロ書簡のように特定の教会や個人に宛てたものではなく、あらゆるところに住むキリスト者に宛てられたものと考えられたことから、「全キリスト者への手紙」という意味で、2世紀以降に「公同書簡」と総称されるようになった。パウロ書簡への批判として書かれたともいわれる。

◯**ヤコブの手紙**…宛て先は「離散している（イス

ラエル)十二部族」となっているが、これは、自分たちをユダヤ教の正統な継承者とみなしていたユダヤ人キリスト者、もしくは、ローマ帝国の各地に離散していた「神の民《たみ》」としてのキリスト教会全体をさしていると解釈されている。著者のヤコブは、伝統的には、初期エルサレム教会のリーダーであったイエスの兄弟ヤコブをさすとされている。神の民がいかに生き、他者とどう接すべきかを説き、隣人愛を訴える。

○**ペトロの手紙一**…差出人は使徒ペトロを自称するが、ギリシア語が不得手であったペトロが実際にこれを記したとは考えにくく、ペトロの死後、彼の名を借りて書かれたものと推定されている。小アジアの離散したキリスト者に宛てられ、イエスの死と復活の重要性が説かれる。

○**ペトロの手紙二**…これも使徒ペトロが差出人とされ、ペトロの遺言であることも示唆《しさ》されているが、彼の真筆であることは疑われている。キリスト再臨《さいりん》の確実性、偽教師や偽預言者にだまされず、神に従うべきことなどが示される。

○**ヨハネの手紙一**…差出人と受取人の名やあいさつの言葉が略されているので、伝道者が携行した、一種の回覧文書のようなものではなかったかと考えられている。著者は、伝統的には使徒ヨハネとされてきた。偽預言者、反キリスト者への警戒を呼びかけ、「神は愛です」と説く。

○**ヨハネの手紙二**…「選ばれた婦人とその子たち」(地方の教会の擬人化)に宛てられ、互いに愛し合い、真理に従うことを勧める。

○**ヨハネの手紙三**…教会指導者ガイオ宛てに書かれたもので、彼の活動を励ます。

○**ユダの手紙**…差出人である「ヤコブの兄弟ユダ」は、伝統的には、イエスの兄弟であったユダのこととされてきた。内容は『ペトロの手紙二』に近く、偽教師や偽預言者に惑わされず、信仰を守ることを勧める。

ヨハネの黙示録《もくし》

キリスト再臨と最後の審判の預言

紀元
100年頃

◆ヨハネに降《くだ》された神の啓示

新約聖書の掉尾《とうび》を飾るのは、次のような文章ではじまる『ヨハネの黙示録《もくし》』である。

「イエス・キリストの黙示。この黙示は、すぐにも起こるはずのことを、神がその僕《しもべ》たちに示すためにキリストにお与えになり、そして、キリストがその天使に送って僕ヨハネにお伝えになったものである」（1章1節）

「黙示」（黙示録）の原語はギリシア語の「アポカリュプシス」で、「覆《おお》いを取り除く」というのが原義で、「啓示」とも訳すことができる。聖書においては、黙示とはすなわち「隠されている神の啓示をあらわにすること」で、具体的には、世界の終末やメシア来臨に関する秘事を示すことである。黙示文書は『ダニエル書』のようにすでに旧約聖書に先例があり、福音書《ふくいん》でもイエスが黙示的な叙述をする箇所があり（246ページ参照）、これらが示唆するように、預言書としての性格ももつ。

冒頭の「イエス・キリストの黙示」は、「イエス・キリストについての黙示」の意ではなく、この黙示録が、神がキリストを介して発したものであることを示す一種の表題と解される。

そして、この黙示をキリストと天使を介して伝えられた「僕ヨハネ」とは、古来、十二使徒のひとりヨハネであると解され、エーゲ海のパトモス島に流刑となった晩年の使徒ヨハネこそがこの黙示録の筆記者であると考えられてきた。だが、3

世紀以降から使徒ヨハネ説は疑問視されるようになり、現在でも賛否両論がある。

◆7つの封印のある天の巻物

『ヨハネの黙示録』は、ヨハネがローマ帝国のアジア州(小アジア。現在のトルコ)にある7つの教会に宛てた手紙という体裁をとって記されている。ただし、この場合の「7」は文字通りの意味ではなく、全教会がここに象徴されているとも解釈できる。

この手紙の中でヨハネは、自分がパトモス島で霊感を受けて見たという次のような幻想的な神の啓示、神秘的なヴィジョンを縷々綴《るるつづ》ってゆく。

ヨハネが見ると、天に玉座があり、その周りに24人の長老、7つのともし火(神霊)、4つの生き物がいた。

4つの生き物は前も後ろも目で覆われていて、第1は獅子《しし》のよう、第2は雄牛のようで、第3は人間のような顔をもち、第4は鷲《わし》のようであった。この4つはそれぞれ6つの翼をもち、その翼は目で覆われていた。

玉座には7つの封印のある巻物を手にした方がいて、その巻物は子羊に渡されると、ひとつずつ封印が解かれてゆく。

第1の封印が解かれると、弓を持ち冠を被った騎士を乗せた白馬が現れた。第2の封印では、大きな剣を手にした騎士を乗せた赤い馬が、第3の封印では、天秤を持った騎士を乗せた黒い馬が、第4の封印では、「死」という名をもつ騎士を乗せた青白い馬が現れた。

第5の封印が解かれると、殉教者《じゅんきょう》の霊魂が現れ、第6の封印では、大地震が起き、太陽は黒く、月は赤くなり、星が地に落ちた。

最後に第7の封印が解かれると、ラッパを与えられた7人の天使が現れ、ラッパが吹かれると、地上の破壊が繰り返された。

◆キリストの再臨《さいりん》と新エルサレムの誕生

第7のラッパが吹き終わると、キリストと思われる男児の誕生、龍と大天使ミカエルの戦いが描かれ、さらに龍に権威を譲られた獣《けもの》のヴィジョン、神の怒りを盛った7つの金の鉢《はち》のヴィジョン、大《だい》淫婦《いんぷ》のヴィジョンが続き、その後、ついにキリストが再臨《さいりん》し、神の国が出現する。

しかし、それが1000年続くと、サタンが復活して聖都に戦いを挑むが、サタンは天の火に敗れて滅亡。すると死者が復活し、最後の審判によって裁かれ、新たな天地創造がはじまる。

新しいエルサレムは、神の栄光に包まれて宝石のように輝き、城壁は高くそびえ、12の門があった。碧玉《へきぎょく》で築かれた城壁の土台石は、あらゆる種類の宝石で飾られ、都の大通りは、透明なガラスのような純金でできていた。

そして最後に天使は、ヨハネに「これらの言葉は真実である。神は、すぐにも起こるはずのことを、僕《しもべ》たちに示された。イエスはすぐに来る」と告げる——。

『ヨハネの黙示録《もくし》』には、このようにキリストの再臨と勝利が預言され、キリスト教の終末待望論の典拠となっている。

しかしこの書は、自らを神と任じたローマのドミティアヌス帝の治下、キリスト教が迫害を受けていた時代(紀元90~95年頃)に書かれたと考えられている。つまり、ここに描かれたヴィジョンは、具体的には、ローマ帝国の腐敗と滅亡、待望されるキリストの再臨と「神の国」の実現をイメージしたものであり、危機に瀕していた各地の教会と信徒を激励し、彼らに希望を与えるものだった。だが、弾圧を恐れて隠喩《いんゆ》を駆使し、その真意をぼかしたため、事情をわかる人でなければ読解できない、晦渋《かいじゅう》で神秘的なテキストになったとも考えられるのである。

Column

新約聖書の外典

イエス昇天後、初期キリスト教ではイエスの言行や教えをめぐってさまざまな文書が生み出されたが、最終的に397年に開かれたカルタゴ教会会議によって、27の文書だけが新約聖書の正典として公認されることに決まり、現行の新約聖書もこの27文書から成っている。

これに対し、正典から除外された諸文書を外典と呼ぶ(旧約聖書と異なり、新約には偽典と呼ばれるものはない)。ただし、正典確定後に成立した文書にも外典に区分されるものがあって外典の範囲は流動的だが、大部分は2～5世紀の成立で、この時期に限ってもその数は80以上に及び、形式・内容も多様である。

外典とはいえ、カルタゴ会議以前にはなかば正典視されていたものもあり、資料的に正典に匹敵するものも少なくない。

例えば、『**ヤコブ原福音書**《ふくいん》』は聖母マリアの誕生と少女時代を叙述するもので、後世のマリア論やマリアをモチーフとしたキリスト教美術に大きな影響を与えた。『**ペトロ言行録**』は使徒ペトロがローマで十字架に逆磔《さかさはりつけ》にされて殉教《じゅんきょう》したことを記すものとしてよく知られている。

また、1970年代にエジプトで写本が発見された『**ユダの福音書**』はイスカリオテのユダをイエスの真の理解者として描く異色の内容をもち、原典成立は2世紀なかばと推定されるが、これも外典に含められるだろう。

外典は「偽りの書」というイメージがあるが、初期キリスト教の一部のグループには、イエスが啓示した「秘儀」を記したものとして、外典を正典より高く評価するものもあったのである。

ヤ

ラ ワ

索引

◎主要参考文献

『聖書　旧約聖書続編つき』新共同訳　日本聖書協会

『聖書』フランシスコ会聖書研究所訳注　サンパウロ

『旧約聖書』(全4冊)旧約聖書翻訳委員会訳　岩波書店

『新約聖書』新約聖書翻訳委員会訳　岩波書店

『ガリラヤのイェシュー　日本語訳新約聖書四福音書』山浦玄嗣訳　イー・ピックス出版

Hebrew Interlinear Bible：http://www.scripture4all.org/OnlineInterlinear/Hebrew_Index.htm

Greek Interlinear Bible：http://www.scripture4all.org/OnlineInterlinear/Greek_Index.htm

『岩波　キリスト教辞典』　岩波書店

『バイブル・プラス　カラー資料』　日本聖書協会

木田献一・和田幹男監修『新共同訳　聖書辞典』　キリスト新聞社

木田献一監修『新共同訳　旧約聖書略解』　日本基督教団出版局

山内眞監修『新共同訳　新約聖書略解』　日本基督教団出版局

加藤隆『歴史の中の『新約聖書』』　ちくま新書

佐藤研・山我哲雄『旧約新約　聖書時代史』　教文館

高尾利数『キリスト教を知る事典』　東京堂出版

滝川義人『ユダヤを知る事典』　東京堂出版

月本昭男監修『聖書の世界』　光文社文庫

月本昭男監修『図説　聖書の世界』　学研

日本聖書協会編『はじめて読む人のための聖書ガイド』　日本聖書協会

長谷川修一『聖書考古学』　中公新書

長谷川修一『旧約聖書の謎』　中公新書

古川順弘他『ふしぎで意外なキリスト教』　学研

前島誠『ナザレ派のイエス』　春秋社

前島誠『ポケット　聖書の教え』　中経の文庫

前島誠監修『総図解・よくわかる聖書とキリスト教』　新人物往来社

山浦玄嗣『ふるさとのイエス』　イー・ピックス出版

＊聖書本文の引用は、原則として新共同訳を使用させていただいた。また、引用の際には、漢字をひらがなに開く、ひらがなを漢字にするなどの調整を一部行った。

著者／古川順弘（ふるかわ のぶひろ）

1970年神奈川県生まれ。早稲田大学第一文学部卒業。出版社勤務を経てフリーランスのライターとなる。宗教・歴史をメインテーマに執筆活動を行っている。主な著書に『古事記と王権の呪術』（コスモス・ライブラリー）、『古寺に秘められた日本史の謎』『神社に秘められた日本史の謎』（いずれも新谷尚紀監修、洋泉社）、『地図とあらすじで歩く「古事記」』（新人物往来社）、共著書に『ふしぎで意外なキリスト教』（学研パブリッシング）、訳書に『回想のグルジェフ』（C.S.ノット著、コスモス・ライブラリー）などがある。

挿絵／宇野亜喜良（うの あきら）

1934年名古屋生まれ。名古屋市立工芸高校図案科卒業。日本デザインセンター、スタジオ・イルフイルを経てフリー。日宣美特選、日宣美会員賞、講談社出版文化賞さしえ賞、サンリオ美術賞、赤い鳥挿絵賞、日本絵本賞、全広連日本宣伝賞山名賞、読売演劇大賞選考委員特別賞等を受賞。1999年紫綬褒章、2010年旭日小綬章受章。東京イラストレーターズソサエティ会員。

本文デザイン・DTP／Zapp!（片野宏之）
装丁／釣巻デザイン室
編集協力／球形工房
編集担当／柳沢裕子（ナツメ出版企画株式会社）

本書に関するお問い合わせは、書名・発行日・該当ページを明記の上、下記のいずれかの方法にてお送りください。電話でのお問い合わせはお受けしておりません。
・ナツメ社 web サイトの問い合わせフォーム
https://www.natsume.co.jp/contact
・FAX（03-3291-1305）
・郵送（下記、ナツメ出版企画株式会社宛て）
なお、回答までに日にちをいただく場合があります。正誤のお問い合わせ以外の書籍内容に関する解説・個別の相談は行っておりません。あらかじめご了承ください。

ナツメ社Webサイト
https://www.natsume.co.jp
書籍の最新情報（正誤情報を含む）はナツメ社Webサイトをご覧ください。

物語《ものがたり》と挿絵《さしえ》で楽《たの》しむ 聖書《せいしょ》

2016年 4 月 28 日　初版発行
2024年 7 月 1 日　第 5 刷発行

著　者　古川順弘《ふるかわのぶひろ》
挿　絵　宇野亜喜良《うのあきら》
発行者　田村正隆

発行所　株式会社ナツメ社
東京都千代田区神田神保町1-52　ナツメ社ビル1F（〒101-0051）
電話　03-3291-1257（代表）　FAX　03-3291-5761
振替　00130-1-58661
制　作　ナツメ出版企画株式会社
東京都千代田区神田神保町 1-52　ナツメ社ビル3F（〒101-0051）
電話　03-3295-3921（代表）
印刷所　図書印刷株式会社

ISBN978-4-8163-6025-1　Printed in Japan
〈定価はカバーに表示してあります〉〈落丁・乱丁本はお取り替えします〉